纪念孙中山先生创办中山大学90周年校庆丛书

声振神州
——孙中山在中山大学及前身院校的演讲

崔秦睿　易汉文　周贤慧　李小霞 ◎ 主编

 中山大学出版社

·广州·

版权所有　翻印必究

图书在版编目（CIP）数据

声振神州：孙中山在中山大学及前身院校的演讲/崔秦睿等主编．—广州：中山大学出版社，2016.7

ISBN 978-7-306-05748-8

Ⅰ.①声… Ⅱ.①崔…②易…③周…④李… Ⅲ.①孙中山（1866—1925）—文集 Ⅳ.①D693.0-53

中国版本图书馆 CIP 数据核字（2016）第 157425 号

声振神州 SHENGZHEN SHENZHOU

| 出 版 人：徐 劲
| 责任编辑：陈 芳　高 洵
| 封面设计：曾 斌
| 责任校对：廉 锋
| 责任技编：何雅涛
| 出版发行：中山大学出版社
| 电　　话：编辑部 020-84111996，84113349，84111997，84110779
|　　　　　 发行部 020-84111998，84111981，84111160
| 地　　址：广州市新港西路 135 号
| 邮　　编：510275　传　真：020-84036565
| 网　　址：http://www.zsup.com.cn　E-mail：zdcbs@mail.sysu.edu.cn
| 印 刷 者：广东省农垦总局印刷厂
| 规　　格：787mm×1092mm　1/16　21 印张　271 千字
| 版次印次：2016 年 7 月第 1 版　2016 年 7 月第 1 次印刷
| 定　　价：78.00 元

如发现本书因印装质量影响阅读，请与出版社发行部联系调换

纪念孙中山先生创办中山大学 90周年校庆丛书编委会

总策划： 李　萍　　陈春声　　黎孟枫

主　任： 梁庆寅

成　员： 李　萍　　李宝健　　陈汝筑　　梁庆寅　　黄天骥
　　　　　　邱　捷　　程焕文　　丘国新

中山大学创办人孙中山先生

孙中山在国立广东大学演讲

大钟楼是国立广东大学的标志性建筑（一层为大礼堂）

大钟楼一层大礼堂

（1924年1月20日至30日，孙中山先生在这里主持召开国民党第一次全国代表大会。1月至8月，孙中山先生曾十多次在这里演讲新三民主义。）

康乐园内马丁堂

（1912年5月7日，孙中山先生到康乐园访问岭南学堂，并在这里作题为《非学问无以建设》的演讲。）

1912年5月7日，孙中山先生在康乐园马丁堂前与岭南学堂师生员工合影（局部）

1912年5月7日，孙中山先生在康乐园马丁堂前与岭南学堂教职员合影

怀士堂

（1923年12月21日，孙中山先生和夫人宋庆龄到康乐园岭南大学视察，并在怀士堂作长篇演讲，勉励青年学生："立志，是要做大事，不可要做大官。"）

孙中山先生和夫人宋庆龄视察康乐园

（1923年12月21日，孙中山先生和夫人宋庆龄到康乐园视察，受到岭南大学师生的热烈欢迎。）

陆军军官学校

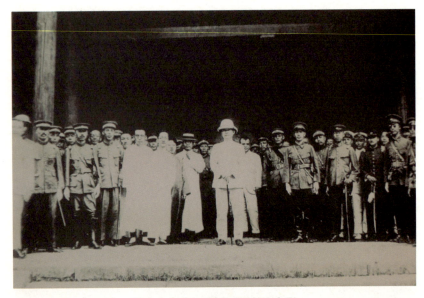

孙中山先生与黄埔军校师生合影

（1924年11月3日，孙中山先生北上前夕在黄埔军校给国立广东大学及黄埔军校师生做告别演说。）

孙中山先生题字

自序

自建國方畧之心理建設物質建設社會建設三書出版之後予乃從事於草作國家建設以完成此愿國家建設一書較前三書為獨

孙中山先生《三民主义》自序墨宝（一）

大内涵有民族主義民生主義五權憲法地方政府中央政府外交政策國防計畫八冊而民族主義一冊已經脫稿民權主義民生主義二冊亦草就大部其他

孙中山先生《三民主义》自序墨宝（二）

各冊於思想之線索研究之門徑亦
大畧規畫就緒俟有餘暇便可執
筆直書無待思索方擬全書告竣
乃出而問世不期十一年六月十六陳烱
明叛變砲擊觀音山竟將數年

孙中山先生《三民主义》自序墨宝（三）

心血所成之各種草稿並備參考之西籍數百種悉被燬去殊可痛恨茲值國民黨改組同志決心從事改心之奮鬥亟需三民主義之奧義五權憲法之要旨為宣傳之資故

孫中山先生《三民主義》自序墨寶（四）

於每星期演講一次由黃昌穀君筆記之由鄒魯君讀校之今民族主義適已講完特先印單行本以餉同志惟此次演講既無暇晷以預備又無書籍為參考只於登壇之後

孙中山先生《三民主义》自序墨宝（五）

隨意發言較之前稿遺忘實多雖於付梓之先復加刪補然於本題之精義與叙論之條理及印證之事實都覺遠不如前尚望同志讀者本此基礎觸類引伸匡補闕遺更

孙中山先生《三民主义》自序墨宝（六）

正條理使成為一完善之書以作宣傳之課本則其造福於吾民族吾國家誠未可限量也民國十三年三月三十日孫文序於廣州大本營

孙中山先生《三民主义》自序墨宝（七）

序　言

李延保

20世纪的中国发生了三次巨变,造就了三位世纪伟人。中山大学的创办人孙中山先生站在中国百年进程的最前列,是全中国人民尊敬与爱戴的第一位世纪伟人。

孙中山(1866年11月12日至1925年3月12日),原名孙文,字德明,号逸仙。流亡日本时曾化名中山樵,故后人称"中山先生"。先生的诞辰日是中山大学校庆日,去世时间是中国的植树节,表明新中国继承先生遗志,完成先生未竟事业。

中山先生出生于晚清,封建中国被帝国主义列强瓜分,内忧外患,民不聊生。孙先生曾经沿着改良的线路,上书李鸿章。在改良希望化为泡影之后,逐步走上职业革命生涯。他致力于国民革命40年,推翻了两千多年的封建帝制,建立了资产阶级共和国,使民主共和的观念深入人心。他毕生都在为民主共和、为民族独立而奋斗,为中国革命立下了不朽功勋。

"奋斗"是中山先生一生的写照。他屡败屡战,从不气馁。尤其是他晚年意识到培养军事人才和建设人才的重要性后,便于1924年先后创办黄埔军校和国立广东大学(即现在的中山大学)。

中山先生非常重视革命人才的培养,国民党"一大"于1924年1月20日至30日在中山大学前身院校——国立广东高等师范学校礼堂举行。从1月27日开始到8月24日,他利用每个星期天到中山大学礼堂演讲三民主义。中山先生说,三民主义就是救国主义,就是民有、民治、民享。所谓民有、民治、民享,就是国家是人民所共有，政治是人民所共管，利益是人民所共享。

中山先生有着极强的人格魅力，吸引了无数有志于革命的仁人志士的追随，如孙中山的私人秘书黄昌谷先生就是其中一位。

黄昌谷（1890年6月28日至1959年12月6日），字富廷，号贻荪，湖北省蒲圻县新店泉坑垄（今赤壁市新店镇朱巷村）人，美国哥伦比亚大学获冶矿硕士学位，应聘到美国哈壳冶炼公司从事研究。1919年中国爆发五四运动，黄昌谷闻讯后，放弃在美国的工作，于1920年回国，到广州找到孙中山，经孙中山介绍至惠州的石井兵工厂担任工程师。1923年，在平定陈炯明的叛乱后，孙中山回到广州任陆海军大元帅，黄昌谷随孙中山回到广州。中山先生在中山大学演讲三民主义期间，黄昌谷每次均随孙中山前往，并速记其演讲内容，随后校译、整理并发表。1924年国立中山大学档案之中，演讲记录人有多处可以看到黄昌谷的名字。黄昌谷参与筹建中山大学，受聘中山大学教授、工学院院长，讲授"三民主义"及钢铁等课。

作为中国民主革命的思想总论，三民主义从1905年推出开始，就不断完善。这当中既有中山先生的心血，也有中山大学首任校长邹鲁多次校注的贡献。

邹鲁记载："演讲时，黄君昌谷笔记，笔记誊清后，总理命我读校；并嘱我除将笔记之文字校正外，如有意见，不妨尽量参加。""每次誊清的演讲稿，先由笔记人呈送总理。总理看了以后，就叫人送给我校读。虽然总理屡次吩咐我，除文字校正之外，如有意见，不妨尽量参加，但是对于总理的理论，事实上我的确不能赞一词。不过遇见笔记错误和遗漏的地方，以及偶有所见，我便用一个签注条，贴在上面，以供总理参考。我读校讲稿的时候，先将总理交来黄先生所录每次演讲的笔记，大体阅读，核与总理所讲的原意，是否相符。如有不符的地方，则用另纸录下，或改正，或补充，或删节，往复诵读，必至大致不差，方再逐字逐句读校，而为文句上的润饰。直到文理已无瑕疵，我更将全篇细读，作最后的改订，至自认完全惬意始止。然后将修改增删的部分誊清，签注贴上，送呈总理亲核。总理对于我的签注意见，若予采纳，则亲笔在稿上修正。修正后，再命我读校。我读校如前，再呈总理。总理复修正后，又命我读校。我复校读如前，必至总理完全认为妥适而后止。总理在修正笔记及核定签注意见的时候，对于演讲的原意原文，亦往往有增删。所以最后的定稿，不但在字句方面，就是在意义上亦有出入的地方。"演讲稿先在《中国国民党周刊》上发表，后于1905年3月底以《民族主义》为名出版单行本。孙中山于3月30日为单行本作序。在单行本和周刊上发表的，先生看到有错误，就即刻予以更正。

中山大学有着丰厚的历史遗产，首先因为她是由中山先生亲手创办的。为把中山先生救国救民的思想贯穿到人才培养之中，邹鲁在读校三民主义的同时，还将三民主义列为大学思想教育的内容。文明路中山大学礼堂孙中山像两侧悬挂"把世界文化迎头赶上去，把中华民族从根救起来"的对联，作为全校师生员工的座右铭。孙中山先生要求学生读书不忘革命，革命不忘读书，"立志，是要做大事，不可要做大官"，中山先生的思想影响了一代代中大的学子。他亲笔题写的校训"博学、审问、慎思、明辨、笃行"成为中大办学的理念和治学的传统。

中山先生的足迹遍布中山大学及前身院校。先生学医的南华医学堂是中大医科的一脉；先生先后三次到岭南大学（今中山大学南校区）视察、演讲。从演讲的系统性、密度看，中山先生1924年1～8月在文明路中大礼堂的演讲，无疑创造了他在中外演讲之最——最系统、密度最高。中大的历史是广东高等教育发展历史的缩影，广东高等师范在原贡院旧址兴建，斯文一脉相承。中大医科的源头之一——1835年的眼科医局，是中国最早的西医之一。西方在华教会创办西式学校，广州康乐村岭南大学便是其中一所。1924年，孙中山先生将当时广东几所公立学校——广东高师、法科大学、农业专门学校合并等建广东大学。1925年广东公医医科大学并入广东大学，孙先生去世后更名为中山大学，到1949年已成为国内学科门类最齐全，拥有大批名师、教授的综合性大学之一。1952年院系调整，将工、农、医、师范等学科整建制地分出成为独立的学校，老中大文理学科搬到康乐园，同岭南大学等校的文理学科合并成为中山大学。因此，在我们中山大学的血脉中流淌着来自广东高师、法科大学、农业专门学校及岭南大学等校的血液，同样，在广东的其他许多学校，都和中山大学有着亲密的血缘关系。

中大90年的历史形成了学校优良的办学传统，其中最突出的是革命性、科学性和开放性。

中山大学是孙中山先生为培养革命人才而创办的。中山先生"天下为公"、"革命尚未成功，同志仍须努力"的革命精神激励着每一个中大人。大革命时期，中大的熊锐教授、学生毕磊为革命而牺牲，陈铁军刑场上的婚礼鼓舞着一代代青年。在中国共产党的领导下，中大"革命性"传统得到进一步发扬。抗日战争初期，中大进步学生响应党的号召到农村去发动民众、组织民众、教育民众，扩大抗日救国力量，其中就包括中大老书记、老校长黄焕秋同志和广东省老领导曾生、杨康华同志等。康乐园内的岭南大学，早期为教会所办，随着反对教会教育与收回教育权运动在全国各地展开，岭南大学于1927年率先收回国人自办，首任华人校长钟荣光先生早年加入兴中会，是中山先生民主革命的追随者，也是中山先生的挚友。中山先生曾三次莅临康乐园，在今天的中山大学校园留下永恒的印迹。岭大的校友中不乏爱国志士，其中包括兴中会领导人之一陈少白和欲炸两广总督而被捕牺牲的史坚如烈士。1925年岭南学生300多人参加反英示威游行，其中区励周老师、许跃章同学在沙基惨案中遇难。今天康乐园中的惺亭和中心区的几棵大树就是当年为纪念史坚如烈士和在沙基惨案中遇难的师生而兴建和种植的。90年来，中大人以中山先生为楷模，以中山先生的革命思想为办学理念，培养了大批优秀人才，形成了以国家兴亡和民族振兴为己任的优良传统。时任中共中央总书记江泽民在中山大学70周年校庆时题写的"发扬中山先生革命精神，办好中山大学，做出更大贡献"，正是对中大"革命性"传统的很好的概括。

中大的历史是和一批大师级教授、学者联系在一起的，他们的治学精神和方法铸就了中山大学讲求"科学性"的优良传统。

在中大的办学宗旨中，从一开始就把发展教学和科研、办成名校作为目标。邹鲁主政广东大学时常以中山先生"要革命不能不读书"的话来勉励学生，强调"革命非有学问不可"，并注重抓好教学、科研两项工作。1933年重新修订的《国立中山大学组织大纲》，确立"以阐扬三民主义，研究高深学问，培植专门人才，发展社会文化为宗旨"，突出了教学、科研两大中心工作。重视基础、重视质量、重视人才培养的科学规律已成为中山大学的教学传统。教师们言传身教、严谨治学的科学作风和开创学术新领域的勇气给中大这座科学殿堂留下许多精神财富。

陈寅恪、姜立夫、傅斯年、顾颉刚、钟敬文、王力、杨成志、鲁迅、郭沫若、冯友兰、赵元任、周谷城、俞平伯、成仿吾、吴玉章、张申府、郁达夫、许德珩、陈焕镛、梁伯强、马思聪、王亚楠、陈国达、洪深、李达、卢鹤绂、梅龚彬、商承祚、容庚、梁方仲、蒲蛰龙、高兆兰、柯麟、谢志光、陈心陶、陈耀真、秦光煜、林树模、周寿恺、钟世藩、许崇清、张云、陈序经等前辈"重视学术、讲求科学性"，营造出一种求新务实的学术气氛，为我们留下了"科学性"的优良传统。

广州历来是中国对外开放的门户，是内地联系海外的桥梁。国民党"一大"开放办会，共产党及共产国际代表参加会议，将三民主义发展为联俄、联共、扶助农工三大政策的三民主义。这是中山大学"开放性"传统的大环境和地缘背景。从筹办广东大学起，在35名筹备委员中有31人是从海外留学归来、通晓国际先进教育的专家。中山先生要求大学以"研究世界日新之学理、技术为主",办学伊始便在法国里昂市建立大学海外部并实行开放性办学,向全国招聘名师来校任教。改革开放以来,学校坚持开放性办学传统,及时调整专业结构和人才培养模式,适应经济社会发展的快速增长。学校从只有文理科的综合性大学发展成为一所包括文学、历史学、哲学、法学、经济学、管理学、教育学、理学、医学、工学、农学、艺术学等学科的综合性大学。

中山先生在中山大学系统演讲三民主义,距今已经90年了。今天重温三民主义有其深远的历史和现实意义,毛泽东说:"孙先生是一个谦虚的人,我听过他多次讲演,感到他有一种宏伟的气魄。"① "今天的中国是历史的中国的一个发展;我们是马克思主义的历史主义者,我们不应当割断历史。从孔夫子到孙中山,我们应当给以总结,承继这一份珍贵的遗产。"②

一所高校就是一部历史,而且是一部延绵不断正在继承和发展的历史。在这部历史中,有文化的积淀,有高校的传统,还有呈现高校个性、品格的校园人文精神。值此中山大学90年华诞之际,本书收录的中山先生的演讲,让我们更深刻地理解和感悟中山大学诞生的时代背景和中山先生创校之初衷。大学是永恒的,由中山先生创建的中山大学一定会世代延续下去。贯穿大学历史的是它的文脉、文化传统和文化精神,感谢本书编者为我们了解和认识中山大学的文化传承提供了丰富的历史文献和资料。

2014年6月6日

作者李延保,数学系教授,曾任中山大学党委书记,现任国家教育咨询委员会委员、国家教育考试指导委员会委员、教育部文化素质教育指导委员会顾问、教育部巡视工作特聘顾问。

---

① 毛泽东:《毛泽东选集(第五卷)》,人民出版社1977年版,第312页。
② 毛泽东:《毛泽东选集(第二卷)》,人民出版社1991年版,第534页。

自　　序

　　自《建国方略》之《心理建设》、《物质建设》、《社会建设》三书出版之后，予乃从事于草作《国家建设》，以完成此帙。《国家建设》一书，较前三书为独大，内涵有《民族主义》、《民权主义》、《民生主义》、《五权宪法》、《地方政府》、《中央政府》、《外交政策》、《国防计划》八册。而《民族主义》一册已经脱稿，《民权主义》、《民生主义》二册亦草就大部。其他各册，于思想之线索、研究之门径，亦大略规划就绪，俟有余暇，便可执笔直书，无待思索。方拟全书告竣，乃出而问世。不期十一年六月十六陈炯明叛变，炮击观音山，竟将数年心血所成之各种草稿，并备参考之西籍数百种，悉被毁去，殊可痛恨！

　　兹值国民党改组，同志决心从事攻心之奋斗，亟需三民主义之奥义、五权宪法之要旨为宣传之资，故于每星期演讲一次，由黄昌谷君笔记之，由邹鲁君读校之。今民族主义适已讲完，特先印单行本，以饷同志。惟此次演讲既无暇晷以预备，又无书籍为参考，只于登坛之后随意发言，较之前稿遗忘实多。虽于付梓之先，复加删补，然于本题之精义与叙论之条理及印证之事实，都觉远不如前。尚望同志读者，本此基础，触类引伸，匡补阙遗，更正条理，使成为一完善之书，以作宣传之课本，则其造福于吾民族、吾国家，诚未可限量也。

　　　　　　　　　　　　　　民国十三年三月三十日
　　　　　　　　　　　　　　孙文序于广州大本营
　　　　　　　　　　　　　　（大元帅章）（孙文之印）

目　　录

民族主义
第一讲 ……………………………………………………………… 3
第二讲 ……………………………………………………………… 16
第三讲 ……………………………………………………………… 29
第四讲 ……………………………………………………………… 40
第五讲 ……………………………………………………………… 51
第六讲 ……………………………………………………………… 61

民权主义
第一讲 ……………………………………………………………… 77
第二讲 ……………………………………………………………… 94
第三讲 ……………………………………………………………… 106
第四讲 ……………………………………………………………… 121
第五讲 ……………………………………………………………… 137
第六讲 ……………………………………………………………… 156

民生主义
第一讲 ……………………………………………………………… 179
第二讲 ……………………………………………………………… 201
第三讲 ……………………………………………………………… 218
第四讲 ……………………………………………………………… 236

附　录

在广州岭南学堂的演说 ………………………………… 253
在广州岭南学生欢迎会的演说 ………………………… 255
在岭南大学黄花岗纪念会的演说 ……………………… 265
在黄埔军官学校的告别演说 …………………………… 268
三民主义与中国前途 …………………………………… 277
三民主义之具体办法 …………………………………… 286
三民主义为造成新世界之工具 ………………………… 296

后　记

………………………………………………………………… 304

民族主义

 民族主义

第一讲

民国十三年一月二十七日

诸君：

今天来同大家讲三民主义。什么是三民主义呢？用最简单的定义说，三民主义就是救国主义。什么是主义呢？主义就是一种思想、一种信仰和一种力量。大凡人类对于一件事，研究当中的道理，最先发生思想；思想贯通以后，便起信仰；有了信仰，就生出力量。所以主义是先由思想再到信仰，次由信仰生出力量，然后完全成立。何以说三民主义就是救国主义呢？因为三民主义系促进中国之国际地位平等、政治地位平等、经济地位平等，使中国永久适存于世界，所以说三民主义就是救国主义。三民主义既是救国主义，试问我们今日中国是不是应该要救呢？如果是认定应该要救，那么便应信仰三民主义。信仰三民主义便能发生出极大势力，这种极大势力便可以救中国。

今天先讲民族主义。这次国民党改组所用救国方法，是注重宣传。要对国人做普遍的宣传，最要的是演明主义。中国近十余年来，有思想的人对于三民主义都听惯了，但是要透彻了解他，许多人还做不到。所以今天先把民族主义来同大家详细的讲一讲。

什么是民族主义呢？按中国历史上社会诸情形讲，我可以用一句简单话说，民族主义就是国族主义。中国人最崇拜的是家族主义和宗族主义，所以中国只有家族主义和宗族主义，没有国族主义。外国旁观的人说中国人是一片散沙，这个原因是在什么地方呢？就是因为一般人民只有家族主义和宗族主义，没有国族主

义。中国人对于家族和宗族的团结力非常强大，往往因为保护宗族起见，宁肯牺牲身家性命。像广东两姓械斗，两族的人无论牺牲多少生命财产，总是不肯罢休，这都是因为宗族观念太深的缘故。因为这种主义深入人心，所以便能替他牺牲。至于说到对于国家，从没有一次具极大精神去牺牲的。所以中国人的团结力，只能及于宗族而止，还没有扩张到国族。

我说民族主义就是国族主义，在中国是适当的，在外国便不适当。外国人说民族和国家便有分别，英文中民族的名词是"哪逊"①。"哪逊"这一个字有两种解释：一是民族，一是国家。这一个字虽然有两个意思，但是他的解释非常清楚，不容混乱。在中国文中，一个字有两个解释的很多。即如"社会"两个字，就有两个用法：一个是指一般人群而言，一个是指一种有组织之团体而言。本来民族与国家相互的关系很多，不容易分开，但是当中实在有一定界限，我们必须分开什么是国家，什么是民族。我说民族就是国族，何以在中国是适当，在外国便不适当呢？因为中国自秦汉而后，都是一个民族造成一个国家。外国有一个民族造成几个国家的，有一个国家之内有几个民族的。像英国是现在世界上顶强的国家，他们国内的民族是用白人为本位，结合棕人、黑人等民族，才成"大不列颠帝国"。所以在英国说民族就是国族，这一句话便不适当。……又像印度现在也是英国的领土，说到英国国族起来，当中便有三万万五千万印度人。如果说印度的英国国族就是民族，也是不适当。大家都知道英国的基本民族是"盎格鲁撒逊"人，但是"盎格鲁撒逊"人不只英国有这种民族，就是美国也有很多"盎格鲁撒逊"人。所以在外国便不能说民族就是国族。但民族和国家是有一定界限的，我们要把他来分别清楚，有什么方法呢？最适当的方法，是民族和国家根本上是用什

---

① 英文 nation 的音译，下同。

民族主义

么力造成的。简单的分别，民族是由于天然力造成的，国家是用武力造成的。用中国的政治历史来证明，中国人说王道是顺乎自然，换一句话说，自然力便是王道，用王道造成的团体便是民族；武力就是霸道，用霸道造成的团体便是国家。像造成香港的原因，并不是几十万香港人欢迎英国人而成的，是英国人用武力割据得来的。因为从前中国和英国打仗，中国打败了，把香港人民和土地割归到英国，久而久之，才造成现在的香港。又像英国造成今日的印度，经过的情形也是同香港一样。英国现在的领土扩张到全世界，所以英国人有一句俗话说："英国无日落。"换一句话说，就是每日昼夜，日光所照之地，都有英国领土。譬如我们在东半球的人，由日出算起，最先照到纽丝兰①、澳洲、香港、星加坡②，西斜照到锡兰③、印度，再西到阿颠④、马儿打⑤，更西便照到本国。再轮到西半球，便有加拿大，而循环到香港、星加坡。故每日夜二十四点钟，日光所照之时，必有英国领土。像英国这样大的领土，没有一处不是用霸道造成的。自古及今，造成国家没有不是用霸道的。至于造成民族便不相同，完全是由于自然，毫不能加以勉强。像香港的几十万中国人，团结成一个民族是自然而然的，无论英国用什么霸道，都是不能改变的。所以一个团体，由于王道自然力结合而成的是民族，由于霸道人为力结合而成的便是国家。这便是国家和民族的分别。

再讲民族的起源。世界人类本是一种动物，但和普通的飞禽走兽不同。人为万物之灵。人类的分别，第一级是人种，有白色、黑色、红色、黄色、棕色五种之分。更由种细分，便有许多族。

---

① 今译"新西兰"，下同。
② 今译"新加坡"，下同。
③ 今译"斯里兰卡"。
④ 今译"亚丁"。
⑤ 今译"马耳他"。

像亚洲的民族，著名的有蒙古族、巫来族①、日本族、满族、汉族。造成这种种民族的原因，概括的说是自然力，分析起来便很复杂。当中最大的力是"血统"。中国人黄色的原因，是由于根源黄色血统而成。祖先是什么血统，便永远遗传成一族的人民，所以血统的力是很大的。次大的力是"生活"。谋生的方法不同，所结成的民族也不同。像蒙古人逐水草而居，以游牧为生活，什么地方有水草，便游牧到什么地方，移居到什么地方。由这种迁居的习惯，也可结合成一个民族。蒙古能够忽然强盛，就本于此。当蒙古族最强盛的时候，元朝的兵力，西边征服中央亚细亚、阿剌伯②及欧洲之一部分，东边统一中国，几几乎征服日本，统一欧亚。其他民族最强盛的像汉族，当汉唐武力最大的时候，西边才到里海。像罗马民族武力最大的时候，东边才到黑海。从没有哪一个民族的武力能够及乎欧亚两洲，像元朝的蒙古民族那样强盛。蒙古民族之所以能够那样强盛的原因，是由于他们人民的生活是游牧，平日的习惯便有行路不怕远的长处。第三大的力是"语言"。如果外来民族得了我们的语言，便容易被我们感化，久而久之，遂成一个民族。再反过来，若是我们知道外国语言，也容易被外国人同化。如果人民的血统相同，语言也同，那么同化的效力便更容易。所以语言也是世界上造成民族很大的力。第四个力是"宗教"。大凡人类奉拜相同的神，或信仰相同的祖宗，也可结合成一个民族。宗教在造成民族的力量中也很雄大，像阿剌伯和犹太两国已经亡了许久，但是阿剌伯人和犹太人至今还是存在。他们国家虽亡，而民族之所以能够存在的道理，就是因为各有各的宗教。大家都知道现在的犹太人散在各国的极多，世界上极有名的学问家像马克思，像爱因斯坦，都是犹太人。再像现在英美

---

① 今译"马来族"，下同。
② 今译"阿拉伯"，下同。

民族主义

各国的资本势力,也是被犹太人操纵。犹太民族的天质是很聪明的,加以宗教之信仰,故虽流离迁徙于各国,犹能维持其民族于长久。阿剌伯人所以能够存在的道理,也是因为他们有漠罕墨德①的宗教。其他信仰佛教极深的民族像印度,国家虽然亡到英国,种族还是永远不能消灭。第五个力是"风俗习惯"。如果人类中有一种特别相同的风俗习惯,久而久之,也可自行结合成一个民族。我们研究许多不相同的人种,所以能结合成种种相同民族的道理,自然不能不归功于血统、生活、语言、宗教和风俗习惯这五种力。这五种力是天然进化而成的,不是用武力征服得来的,所以用这五种力和武力比较,便可以分别民族和国家。

我们鉴于古今民族生存的道理,要救中国,想中国民族永远存在,必要提倡民族主义。要提倡民族主义,必要先把这种主义完全了解,然后才能发挥光大,去救国家。就中国的民族说,总数是四万万人,当中参杂的不过是几百万蒙古人,百多万满洲人,几百万西藏人,百几十万回教之突厥人。外来的总数不过一千万人。所以就大多数说,四万万中国人……完全是一个民族。我们这种民族,处现在世界上,是什么地位呢?用世界上各民族的人数比较起来,我们人数最多,民族最大,文明教化有四千多年,也应该和欧美各国并驾齐驱。但是中国的人只有家族和宗族的团体,没有民族的精神,所以虽有四万万人结合成一个中国,实在是一片散沙,弄到今日,是世界上最贫弱的国家,处国际中最低下的地位。人为刀俎,我为鱼肉,我们的地位在此时最为危险。如果再不留心提倡民族主义,结合四万万人成一个坚固的民族,中国便有亡国灭种之忧。我们要挽救这种危亡,便要提倡民族主义,用民族精神来救国。

我们要提倡民族主义来挽救中国危亡,便先要知道我们民族

---

① 今译"穆罕默德"。

声振神州——孙中山在中山大学及前身院校的演讲

的危险是在什么地方。要知道这种危险的情形，最好是拿中国人和列强的人民比较，那便更易清楚。欧战以前，世界上号称列强的有七八国，最大的有英国，最强的有德国、奥国、俄国，最富的有美国，新起的有日本和意大利。欧战以后倒了三国，现在所剩的头等强国，只有英国、美国、法国、日本和意大利。英国、法国、俄国、美国都是以民族立国。英国发达，所用民族的本位是盎格鲁撒逊人，所用地方的本位是英格兰和威尔斯①，人数只有三千八百万，可以叫做纯粹英国的民族。这种民族在现在世界上是最强盛的民族，所造成的国家是世界上最强盛的国家。推到百年以前，人数只有一千二百万，现在才有三千八百万，在此百年之内便加多三倍。

我们东方有个岛国，可以说是东方的英国，这个国家就是日本。日本国也是一个民族造成的，他们的民族叫做大和民族。自开国到现在，没有受过外力的吞并。虽然以元朝蒙古的强盛，还没有征服过他。他们现在的人口，除了高丽、台湾以外，是五千六百万。百年以前人口的确数很难稽考，但以近来人口增加率之比例计算，当系增加三倍。故百年以前的日本人口，约计在二千万上下。这种大和民族的精神，至今还没有丧失。所以乘欧化东渐，在欧风美雨中，利用科学新法发展国家，维新五十年，便成现在亚洲最强盛的国家，和欧美各国并驾齐驱，欧美人不敢轻视。我们中国的人口比那一国都要多，至今被人轻视的原故，就是一则有民族主义，一则无民族主义。日本未维新之前，国势也是很衰微，所有的领土不过四川一省大，所有的人口不及四川一省多，也受过外国压制的耻辱。因为他们有民族主义的精神，所以便能发奋为雄，当中经过不及五十年，便由衰微的国家变成强盛的国家。我们要中国强盛，日本便是一个好模范。

---

① 今译"威尔士"。

8

民族主义

用亚洲人和欧洲人比，从前以为世界上有聪明才智的只有白人，无论什么事都被白人垄断。我们亚洲人因为一时无法可以得到他们的长处，怎样把国家变成富强？所以对于要国家富强的心思，不但中国人失望，就是亚洲各民族的人都失望。到了近来忽然兴起一个日本，变成世界上头等富强的国家。因为日本能够富强，故亚洲各国便生出无穷的希望。觉得日本从前的国势也是和现在的安南、缅甸一样，现在的安南、缅甸便比不上日本，因为日本人能学欧洲，所以维新之后便赶上欧洲。当欧战停止之后，列强在华赛尔①讨论世界和平，日本的国际地位列在五大强国之一。提起关于亚洲的事情，列强都是听日本主持，惟日本马首是瞻。由此便可知，白人所能做的事，日本人也可以做。世界上的人种虽然有颜色不同，但是讲到聪明才智，便不能说有什么分别。亚洲今日因为有了强盛的日本，故世界上的白种人不但是不敢轻视日本人，并且不敢轻视亚洲人。所以日本强盛之后，不但是大和民族可以享头等民族的尊荣，就是其他亚洲人也可抬高国际的地位。从前以为欧洲人能够做的事，我们不能够做；现在日本人能够学欧洲，便知我们能够学日本，我们可以学到像日本，也可知将来可以学到像欧洲。

俄国在欧战的时候发生革命，打破帝制，现在成了一个新国家，是社会主义的国家，和从前大不相同。他们的民族叫做斯拉夫，百年以前的人口是四千万，现在有一万〈万〉六千万，比从前加多四倍，国力也比从前加大四倍。近百年以来，俄国是世界上顶强的国家，不但是亚洲的日本、中国怕他侵入，就是欧洲的英国、德国也怕他侵入。他们在帝国时代专持侵略政策，想扩张领土。现在俄国的疆土占欧洲一半，占亚洲也到一半，领土跨占欧亚两洲，他们这样大的领土都是从侵略欧亚两洲而来。当日俄

---

① 今译"凡尔赛"，下同。

之战时,各国人都怕俄国侵略中国的领土;他们所以怕俄国侵占中国领土的原故,是恐怕中国被俄国侵占之后,又再去侵略世界各国,各国都要被俄国侵占。俄国人本有并吞世界的志气,所以世界各国便想法来抵制,英日联盟就是为抵制这项政策。日俄战后,日本把俄国赶出高丽、南满以外,遂推翻俄国侵略世界的政策,保持东亚的领土,世界上便生出一个大变化。自欧战以后,俄国人自己推翻帝国主义,把帝国主义的国家变成新社会主义的国家,世界上又生出一个更大的变化。这种变化,成功不过六年。他们在这六年之中,改组内部,把从前用武力的旧政策改成用和平的新政策。这种新政策,不但是没有侵略各国的野心,并且抑强扶弱,主持公道。于是世界各国又来怕俄国,现在各国怕俄国的心理比从前还要利害。因为那种和平新政策,不但是打破俄国的帝国主义,并且是打破世界的帝国主义;不但是打破世界的帝国主义,并且打破世界的资本主义。因为现在各国表面上的政权,虽由政府作主,但是实在由资本家从中把持。俄国的新政策要打破这种把持,故世界上的资本家便大恐慌,所以世界上从此便生出一个很大的变动。因为这个大变动,此后世界上的潮流也随之改变。

就欧洲战争的历史说,从前常发生国际战争,最后的欧战,是德、奥、土、布诸同盟国和英、法、俄、日、意、美诸协商国两方战争,经过四年的大战,始筋疲力尽,双方停止。经过这次大战之后,世界上先知先觉的人,逆料将来欧洲没有烧点可以引起别种国际战争,所不能免的或者是一场人种的战争,像黄人和白人战争之例。但自俄国新变动发生之后,就我个人观察已往的大势,逆料将来的潮流,国际间大战是免不了的。但是那种战争不是起于不同种之间,是起于同种之间,白种与白种分开来战,黄种同黄种分开来战。那种战争是阶级战争,是被压迫者和横暴者的战争,是公理和强权的战争。俄国革命以后,斯拉夫民族生

民族主义

出了什么思想呢？他们主张抑强扶弱，压富济贫，是专为世界上伸张公道打不平的。这种思想宣传到欧洲，各种弱小民族都很欢迎，现在最欢迎的是土耳其。土耳其在欧战之前最贫最弱，不能振作，欧洲人都叫他做"近东病夫"，应该要消灭。到了欧战，加入德国方面，被协商国打败了，各国更想把他瓜分，土耳其几乎不能自存。后来俄国出来打不平，助他赶走希腊，修改一切不平等的条约。到了现在，土耳其虽然不能成世界上的头等强国，但是已经成了欧洲的二三等国。这是靠什么力量呢？是全靠俄国人的帮助。由此推论出来，将来的趋势，一定是无论那一个民族或那一个国家，只要被压迫的或委曲的，必联合一致去抵抗强权。那些国家是被压迫的呢？当欧战前，英国、法国要打破德意志的帝国主义，俄国也加入他们一方面，后来不知道牺牲了多少生命财产，中途还要回师，宣布革命。这是什么原故呢？是因为俄国人受压迫太甚，所以要去革命，实行他们的社会主义，反抗强权。当时欧洲列强都反对这种主义，所以共同出兵去打他，幸而俄国有斯拉夫民族的精神，故终能打破列强。至今列强对于俄国，武力上不能反对，便不承认他是国家，以为消极的抵制。欧洲各国何以反对俄国的新主义呢？因为欧洲各国人是主张侵略，有强权，无公理。俄国的新主义，是主张以公理扑灭强权的。因为这种主张和列强相反，所以列强至今还想消灭他。俄国在没有革命之前，也主张有强权无公理，是一个很顽固的国家，现在便反对这项主张；各国因俄国反对这项主张，便一齐出兵去打俄国。因为这个原故，所以说以后战争是强权和公理的战争。今日德国是欧洲受压迫的国家。亚洲除日本以外，所有的弱小民族都是被强暴的压制，受种种痛苦。他们同病相怜，将来一定联合起来去抵抗强暴的国家。那些被压迫的国家联合，一定去和那些强暴的国家拼命一战。推到全世界，将来白人主张公理的和黄人主张公理的一定是联合起来，白人主张强权的和黄人主张强权的也一定是联合起来。有了这两种联合，便免不了一场大战。这便是世界将来战争之趋势。

德国在一百年前人口有二千四百万，经过欧战之后虽然减少了许多，但现在还有六千万。这一百年内增加了两倍半。他们的人民叫做条顿民族，这种民族和英国人相近，是很聪明的，所以他们的国家便很强盛。经过欧战以后，武力失败，自然要主张公理，不能主张强权。

美国人口，一百年前不过九百万，现在有一万万以上，他们的增加率极大，这百年之内加多十倍。他们这些增加的人口，多半是由欧洲移民而来，不是在本国生育的。欧洲各国的人民，因为近几十年来欧洲地狭人稠，在本国没有生活，所以便搬到美国来谋生活。因为这个原故，美国人口便增加得非常快。各国人口的增加多是由于生育，美国人口的增加多是由于容纳。美国人的种族比那一国都要复杂，各洲各国的移民都有，到了美国之后就熔化起来，所谓合一炉而冶之，自成一种民族。这种民族既不是原来的英国人、法国人、德国人，又不是意大利人和其他南欧洲人，另外是一种新民族，可以叫做美利坚民族。美国因为有独立的民族，所以便成世界上独立的国家。

法国人是拉丁民族。拉丁民族散在欧洲的国家有西班牙、葡萄牙、意大利；移到美洲的国家有墨西哥、比鲁①、芝利②、哥仑比亚③、巴西、阿根廷和其他中美洲诸小国。因为南美洲诸国的民族都是拉丁人，所以美国人都把他们叫做"拉丁美利坚"。法国人口增加很慢，百年之前有三千万，现在有三千九百万，一百年内不过增加四分之一。

我们现在把世界人口的增加率，拿来比较一比较。近百年之

---

① 今译"秘鲁"。
② 今译"智利"。
③ 今译"哥伦比亚"。

内，在美国增加十倍，英国增加三倍，日本也是三倍，俄国是四倍，德国是两倍半，法国是四分之一。这百年之内，人口增加许多的原故，是由科学昌明，医学发达，卫生的设备一年比一年完全，所以减少死亡，增加生育。他们人口有了这样增加的迅速，和中国有什么关系呢？用各国人口的增加数和中国的人口来比较，我觉得毛骨耸然！譬如美国人口百年前不过九百万，现在便有一万万多，再过一百年，仍然照旧增加，当有十万万多。中国人时常自夸，说我们人口多，不容易被人消灭。在元朝入主中国以后，蒙古民族不但不能消灭中国人，反被中国人同化。中国不但不能亡，并且吸收蒙古人。满洲人征服中国，统治二百六十多年，满洲民族也没有消灭中国人，反为汉族所同化，变成汉人，像现在许多满人都加汉姓。因为这个原故，许多学者便以为纵让日本人或白人来征服中国，中国人只有吸收日本人或白种人的，中国人可以安心罢。殊不知百年之后，美国人口可加到十万万，多过我们人口两倍半。从前满洲人不能征服中国民族，是因为他们只有一百几十万人，和中国的人口比较起来，数目太少，当然被中国人吸收。如果美国人来征服中国，那么百年之后，十个美国人中只参杂四个中国人，中国人便要被美国人所同化。诸君知道中国四万万人是什么时候调查得来的呢？是满清乾隆时候调查得来的。乾隆以后没有调查，自乾隆到现在将及二百年，还是四万万人。百年之前是四万万，百年之后当然也是四万万。法国因为人口太少，奖励生育，如果一个人生三子的便有奖，生四五子的便有大奖，如果生双胎的更格外有奖。男子到了三十岁不娶和女子到了二十岁不嫁的，便有罚。这是法国奖励生育的方法。至于法国人口并不减少，不过他们的增加率没有别国那一样大罢了。且法国以农业立国，国家富庶，人民家给户足，每日都讲究快乐。百年

声振神州——孙中山在中山大学及前身院校的演讲

前有一个英国学者叫做马尔赛斯①，他因为忧世界上的人口太多，供给的物产有限，主张减少人口，曾创立一种学说，谓："人口增加是几何级数，物产增加是数学级数。"法国人因为讲究快乐，刚合他们的心理，便极欢迎马氏的学说，主张男子不负家累，女子不要生育。他们所用减少人口的方法，不但是用这种种自然方法，并且用许多人为的方法。法国在百年以前的人口比各国都要多，因为马尔赛斯的学说宣传到法国之后很被人欢迎，人民都实行减少人口，所以弄到今日受人少的痛苦，都是因为中了马尔赛斯学说的毒。中国现在的新青年也有被马尔赛斯学说所染，主张减少人口的。殊不知法国已经知道了减少人口的痛苦，现在施行新政策是提倡增加人口，保存民族，想法国的民族和世界上的民族永久并存。

我们的人口到今日究竟有多少呢？增加的人数虽然不及英国、日本，但自乾隆时算起，至少也应该有五万万。从前有一位美国公使叫做乐克里耳，到中国各处调查，说中国的人口最多不过三万万。我们的人口到底有多少呢？在乾隆的时候已经有了四万万，若照美国公使的调查，则已减少四分之一。就说是现在还是四万万，以此类推，则百年之后恐怕仍是四万万。

日本人口现在有了六千万，百年之后应该有二万万四千万。因为在本国不能生活，所以现在便向各国诉冤，说岛国人口太多，不能不向外发展。向东走到美国，加利佛尼亚省②便闭门不纳；向南走到澳洲，英国人说"澳洲是白色人的澳洲，别色人种不许侵入"。日本人因为到处被人拒绝，所以便向各国说情，说日本人无路可走，所以不能不经营满洲、高丽。各国也明白日本人的意思，便容纳他们的要求，以为日本殖民到中国于他们本国没有关系。

---

① 今译"马尔萨斯"，下同。
② 今译"加利福尼亚州"。

一百年之后，全世界人口一定要增加好几倍。像德国、法国因为经过此次大战之后，死亡太多，想恢复战前状态，奖励人口生育，一定要增加两三倍。就现在全世界的土地与人口比较，已经有了人满之患。像这次欧洲大战，便有人说是"打太阳"的地位。因为欧洲列强多半近于寒带，所以起战争的原故，都是由于互争赤道和温带的土地，可以说是要争太阳之光。中国是全世界气候最温和的地方，物产顶丰富的地方，各国人所以一时不能来吞并的原因，是由他们的人口和中国的人口比较还是太少。到一百年以后，如果我们的人口不增加，他们的人口增加到很多，他们便用多数来征服少数，一定要并吞中国。到了那个时候，中国不但是失去主权，要亡国，中国人并且要被他们民族所消化，还要灭种。像从前蒙古、满洲征服中国，是用少数征服多数，想利用多数的中国人做他们的奴隶。如果列强将来征服中国，是用多数征服少数，他们便不要我们做奴隶，我们中国人到那个时候连奴隶也做不成了！

声振神州——孙中山在中山大学及前身院校的演讲

第二讲

民国十三年二月三日

　　自古以来，民族之所以兴亡，是由于人口增减的原因很多，此为天然淘汰。人类因为遇到了天然淘汰力，不能抵抗，所以古时有很多的民族和很有名的民族，在现在人类中都已经绝迹了。我们中国的民族也很古，从有稽考以来的历史讲，已经有了四千多年。故推究我们的民族，自开始至今，至少必有五六千年。当中受过了许多天然力的影响，遗传到今日，天不但不来消灭我们，并且还要令我们繁盛，生长了四万万人。和世界的民族比较，我们还是最多最大的，是我们民族所受的天惠，比较别种民族独厚。故经过天时人事种种变更，自有历史四千多年以来，只见文明进步，不见民族衰微。代代相传，到了今天，还是世界最优秀的民族。所以一般乐观的人，以为中国民族从前不知经过了多少灾害，至今都没有灭亡，以后无论经过若何灾害，是决不至灭亡的。这种论调，这种希望，依我看来是不对的。因为就天然淘汰力说，我们民族或者可以生存，但是世界中的进化力，不止一种天然力，是天然力和人为力凑合而成。人为的力量，可以巧夺天工，所谓人事胜天。这种人为的力，最大的有两种，一种是政治力，一种是经济力。这两种力关系于民族兴亡，比较天然力还要大。我们民族处在今日世界潮流之中，不但是受这两种力的压迫，并且深中这两种力的祸害了。

　　中国几千年以来，受过了政治力的压迫以至于完全亡国，已有了两次，一次是元朝，一次是清朝。但是这两次亡国，都是亡

民族主义

于少数民族，不是亡于多数民族。那些少数民族，总被我们多数民族所同化。所以中国在政权上，虽然亡过了两次，但是民族还没有受过大损失。至于现在列强民族的情形，便和从前大不相同。一百年以来，列强人口增加到很多，上次已经比较过了，像英国、俄国的人口增加三四倍，美国增加十倍。照已往一百年内的增加，推测以后一百年的增加，我们民族在一百年以后，无论所受的天惠怎么样深厚，就很难和列强的民族并存于世界。比如美国的人口，百年前不过九百万，现在便有一万万以上，再过一百年就有十万万以上，英、德、俄、日的人口，都是要增加好几倍。由此推测，到百年之后，我们的人口便变成了少数，列强人口便变成了多数。那时候中国民族纵然没有政治力和经济力的压迫，单以天然进化力来推论，中国人口便可以灭亡。况且在一百年以后，我们不但是要受天然力的淘汰，并且要受政治力和经济力的压迫，此两种力比较天然力还要快而且烈。天然力虽然很慢，也可以消灭很大的民族。在百年前有一个先例可以用来证明的，是南北美洲的红番民族。美洲在二三百年前完全为红番之地，他们的人数很多，到处皆有；但从白人搬到美洲之后，红番人口就逐渐减少，传到现在，几乎尽被消灭。由此便可见天然淘汰力，也可以消灭很大的民族。政治力和经济力比较天然淘汰力要更快，更容易消灭很大的民族。此后中国民族如果单受天然力的淘汰，还可以支持一百年，如果兼受了政治力和经济力的压迫，就很难渡过十年。故在这十年之内，就是中国民族的生死关头。如果在这十年以内有方法可以解脱政治力和经济力的压迫，我们民族还可以和列强的民族并存。如果政治力和经济力的压迫，我们没有方法去解脱，我们的民族便要被列强的民族所消灭，纵使不至于全数灭亡，也要被天然力慢慢去淘汰。故此后中国的民族，同时受天然力、政治力和经济力的三种压迫，便见得中国民族生存的地位非常危险。

声振神州——孙中山在中山大学及前身院校的演讲

中国受欧美政治力的压迫，将及百年。百年以前，满人据有我们的国家，仍是很强盛的。当时英国灭了印度，不敢来灭中国，还恐中国去干涉印度。但是这百年以来，中国便失去许多领土。由最近推到从前，我们最近失去的领土是威海卫、旅顺、大连、青岛、九龙、广州湾。欧战以后，列强想把最近的领土送回，像最先送回的有青岛，最近将要送回的有威海卫，但这不过是中国很小的地方。从前列强的心理，以为中国永远不能振作，自己不能管理自己，所以把中国沿海的地方像大连、威海卫、九龙等处来占领，做一个根据地，以便瓜分中国。后来中国起了革命，列强知道中国还可以有为，所以才打消瓜分中国的念头。当列强想瓜分中国的时候，一般中国反革命的人，说革命足以召瓜分；不知后来革命的结果，不但不召列强瓜分，反打消列强要瓜分中国的念头。再推到前一点的失地，是高丽、台湾、澎湖。这些地方是因为日清之战，才割到日本。中国因为日清一战，才引出列强要瓜分的论调。更前一点的失地，是缅甸、安南。安南之失，中国当时还稍有抵抗，镇南关一战，中国还获胜仗。后来因被法国恐吓，中国才和法国讲和，情愿把安南让与法国。但是刚在讲和之前几天，中国的军队正在镇南关、谅山大胜，法国几乎全军覆没。后来中国还是求和，法国人便以为很奇怪。尝有法国人对中国人说："中国人做事真是不可思议。就各国的惯例，凡是战胜之国一定要表示战胜的尊荣，一定要战败的割地赔偿。你们中国战胜之日，反要割地求和，送安南到法国，定种种苛虐条件，这真是历史上战胜求和的先例。"中国之所以开这个先例的原因，是由于清政府太糊涂。安南和缅甸本来都是中国的领土，自安南割去以后，同时英国占据缅甸，中国更不敢问了。又更拿前一点的失地说，就是黑龙江、乌苏里。又再推到前一点的失地，是伊犁流域霍罕和黑龙江以北诸地，就是前日俄国远东政府所在的地方，中国都拱手送去外人，并不敢问。此外更有琉球、暹罗、蒲

民族主义

鲁尼①、苏绿②、爪哇、锡兰、尼泊尔、布丹③等那些小国，从前都是来中国朝贡过的。故中国最强盛时代，领土是很大的。北至黑龙江以北，南至喜马拉雅山以南，东至东海以东，西至葱岭以西，都是中国的领土。尼泊尔到了民国元年，还到四川来进贡，元年以后以西藏道路不通，便不再来了。像这样讲来，中国最强盛时代，政治力量也威震四邻，亚洲西南各国无不以称藩朝贡为荣。那时欧洲的帝国主义还没有侵入亚洲。当时亚洲之中，配讲帝国主义的只是中国。所以那些弱小国家都怕中国，怕中国用政治力去压迫。至今亚洲各弱小民族，对于中国还是不大放心。这回我们国民党在广州开大会，蒙古派得有代表来，是看我们南方政府对外的主张，是否仍旧用帝国主义。他们代表到了之后，看见我们大会中所定的政纲是扶持弱小民族，毫无帝国主义的意思，他们便很赞成，主张大家联络起来，成一个东方的大国。像这项要赞成我们主张的情形，不但是蒙古如此，就是其他弱小民族都是一样。现在欧洲列强正用帝国主义和经济力量来压迫中国，所以中国的领土便逐渐缩小，就是十八行省以内也失了许多地方。

自中国革命以后，列强见得用政治力来瓜分中国是很不容易的，以为从前满洲征服过了中国，我们也晓得革命，如果列强还再用政治力来征服中国，中国将来一定是要反抗，对于他们是很不利的，所以他们现在稍缓其政治力来征服我们，便改用经济力来压迫我们。他们以为不用政治力来瓜分中国，各国便可以免冲突，但是他们在中国的冲突虽然是免了，可是在欧洲的冲突到底还免不了。故由巴尔干半岛问题，便生出了欧洲大战。他们自己受了许多损失，许多强国像德国、奥国都倒下来了。但是他们的帝国主义现在还没有改革，英国、法国、意大利仍旧〈把〉帝国

---

① 今译"婆罗洲"。
② 今译"苏禄群岛"。
③ 今译"不丹"。

主义继续进行。美国也抛弃门罗主义,去参加列强,一致行动。经过了欧战以后,他们在欧洲或者把帝国主义一时停止进行,但是对于中国,像前几日各国派二十多只兵舰到广州来示威,还是用帝国主义的力量,来进行他们经济的力量。经济力的压迫,比较帝国主义,就是政治力的压迫还要利害。政治力的压迫是容易看得见的,好比此次列强用二十多只兵船来示威,广州人民便立时觉得痛痒,大家生出公愤,就是全国人民也起公愤。故政治力的压迫,是容易觉得有痛痒的,但是受经济力的压迫,普通人都不容易生感觉,像中国已经受过了列强几十年经济力的压迫,大家至今还不大觉得痛痒。弄到中国各地都变成了列强的殖民地,全国人至今还只知道是列强的半殖民地。这"半殖民地"的名词,是自己安慰自己。其实中国所受过了列强经济力的压迫,不只是半殖民地,比较全殖民地还要利害。比方高丽是日本的殖民地,安南是法国的殖民地;高丽人做日本的奴隶,安南人做法国的奴隶。我们动以"亡国奴"三字讥诮高丽人、安南人,我们只知道他们的地位,还不知道我们自己所处的地位,实在比不上高丽人、安南人。由刚才所说的概括名义,中国是半殖民地,但是中国究竟是那一国的殖民地呢?是对于已经缔结了条约各国的殖民地,凡是和中国有条约的国家,都是中国的主人。所以中国不只做一国的殖民地,是做各国的殖民地;我们不只做一国的奴隶,是做各国的奴隶。比较起来,是做一国的奴隶好些呀,还是做各国的奴隶好些呢?如果做一国的奴隶,遇到了水旱天灾,做主人的国家,就要拨款来赈济。他们拨款赈济,以为这是自己做主人的义务,分内所当为的。做奴隶的人民,也视为这是主人应该要救济的。但是中国北方前几年受了天灾,各国不视为应该要尽的义务,拨款来赈济,只有在中国内地的各国人,来提倡捐助赈济灾民。中国人看见了,便说是各国很大的慈善。不是他们的义务,和主人的国家对于奴隶的人民,便差得很远。由此便可见中国还比不上安南、高丽。所以做一国的奴隶，比较做各国的奴隶的地位是高得多，讲到利益来又是大得多，故叫中国做"半殖民地"，是很不对的。依我定一个名词，应该叫做"次殖民地"。这个"次"字，是由于化学名词中得来的，如次亚磷便是。药品中有属磷质而低一等者名为亚磷，更低一等者名为次亚磷。又如各部官制，总长之下低一级的，就叫做次长一样。中国人从前只知道是半殖民地，便以为很耻辱，殊不知实在的地位还要低过高丽、安南。故我们不能说是半殖民地，应该叫做次殖民地。

此次广东和外国争关余。关税余款本该是我们的，为什么要争呢？因为中国的海关被各国拿去了。我们从前并不知道有海关，总是闭关自守，后来英国到中国来叩关，要和中国通商，中国便闭关拒绝。英国用帝国主义和经济力量联合起来，把中国的海关打开，破了中国的门户。当时英国军队已经占了广州，后来见广州站不住，就不要广州，去要香港，并且又要赔款。中国在那个时候，没有许多现钱来做赔款，就把海关押到英国，让他们去收税。当时满清政府计算，以为很长久的时间才可以还清，不料英国人得了海关，自己收税，不到数年，便把要求的赔款还清了。清朝皇帝才知道清朝的官吏很腐败，从前经理征收关税有中饱的大毛病，所以就把全国海关都交给英国人管理，税务司也尽派英国人去充当。后来各国因为都有商务的关系，便和英国人争管海关的权利，英国人于是退让，依各国商务之大小为用人之比例。所以弄到现在，全国海关都在外人的手内。中国同外国每立一回条约，就多一回损失，条约中的权利总是不平等，故海关税则都是由外国所定，中国不能自由更改。中国的关税，中国人不能自收自用，所以我们便要争。

现在各国对于外来经济力的压迫，又是怎样对待呢？各国平时对于外国经济力的侵入，都是用海关作武器，来保护本国经济的发展。好比在海口上防止外来军队的侵入，便要筑炮台一样。

所以，保护税法就是用关税去抵制外货，本国的工业才可以发达。像美国自白人灭了红番以后，和欧洲各国通商，当时美国是农业国，欧洲各国多是工业国，以农业国和工业国通商，自然是工业国占胜利，故美国就创出保护税法，来保护本国的工商业。保护税法的用意，是将别国的入口货特别加以重税，如进口货物值一百元的，海关例抽税一百元或八十元，各国通例都是五六十元。抽这样重的税，便可以令别国货物的价贵，在本国不能销行；本国货物无税，因之价平，便可以畅销。我们中国现在怎么样的情形呢？中国没有和外国通商以前，人民所用货物都是自己用手工制造。古人说"男耕女织"，便可见农业和纺织工业是中国所固有的。后来外国货物进口，因为海关税轻，所以外来的洋布价贱，本地的土布价贵，一般人民便爱穿洋布，不穿土布，因之土布工业就被洋布打灭了。本国的手工工业便从此失败，人民无职业，便变成了许多游民，这就是外国经济力压迫的情形。现在中国虽然仍有手工织布，但是原料还要用洋纱，近来渐有用本国棉花和外国机器来纺织布的。像上海有很多的大纱厂、大布厂，用这些布厂纱厂本来逐渐可抵制洋货，但是因为海关还在外国人手中，他们对于我们的土布还要抽重税，不但海关要抽重税，进到内地各处还要抽厘金。所以中国不独没有保护税法，并且是加重土货的税去保护洋货。当欧战时，各国不能制造货物输入中国，所以上海的纱厂布厂一时是很发达的，由此所得的利益便极大，对本分利，资本家极多。但欧战以后，各国货物充斥中国，上海的纱厂布厂，从前所谓赚钱的，至今都变成亏本了，土货都被洋货打败了。中国关税不特不来保护自己，并且要去保外人，好比自己挖了战壕，自己不但不能用去打敌人，并且反被敌人用来打自己。所以政治力的压迫是有形的，最愚蠢的人也容易看见的；经济力的压迫是无形的，一般人都不容易看见，自己并且还要加重力量来压迫自己。所以中国自通商以后，出入口货物之比较，有江河日下之势。前十年调查中国出入口货物，相差不过二万万元。近来检查海关报告表，一九二一年进口货超过出口货是五万万元，比较十年前已加多两倍半。若照此推算，十年后也加多两倍半，那么进口货超过出口货便要到十二万万五千万。换一句话说，就是十年之后，中国单贸易一项，每一年要进贡到外国的是十二万万五千万元。汝看这个漏卮大不大呢？

经济力的压迫，除了海关税以外还有外国银行。现在中国人的心理，对于本国银行都不信用，对于外国银行便非常信用。好比此刻在我们广东的外国银行便极有信用，中国银行毫无信用。从前我们广东省立银行发出纸币尚可通用，此刻那种纸币毫不能用，我们现在只用现银。从前中国纸币的信用不及外国纸币，现在中国的现银仍不及外国银行的纸币。现在外国银行的纸币，销行于广东的总数当有几千万，一般人民都情愿藏收外国纸币，不情愿收藏中国现银。推之上海、天津、汉口各通商口岸，都是一样。推究此中原因，就是因为中了经济压迫的毒。我们平常都以为外国人很有钱，不知道他们是用纸来换我们的货物，他们本来没有几多钱，好多都是我们送到他们的一样。外国人现在所用的钱，不过印出几千万纸，我们信用他，他们便有了几千万钱。那些外国银行的纸币，每印一元，只费几文钱，印成的纸，他的价值便称是一元或十元或一百元，所以外国人不过是用最少之价值去印几千万元的纸，用那几千万元的纸，便来换我们几千万块钱的货物。诸君试想：这种损失是大不大呢？为什么他们能够多印纸，我们不能够照样去印呢？因为普通人都中了外国经济压迫的毒，只信用外国，不信用自己，所以我们印的纸便不能通行。

外国纸币之外，还有汇兑。我们中国人在各通商口岸汇兑钱，也是信用外国银行，把中国的钱都交外国银行汇兑。外国银行代中国人汇兑，除汇钱的时候赚千分之五的汇水以外，并强赚两地的钱价。在交钱的时候，又赚当地银元合银两的折扣。像这样钱价折扣的损失,在汇钱和交钱的两处地方总算起来,必须过百分之二三。像由广东外国银行汇一万块钱到上海,外国银行除了赚五十元汇水以外,另外由毫银算成上海规银的钱价,他们必定把广东毫银的价格算低,把上海规元银的价格抬高,由他们自由计算,最少必要赚一二百元。到了上海交钱的时候,他们不交规元银,只肯交大洋钱,他们用规元银折成大洋钱,必压低银两的市价抬高洋钱的市价,至少又要赚一二百元。故上海、广州两地之间汇兑一万块钱,每次至少要失二三百元。所以用一万块钱在上海、广州两地之间汇来汇去,最多不过三十余次,便完全化为乌有。人民所以要受这些损失的原因,是因为中了外国经济压迫的毒。

外国银行在中国的势力,除了发行纸币和汇兑以外,还有存款。中国人有了钱,要存到银行内。不问中国银行的资本是大是小,每年利息是多是少,只要知道是中国人办的,便怕不安全,便不敢去存款。不问外国银行是有信用没有信用,他们所给的利息是多是少,只要听到说是外国人办的,有了洋招牌,便吃了定心丸,觉得极安全,有钱便送进去,就是利息极少,也是很满意。最奇怪的是辛亥年武昌起义以后,一般满清皇室和满清官僚,怕革命党到了,要把他们的财产充公,于是把所有的金银财宝,都存到各处外国银行,就是没有利息,只要外国人收存,便心满意足。甚至像清兵和革命军在武汉打仗打败了的那几日,北京东交民巷的外国银行,所收满人寄存的金银财宝,不计其数。至弄到北京所有的外国银行都有钱满之患,无余地可以再存。于是后来存款的,外国银行对于存款人,不但不出息钱,反要向存款人取租钱;存款人只要外国银行收存款,说到租钱,外国银行要若干便给若干。当时调查全国的外国银行,所收中国人的存款,总计一二十万万。从此以后,中国人虽然取回了若干,但是十几年以来,一般军阀官僚,像冯国璋、王占元、李纯、曹锟,到处搜括,所发的横财，每人动辄是几千万。他们因为想那些横财很安全，供子子孙孙万世之用，也是存入外国银行。所以至今外国银行所收中国人存款的总数，和辛亥年的总数，还是没有什么大加减。外国银行收了这一二十万万存款，每年付到存款人的利息是很少的，最多不过四五厘。外国银行有了这一二十万万钱，又转借到中国小商家，每年收到借款人的利息是很多的，最少也有七八厘，甚至一分以上。因此外国银行只任经理之劳，专用中国人的资本，来赚中国人的利息，每年总要在数千万。这是中国人因为要存到外国银行，无形中所受的损失。普通人要把钱存到外国银行内的心理，以为中国银行不安全，外国银行很安全，把款存进去，不怕他们闭倒。试问现在的中法银行停止营业，把中国人的存款没有归还，中法银行是不是外国银行呢？外国银行的存款是不是安全呢？外国银行既是不安全，为什么我们中国人还是甘心情愿，要把中国的钱存到外国银行，每年要损失这样的大利息呢？推究这个原因，也是中了外国经济压迫的毒。外国银行一项，在中国所获之利，统合纸票、汇兑、存款三种算之，当在一万万元左右。

　　外国银行之外，还有运费。中国货物运去外国，固然是要靠洋船，就是运往汉口、长沙、广州各内地，也是靠洋船的多。日本的航业，近来固然是很发达，但是日本最先的时候，只有一个日本邮船会社，后来才有东洋汽船会社、大阪商船会社、日清汽船公司航行于中国内地，航行于全世界。日本航业之所以那样发达，是因为他们政府有津贴来补助，又用政治力特别维持。在中国看起来，国家去津贴商船，有什么利益呢？不知日本是要和各国的经济势力相竞争，所以在水上交通一方面，也和各国缔结条约，订出运货的运费，每吨有一定的价钱。比方由欧洲运货到亚洲，是先到上海，再到长崎、横滨。由欧洲到上海，比较由欧洲到长崎、横滨的路程，是近得多的。但是由欧洲运货到长崎、横滨，每吨的运费，各船公司定得很平；至于由欧洲运货到上海的运费，中国无航业与他抵抗，各船公司定得很贵。故由欧洲运货到长崎、横滨，比较由欧洲运货到上海，每吨的运费，还要便宜。因此，欧洲货物在日本出卖的市价，还要比在上海的平。反过来，如果中国货物由上海运去欧洲，也是比由长崎、横滨运去欧洲，所费的运费贵得多。若是中国有值一万万块钱的货物运往欧洲，中国因为运费的原故，就要加多一千万。照此计算，就是一万万之中要损失一千万。中国出入口货物的价值，每年已至十余万万以上，此十余万万中，所损失也当不下一万万元了。

此外还有租界与割地的赋税、地租、地价三项，数目亦实在不少。譬如香港、台湾、上海、天津、大连、汉口那些租界及割地内的中国人，每年纳到外国人的赋税，至少要在二万万以上。像从前台湾纳到日本人的税，每年只有二千万，现在加到一万万。香港从前纳到英国人的税，每年只有几百万，现在加到三千万。以后当然照此例更行增加。其地租一项，则有中国人所收者，有外国人所收者，各得几何，未曾切实调查，不得而知。然总以外国人所收为多，则不待问了。这地租之数，总比之地税十倍。至于地价又年年增加，外人既握经济之权，自然是多财善贾，把租界之地，平买贵卖。故此赋税、地租、地价三项之款，中国人之受亏，每年亦当不下四五万万元。

又在中国境内外人之团体及个人营业，恃其条约之特权，来侵夺我们利权的，更难以数计。单就南满铁路一个公司说，每年所赚纯利已达五千余万。其他各国人之种种营业，统而推之，当在万万以上。

更有一桩之损失，即是投机事业。租界之外人，每利用中国人之贪婪弱点，日日有小投机，数年一次大投机，尽量激发中国人之赌性热狂，如树胶的投机、马克的投机，每次之结果，则中国人之亏累，至少都有数千万元。而天天之小投机事业，积少成多，更不知其数了。像这样的损失，每年亦当数千万元。

至于战败的赔款，甲午赔于日本者二万万五千万两，庚子赔于各国者九万万两，是属于政治上武力压迫的范围，当不能与经济压迫同论；且是一时的，不是永久的，尚属小事了。其他尚有藩属之损失、侨民之损失，更不知其几何矣。这样看来，此种经济的压迫，真是利害得很了。

统共算起来：其一，洋货之侵入，每年夺我利权的五万万元；其二，银行之纸票侵入我市场，与汇兑之扣折、存款之转借等事，夺我利权者或至一万万元；其三，出入口货物运费之增加，夺我利权者约数千万至一万万元；其四，租界与割地之赋税、地租、地价三桩，夺我利权者总在四五万万元；其五，特权营业一万万元；其六，投机事业及其他种种之剥夺者当在数千万元。这六项之经济压迫，令我们所受的损失，总共不下十二万万元。此每年十二万万元之大损失，如果无法挽救，以后只有年年加多，断没有自然减少之理。所以今日中国已经到了民穷财尽之地位了，若不挽救，必至受经济之压迫，至于国亡种灭而后已！

当中国强盛时代，每要列邦年年进贡，岁岁来朝。而列邦的贡品，每年所值大约也不过百数十万元，我们便以为非常的荣耀了。到了宋朝，中国衰弱的时候，反要向金人进贡，而纳于金人的贡品，每年大约也不过百数十万元，我们便以为奇耻大辱。我们现在要进贡到外国，每年有十二万万元。一年十二万万，十年就一百二十万万。这种经济力的压迫，这样大的进贡，是我们梦想不到的，不容易看见的，所以大家还不觉得是大耻辱。如果我们没有这样大的进贡，每年有十二万万一宗大款，那么我们应该做多少事业呢？我们的社会要如何进步呢？因为有了这种经济力的压迫，每年要受这样大的损失，故中国的社会事业都不能发达，普通人民的生机也没有了。专就这一种压迫讲，比用几百万兵来杀我们还要利害。况且外国背后更拿帝国主义来实行他们经济的压迫，中国人民的生机自然日蹙，游民自然日多，国势自然日衰了。

中国近来一百年以内，已经受了人口问题的压迫，中国人口总是不加多，外国人口总是日日加多。现在又受政治力和经济力一齐来压迫。我们同时受这三种力的压迫，如果再没有办法，无论中国领土是怎么样大，人口是怎么样多，百年之后一定是要亡国灭种的。我们四万万人的地位是不能万古长存的。试看美洲的红番，从前到处皆有，现在便要全数灭亡。所以我们晓得政治压迫的利害，还要晓得经济的压迫更利害，不能说我们有四万万人，就不容易被人消灭。因为中国几千年以来，从没有受过这三个力量一齐来压迫的。故为中国民族的前途设想，就应该要设一个什么方法，去打消这三个力量。

民族主义

第三讲

民国十三年二月十日

民族主义这个东西,是国家图发达和种族图生存的宝贝。中国到今日已经失去了这个宝贝。为什么中国失去了这个宝贝呢?我在今天所讲的大意,就是把中国为什么失去了民族主义的原故来推求,并且研究我们中国的民族主义是否真正失去。

依我的观察,中国的民族主义是已经失去了,这是很明白的,并且不只失去了一天,已经失去了几百年。试看我们革命以前,所有反对革命很利害的言论,都是反对民族主义的。再推想到几百年前,中国的民族思想,完全没有了。在这几百年中,中国的书里头,简直是看不出民族主义来,只看见对于满洲的歌功颂德,什么"深仁厚泽",什么"食毛践土",从没有人敢说满洲是什么东西的。近年革命思想发生之后,还有许多自命为中国学士文人的,天天来替满洲说话。譬如从前在东京办《民报》时代,我们提倡民族主义,那时候驳我们民族主义的人,便说满洲种族入主中华,我们不算是亡国,因为满洲受过了明朝龙虎将军的封号,满洲来推翻明朝,不过是历代朝廷相传的接替,可说是易朝,不是亡国。然则从前做过中国税务司的英国人赫德,他也曾受过了中国户部尚书的官衔,比如赫德来灭中国,做中国的皇帝,我们可不可以说中国不是亡国呢?这些人不独是用口头去拥护满洲,还要结合一个团体叫做保皇党,专保护大清皇帝,来消灭汉人的民族思想的。所有保皇党的人,都不是满洲人,完全是汉人。欢迎保皇党的人,多是海外华侨。后遇革命思想盛行之时,那些华

声振神州——孙中山在中山大学及前身院校的演讲

侨才渐渐变更宗旨，来赞成革命。华侨在海外的会党极多，有洪门三合会，即致公堂，他们原来的宗旨，本是反清复明，抱有种族主义的。因为保皇主义流行到海外以后，他们就归化保皇党，专想保护大清皇室的安全，故由有种族主义的会党，反变成了去保护满洲皇帝。把这一件事看来，便可证明中国的民族主义完全亡了。

我们讲到会党，便要知道会党的起源。会党在满清康熙时候最盛。自顺治打破了明朝，入主中国，明朝的忠臣义士，在各处起来抵抗，到了康熙初年，还有抵抗的。所以中国在那个时候，还没有完全被满洲征服。康熙末年以后，明朝遗民逐渐消灭。当中一派是富有民族思想的人，觉得大事去矣，再没有能力可以和满洲抵抗，就观察社会情形，想出方法来结合会党。他们的眼光是很远大的，思想是很透澈的，观察社会情形也是很清楚的。他们刚才结合成种种会党的时候，康熙就开博学鸿词科，把明朝有智识学问的人，几乎都网罗到满洲政府之下。那些有思想的人，知道了不能专靠文人去维持民族主义，便对于下流社会和江湖上无家可归的人收罗起来，结成团体，把民族主义放到那种团体内去生存。这种团体的分子，因为是社会上最低下的人，他们的行动很鄙陋，便令人看不起。又用文人所不讲的言语，去宣传他们的主义，便令人不大注意。所以那些明朝遗老实在有真知灼见。至于他们所以要这样保存民族主义的意思，好比在太平时候，富人的宝贝，自然要藏在很贵重的铁箱里头。到了遇着强盗入室的时候，主人恐怕强盗先要开贵重的铁箱，当然要把宝贝藏在令人不注意的地方；如果遇到极危急的时候，或者要投入极污秽之中，也未可知。故当时明朝遗老想保存中国的宝贝，便不得不把他藏在很鄙陋的下流社会中。所以满洲二百多年以来，无论是怎样专制，因为是有这些会党口头的遗传，还可以保存中国的民族主义。当日洪门会中要反清复明，为什么不把他们的主义保存在智识阶级里头呢？为什么不做文章来流传，如太史公所谓"藏之名山，传之其人"呢？因为当时明朝的遗老看见满洲开博学鸿词科，一时有智识有学问的人差不多都被收罗去了，便知道那些有智识阶级的靠不住，不能"藏之名山，传之其人"，所以要在下流社会中藏起来，便去结合那些会党。在会党里头，他们的结纳是很容易，很利便的，他们结合起来，在满洲专制之下保存民族主义，是不拿文字来传，拿口头来传的。所以我们今天要把会党源源本本讲起来，很为困难。因为他们只有口头传下来的片段故事，就是当时有文字传下来，到了乾隆时候也被消毁了。在康熙、雍正时候，明朝遗民排满之风还是很盛，所以康熙、雍正时候便出了多少书，如《大义觉迷录》等，说汉人不应该反对满洲人来做皇帝。他所持的理由，是说舜是东夷之人，文王是西夷之人，满洲人虽是夷狄之人，还可以来做中国的皇帝。由此便可见康熙、雍正还自认为满洲人，还忠厚一点。到了乾隆时代，连"满汉"两个字都不准人提起了，把史书都要改过，凡是当中关于宋元历史的关系和明清历史的关系，都通通删去。所有关于记载满洲、匈奴、鞑靼的书，一概定为禁书，通通把他消灭，不准人藏，不准人看。因为当时违禁的书，兴过了好几回文字狱之后，中国的民族思想保存在文字里头的，便完全消灭了。

到了清朝中叶以后，会党中有民族思想的，只有洪门会党。当洪秀全起义之时，洪门会党多来相应，民族主义就复兴起来。须注意洪门不是由洪秀全而得此称，当是由朱洪武或由朱洪祝（康熙时有人奉朱洪祝起义）而得此称谓，亦未可定。洪秀全失败以后，民族主义更流传到军队，流传到游民。那时的军队如湘军、淮军，多属会党。即如今日青帮、红帮等名目，也是由军队流传而来。明朝遗老宣传民族主义到下流社会里头，但是下流社会的智识太幼稚，不知道自己来利用这种主义，反为人所利用。比方在洪秀全时代，反清复明的思想已经传到了军队里头，但因洪门

声振神州——孙中山在中山大学及前身院校的演讲

子弟不能利用他们，故他们仍然是清兵。又有一段故事，也可以引来证明。当时左宗棠带兵去征新疆，由汉口起程到西安，带了许多湘军、淮军经过长江。那时会党散在珠江流域的，叫做三合会；散在长江的，叫做哥老会。哥老会的头目，叫做大龙头。有一位大龙头在长江下游犯了法，逃到汉口。那时清朝的驿站通消息固然很快，但是哥老会的马头通消息更快。左宗棠在途上有一天忽然看见他的军队自己移动集中起来，排起十几里的长队，便觉得非常诧异。不久接到一件两江总督的文书，说有一个很著名的匪首，由汉口逃往西安，请他拿办。左宗棠当时无从拿办，只算是官样文章，把这件事搁起来。后来看见他的军队移动得更利害，排的队更长，个个兵士都说去欢迎大龙头，他还莫名其妙。后来知道了兵士要去欢迎的大龙头，就是两江总督要他拿办的匪首，他便慌起来了。当时问他的幕客某人说："什么是哥老会呢？哥老会的大龙头，和这个匪首有什么关系呢？"幕客便说："我们军中自兵士以至将官，都是哥老会，那位拿办的大龙头，就是我们军中哥老会的首领。"左宗棠说："如果是这样，我们的军队怎样可以维持呢？"幕客说："如果要维持这些军队，便要请大帅也去做大龙头。大帅如果不肯做大龙头，我们便不能出新疆。"左宗棠想不到别的方法，又要利用那些军队，所以便赞成幕客的主张，也去开山堂，做起大龙头来，把那些会党都收为部下。由此便可见左宗棠后来能够平定新疆，并不是利用清朝的威风，还是利用明朝遗老的主义。中国的民族主义，自清初以来，保存了很久。从左宗棠做了大龙头之后，他知道其中的详情，就把马头破坏了，会党的各机关都消灭了。所以到我们革命的时候，便无机关可用。这个洪门会党都被人利用了，所以中国的民族主义真是老早亡了。

中国的民族主义既亡，今天就把亡的原因拿来说一说。此中原因是很多的，尤其以被异族征服的原因为最大。凡是一种民族征服别种民族，自然不准别种民族有独立的思想，好比高丽被日本征服了，日本现在就要改变高丽人的思想，所有高丽学校里的教科书，凡是关于民族思想的话都要删去。由此三十年后，高丽的儿童便不知有高丽了，便不知自己是高丽人了。从前满洲对待我们也是一样，所以民族主义灭亡的头一个原因，就是我们被异族征服。征服的民族，要把被征服的民族所有宝贝，都要完全消灭。满洲人知道这个道理，从前用过了很好的手段，康熙时候兴过了文字狱，但是康熙还不如乾隆狡猾，要把汉人的民族思想完全消灭。康熙说他是天生来做中国皇帝的，劝人不可逆天；到了乾隆，便更狡猾，就把满汉的界限完全消灭。所以自乾隆以后，智识阶级的人多半不知有民族思想，只有传到下流社会。但是下流社会虽然知道要杀鞑子，只知道当然，不知道所以然，所以中国的民族思想便消灭了几百年。这种消灭是由于满洲人的方法好。

中国民族主义之所以消灭，本来因为是亡国，因为被外国人征服。但是世界上民族之被人征服的，不只中国人，犹太人也是亡国。犹太人在耶稣未生之前，已经被人征服了。及耶稣传教的时候，他的门徒当他是革命，把耶稣当作革命的首领，所以当时称他为犹太人之王。耶稣门徒的父母，曾有对耶稣说："若是我主成功，我的大儿子便坐在主的左边，二儿子便坐在主的右边。"俨然以中国所谓左丞右相来相比拟。所以犹太人亡了国之后，耶稣的门徒以为耶稣是革命。当时耶稣传教，或者是含有政治革命也未可知，但是他的十二位门徒中，就有一个以为耶稣的政治革命已经失败了，就去〈出〉卖他的老师。不知耶稣的革命，是宗教革命，所以称其国为天国。故自耶稣以后，犹太的国虽然灭亡，犹太的民族至今还在。又像印度也是亡国，但是他们的民族思想，就不像中国的民族思想一样，一被外国的武力压服了，民族思想便随之消灭。再像波兰从前也亡国百多年，但是波兰的民族思想永远存在，所以到欧战之后，他们就把旧国家恢复起来，至今成了欧洲的二三等国。像这样讲来，中国和犹太、印度、波兰比较，都是一样的亡国，何以外国亡国，民族主义不至于亡，为什么中国经过了两度亡国，民族思想就灭亡了呢？这是很奇怪的，研究当中的道理是很有趣味的。

中国在没有亡国以前，是很文明的民族，很强盛的国家，所以常自称为"堂堂大国"，声名"文物之邦"，其他各国都是"蛮夷"。以为中国是居世界之中，所以叫自己的国家做"中国"，自称"大一统"，所谓"天无二日，民无二王"，所谓"万国衣冠拜冕旒"，这都是由于中国在没有亡国以前，已渐由民族主义而进于世界主义。所以历代总是用帝国主义去征服别种民族。像汉朝的张博望、班定远灭过了三十多国，好像英国印度公司的经理卡来呼把印度的几十国都收服了一样。中国几千年以来，总是实行"平天下"的主义，把亚洲的各小国完全征服了。但是中国征服别国，不是像现在的欧洲人，专用野蛮手段，而多用和平手段去感化人，所谓"王道"，常用王道去收服各弱小民族。由此推寻，便可以得到我们民族思想之所以灭亡的道理出来。从什么方面知道别的种族如犹太亡了国二千年，他们的民族主义还是存在，我们中国亡国只有三百多年，就把民族主义完全亡了呢？考察此中原因，好像考察人受了病一样。一个人不论是受了什么病，不是先天不足，就是在未受病之前，身体早起了不健康的原因。中国在没有亡国以前，已经有了受病的根源，所以一遇到被人征服，民族思想就消灭了。这种病的根源，就是在中国几千年以来，都是帝国主义的国家。

如现在的英国和没有革命以前的俄国，都是世界上顶强盛的国家。到了现在，英国的帝国主义还是很发达。我们中国从前的帝国主义，或者还要驾乎英国之上。英俄两国现在生出了一个新思想，这个思想是有智识的学者提倡出来的，这是什么思想呢？是反对民族主义的思想。这种思想说民族主义是狭隘的，不是宽大的。简直的说，就是世界主义。现在的英国和以前的俄国、德

民族主义

国与及中国现在提倡新文化的新青年，都赞成这种主义，反对民族主义。我常听见许多新青年说，国民党的三民主义，不合现在世界的新潮流，现在世界上最新最好的主义是世界主义。究竟世界主义是好是不好呢？如果这个主义是好的，为什么中国一经亡国，民族主义就要消灭呢？世界主义，就是中国二千多年以前所讲的天下主义。我们现在研究这个主义，他到底是好不好呢？照理论上讲，不能说是不好。从前中国智识阶级的人，因为有了世界主义的思想，康熙就是讲世界主义的人，他说，舜，东夷之人也，文王，西夷之人也，东西夷狄之人，都可以来中国做皇帝。就是中国不分夷狄华夏，不分夷狄华夏，就是世界主义。大凡一种思想，不能说是好不好，只看他是合我们用不合我们用。如果合我们用便是好，不合我们用便是不好。合乎全世界的用途便是好，不合乎全世界的用途便是不好。世界上的国家，拿帝国主义把人征服了，要想保全他的特殊地位，做全世界的主人翁，便是提倡世界主义，要全世界都服从。中国从前也想做全世界的主人翁，总想站在万国之上，故主张世界主义。因为普通社会有了这种主义，故满清入关便无人抵抗，以致亡国。当满清入关的时候，人数是很少的，总数不过十万人。拿十万人怎么能够征服数万万人呢？因为那时候，中国大多数人很提倡世界主义，不讲民族主义，无论什么人来做中国皇帝，都是欢迎的。所以史可法虽然想反对满人，但是赞成他的人数太少，还是不能抵抗满人。因全国的人都欢迎满人，所以满人便得做中国安稳皇帝。当那个时候，汉人不但是欢迎满人，并且要投入旗下，归化于满人，所以有所谓汉军旗。

现在世界上顶强盛的国家是英国、美国。世界上不只一个强国，有几个强国，所谓列强。但是列强的思想性质至今没有改变，将来英国、美国或者能够打破列强成为独强。到那个时候中国或者被英国征服，中国的民族变成英国民族，我们是好是不好呢？

如果中国人入英国籍或美国籍，帮助英国或美国来打破中国，便说我们是服从世界主义，试问我们自己的良心是安不安呢？如果我们的良心不安，便是因为有了民族主义。民族主义能够令我们的良心不安，所以民族主义就是人类图生存的宝贝。好比读书的人是拿什么东西来谋生呢？是拿手中的笔来谋生的。笔是读书人谋生的工具，民族主义便是人类生存的工具。如果民族主义不能存在，到了世界主义发达之后，我们就不能生存，就要被人淘汰。中国古时说"窜三苗于三危"，汉人把他们驱逐到云南、贵州的边境，现在几几乎要灭种，不能生存。说到这些三苗，也是中国当日原有的土民，我们中国民族的将来情形恐怕也要像三苗一样。

讲到中国民族的来源，有人说百姓民族是由西方来的，过葱岭到天山，经新疆以至于黄河流域。照中国文化的发祥地说，这种议论，似乎是很有理由的。如果中国文化不是外来，乃由本国发生的，则照天然的原则来说，中国文化应该发源于珠江流域，不应该发源于黄河流域。因为珠江流域气候温和，物产丰富，人民很容易谋生，是应该发生文明的。但是考究历史，尧、舜、禹、汤、文、武时候，都不是生在珠江流域，都是生在西北。珠江流域在汉朝还是蛮夷，所以中国文化是由西北方来的，是由外国来的。中国人说人民是"百姓"，外国人说西方古时有一种"百姓"民族，后来移到中国，把中国原来的苗子民族或消灭或同化，才成中国今日的民族。

照进化论中的天然公例说，适者生存，不适者灭亡；优者胜，劣者败。我们的民族到底是优者呢，或者劣者呢？是适者呢，或是不适者呢？如果说到我们的民族要灭亡要失败，大家自然不愿意。要本族能够生存能够胜利，那才愿意。这是人类的天然思想。现在我们民族处于很为难的地位，将来一定要灭亡。所以灭亡的原故，就是由于外国人口增加和政治、经济三个力量一齐来压迫。我们现在所受政治力、经济力两种压迫已达极点，惟我们现在的

民族主义

民族还大,所受外国人口增加的压迫,还不容易感觉,要到百年之后才能感觉。我们现在有这样大的民族,可惜失去了民族思想。因为失去了民族思想,所以外国的政治力和经济力才能打破我们。如果民族思想没有失去,外国的政治力和经济力一定打不破我们。

但是,我们何以失去民族主义呢?要考察起来,是很难明白的。我可以用一件故事来比喻,这个比喻或者是不伦不类,和我们所讲的道理毫不相关,不过借来也可以说明这个原因。这件故事是我在香港亲见过的:从前有一个苦力,天天在轮船码头,拿一枝竹杠和两条绳子去替旅客挑东西,每日挑东西,就是那个苦力谋生之法。后来他积存了十多块钱,当时吕宋彩票盛行,他就拿所积蓄的钱买了一张吕宋彩票。那个苦力因为无家可归,所有的东西都没有地方收藏,所以他买得的彩票也没有地方收藏。他谋生的工具只是一枝竹杠和两条绳子,他到什么地方,那枝竹杠和两条绳子便带到什么地方。所以他就把所买的彩票收藏在竹杠之内。因为彩票藏在竹杠之内,不能随时拿出来看,所以他把彩票的号数死死记在心头,时时刻刻都念着。到了开彩的那一日,他便到彩票店内去对号数,一见号单,知道是自己中了头彩,可以发十万元的财,他就喜到上天,几几乎要发起狂来,以为从此便可不用竹杠和绳子去做苦力了,可以永久做大富翁了。由于这番欢喜,便把手中的竹杠和绳子一齐投入海中。用这个比喻说,吕宋彩票好比是世界主义,是可以发财的。竹杠好比是民族主义,是一个谋生的工具。中了头彩的时候,好比是中国帝国主义极强盛的时候,进至世界主义的时代。我们的祖宗以为中国是世界的强国,所谓"天无二日,民无二王","万国衣冠拜冕旒",世界从此长太平矣,以后只要讲世界主义,要全世界的人都来进贡,从此不必要民族主义,所以不要竹杠,要把他投入海中。到了为满洲所灭的时候,不但世界上的大主人翁做不成,连自己的小家产都保守不稳,百姓的民族思想一齐消灭了,这好比是竹杠投入了海中一样。所以满清带兵入关,吴三桂便作向导。史可法虽然想提倡民族主义拥戴福王,在南京图恢复,满洲的多尔衮便对史可法说:"我们的江山不是得之于大明,是得之于闯贼。"他的意思,以为明朝的江山是明朝自己人失去了的,好比苦力自己丢了竹杠一样。近来讲新文化的学生也提倡世界主义,以为民族主义不合世界潮流。这个论调,如果是发自英国、美国,或发自我们的祖宗,那是很适当的;但是发自现在的中国人,这就不适当了。德国从前不受压迫,他们不讲民族主义,只讲世界主义;我看今日的德国,恐怕不讲世界主义,要来讲一讲民族主义罢。我们的祖宗如果不把竹杠丢了,我们还可以得回那个头彩,但是他们把竹杠丢得太早了,不知道发财的彩票还藏在里面。所以一受外国的政治力和经济力来压迫,以后又遭天然的淘汰,我们便有亡国灭种之忧。

此后我们中国人,如果有方法恢复民族主义,再找得一枝竹杠,那么就是外国的政治力和经济力,无论怎么样来压迫,我们民族就是在千万年之后,决不至于灭亡。至于讲到天然淘汰,我们民族更是可以长存,因为天生了我们四万万人,能够保存到今日,是天从前不想亡中国。将来如果中国亡了,罪恶是在我们自己,我们就是将来世界上的罪人。天既付托重任于中国人,如果中国人不自爱,是谓逆天。所以中国到这个地位,我们是有责任可负的。现在天既不要淘汰我们,是天要发展世界的进化。如果中国将来亡了,一定是列强要亡中国,那便是列强阻止世界的进化。

昨日有一位俄国人说列宁为什么受世界列强的攻击呢?因为他敢说了一句话,他说世界上有两种人,一种是十二万万五千万人,一种是二万万五千万人,这十二万万五千万人,是受那二万万五千万人的压迫。那些压迫人的人是逆天行道,不是顺天行道。

 民族主义

我们去抵抗强权，才是顺天行道。我们要能够抵抗强权，就要我们四万万人和十二万万五千万人联合起来。我们要能够联合十二万万五千万人，就要提倡民族主义，自己先联合起来，推己及人，再把各弱小民族都联合起来，共同去打破二万万五千万人，共同用公理去打破强权。强权打破以后，世界上没有野心家，到了那个时候，我们便可以讲世界主义。

声振神州——孙中山在中山大学及前身院校的演讲

第四讲

民国十三年二月十七日

现在世界上所有的人数，大概在十五万万左右。在这十五万万人中，中国占了四分之一，就是世界上每四个人中，有一个中国人。欧洲所有白种民族的人数，合计起来也是四万万。现在世界上民族最发达的是白种人。白种人中有四个民族。在欧洲中北的有条顿民族，条顿民族建立了好几个国家，最大的是德国，其次奥国、瑞典、那威①、和兰②、丹麦，都是条顿民族所建立的。在欧洲之东的有斯拉夫民族，也建立了好几个国家，最大的是俄国，欧战后发生的，有捷克斯拉夫③和佐哥斯拉夫④两个新国。在欧洲之西的有撒克逊民族，叫做"盎格鲁撒克逊"，这个民族建立了两个大国，一个是英国，一个是美国。在欧洲之南的有拉丁民族，这个民族也建立了好几个国家，顶大的是法国、意大利、西班牙、葡萄牙。拉丁民族移到南美洲，也建立了几个国家，和盎格鲁撒克逊民族移到北美洲建立了加拿大和美国一样。欧洲白种民族，不过是四万万人，分开成四个大民族，由这四个大民族建立了许多国家，原因是白种人的民族主义很发达。因为白种人的民族主义很发达，所以他们在欧洲住满了，便扩充到西半球的南北美洲，东半球东南方的非洲、澳洲。现在世界上的民族，占地

① 今译"挪威"。
② 今译"荷兰"。
③ 今译"捷克斯洛伐克"。
④ 今译"南斯拉夫"。

球上领土最多的，是撒克逊民族。这个民族最初发源的地方是欧洲，但是在欧洲所占的领土，不过是大不列颠三岛，像英格兰、苏格兰和爱尔兰。这三岛在大西洋的位置，好像日本在太平洋一样。撒克逊人所扩充的领土，西到北美洲，东到澳洲、纽丝兰，南到非洲。所以说占世界上领土最多的是撒克逊民族，世界上最富最强的人种也是撒克逊民族。欧战以前，世界上最强盛的民族是条顿和斯拉夫，尤其以条顿民族的聪明才力为最大，所以德国能够把二十几个小邦联合起来，成立了一个大德意志联邦。成立之初，本来是农业国，后来变成工业国，因为工业发达，所以陆海军也随之强盛。

欧战之前，欧洲民族都受了帝国主义的毒。什么是帝国主义呢？就是用政治力去侵略别国的主义，即中国所谓"勤远略"。这种侵略政策，现在名为帝国主义。欧洲各民族都染了这种主义，所以常常发生战争，几几乎每十年中必有一小战，每百年中必有一大战。其中最大的战争，就是前几年的欧战，这次战争可以叫做世界的大战争。何以叫做世界的大战争呢？因为这次战事扩充，影响到全世界，各国人民都被卷入旋涡之中。这次大战争所以构成的原因，一是撒克逊民族和条顿民族互争海上的霸权。因为德国近来强盛，海军逐渐扩张，成世界上第二海权的强国。英国要自己的海军独霸全球，所以要打破第二海权的德国。英德两国都想在海上争霸权，所以便起战争。二是各国争领土。东欧有一个弱国叫做土耳其，即突厥。土耳其百年以来，世人都说他是近东病夫，因为内政不修明，皇帝很专制，变成了很衰弱的国家。欧洲各国都要把他瓜分，百余年以来不能解决。欧洲各国要解决这个问题，所以发生战争。故欧战的原因，第一是白种人互争雄长，第二是解决世界的问题。如果战后是德国获胜，世界上的海权便要归德国占领，英国的大领土便要完全丧失，必成罗马一样，弄至四分五裂而亡。但是战争的结果，德国是打败了，德国想行帝国主义的目的便达不到。

这次欧洲的战争，是世界上有史以来最剧烈的，军队的人〈数〉有四五千万，时间经过了四年之久，到战争最后的时候，两方还不能分胜负。在战争的两方面，一方叫做协商国，一方叫做同盟国。在同盟国之中，初起时有德国、奥国，后来加入土耳其、布加利亚①。在协商国之中，初起时有塞维亚②、法国、俄国、英国及日本，后来加入意大利及美国。美国之所以参加的原因，全为民族问题。因在战争之头一二年，都是德奥二国获胜，法国的巴黎和英国的海峡，都几乎被德奥两国军队攻入。条顿民族便以为英国必亡，英国人便十分忧虑，见得美国的民族是和他们相同，于是拿撒克逊民族的关系去煽动美国。美国见得和自己相同民族的英国，将要被异族的德国灭亡，也不免物伤其类，所以加入战争去帮助英国，维持撒克逊人的生存；并且恐怕自己的力量单薄，遂竭全力去鼓动全世界的中立民族，共同参加去打败德国。

当战争时，有一个大言论最被人欢迎的，是美国威尔逊所主张的民族自决。因为德国用武力压迫欧洲协商国的民族，威尔逊主张打灭德国的强权，令世界上各弱小民族以后都有自主的机会，于是这种主张，便被世界所欢迎。所以印度虽然被英国灭了，普通人民是反对英国的，但是有好多小民族，听见威尔逊说这回战争是为弱小民族争自由的，他们便很喜欢去帮英国打仗。安南虽然是被法国灭了，平日人民痛恨法国的专制，但当欧战时仍帮法国去打仗，也是因为听到威尔逊的主张是公道的原故。他若欧洲的弱小民族像波兰、捷克斯拉夫、罗米尼亚③，一齐加入协商国去打同盟国的原因，也是因为听见了威尔逊所主张的"民族自决"那一说。我们中国也受了美国的鼓动，加入战争，虽然没有出兵，

---

① 今译"保加利亚"。
② 今译"塞尔维亚"。
③ 今译"罗马尼亚"。

民族主义

但是送了几十万工人去挖战壕，做后方的勤务。协商国因为创出这项好题目，所以弄到无论欧洲、亚洲一切被压迫的民族，都联合起来去帮助他们打破同盟国。当时威尔逊主张维持以后世界的和平，提出了十四条，其中最要紧的是让各民族自决。当战事未分胜负的时候，英国、法国都很赞成，到了战胜之后开和议的时候，英国、法国和意大利觉得威尔逊所主张的民族开放，和帝国主义利益的冲突太大，所以到要和议的时候，便用种种方法骗去威尔逊的主张，弄到和议结局所定出的条件最不公平。世界上的弱小民族不但不能自决，不但不能自由，并且以后所受的压迫，比从前更要利害。由此可见，强盛的国家和有力量的民族，已经雄占全球，无论什么国家和什么民族的利益，都被他们垄断。他们想永远维持这种垄断的地位，再不准弱小民族复兴，所以天天鼓吹世界主义，谓民族主义的范围太狭隘。其实他们主张的世界主义，就是变相的帝国主义与变相的侵略主义。但是威尔逊的主张提出以后，便不能收回，因为各弱小民族帮助协商国打倒同盟国，是希望战胜之后可以自由的。后来在和议所得的结果，令他们大为失望，所以安南、缅甸、爪哇、印度、南洋群岛以及土耳其、波斯、阿富汗、埃及与夫欧洲的几十个弱小民族，都大大的觉悟，知道列强当日所主张的民族自决，完全是骗他们的，所以他们便不约而同，自己去实行民族自决。

欧洲数年大战的结果，还是不能消灭帝国主义，因为当时的战争，是一国的帝国主义和别国的帝国主义相冲突的战争，不是野蛮和文明的战争，不是强权和公理的战争。所以战争的结果，仍是一个帝国主义打倒别个帝国主义，留下来的还是帝国主义。但是由这一次战争，无意中发生了一个人类中的大希望，这个希望就是俄国革命。

俄国发起革命，本来很早，在欧战前一千九百零五年的时候，曾经起过了革命，不过没有成功，到欧战的时候，便大功告成。

他们所以当欧战时再发生革命的原故,因为他们民族经过这次欧战,便生出了大觉悟。俄国本是协商国之一,协商国打德国的时候,俄国所出的兵约计有千余万,可谓出力不少。如果协商国不得俄国参加,当日欧洲西方的战线,老早被德国冲破了。因为有了俄国在东方牵制,所以协商国能够和德国相持两三年,反败为胜。俄国正当战争之中,自己思索,觉得帮助协商国去打德国,就是帮助几个强权去打一个强权,料到后来,一定没有好结果。所以一般兵士和人民便觉悟起来,脱离协商国,单独和德国讲和。况且说到国家的地位,俄国和德国人民的利害毫无冲突。不过讲到帝国主义的地位,彼此都想侵略,自然发生冲突。而且德国侵略太过,俄国为自卫计,不得不与英法各国一致行动。后来俄国人民觉悟,知道帝国主义不对,所以便对本国革命,先推翻本国的帝国主义,同时又与德国讲和,免去外患的压迫。不久协商国也与德国讲和,共同出兵去打俄国。为什么协商国要出兵去打俄国呢?因为俄国人民发生了新觉悟,知道平日所受的痛苦,完全是由于帝国主义,现在要解除痛苦,故不得不除去帝国主义,主张民族自决。各国反对这项主张,所以便共同出兵去打他。俄国的主张和威尔逊的主张,是不约而同的,都是主张世界的弱小民族都能够自决,都能够自由。俄国这种主义传出以后,世界上各弱小民族都很赞成,共同来求自决。欧洲经过这次大战的灾害,就帝国主义一方面讲,本没有什么大利益,但是因此有了俄国革命,世界人类便生出一个大希望。

世界上的十五万万人之中,顶强盛的是欧洲和美洲的四万万白种人。白种人以此为本位,去吞灭别色人种,如美洲的红番经已消灭;非洲的黑人不久就要消灭;印度的棕色人正在消灭之中;亚洲黄色人现在受白人的压迫,不久或要消灭。但是俄国革命成功,他们一万万五千万人脱离了白种,不赞成白人的侵略行为,现在正想加入亚洲的弱小民族,去反抗强暴的民族。那么强暴的民族只剩得二万万五千万人，还是想用野蛮手段，拿武力去征服十二万万五千万人。故此后世界人类，要分为两方面去决斗：一方面是十二万万五千万人，一方面是二万万五千万人。第二方面的人数虽然很少，但是他们占了世界上顶强盛的地位，他们的政治力和经济力都很大，总是用这两种力量去侵略弱小的民族。如果政治的海陆军力不够，便用经济力去压迫；如果经济力有时而穷，便用政治的海陆军力去侵略。他们的政治力帮助经济力，好比左手帮助右手一样，把多数的十二万万五千万人民压迫得很利害。但是天不从人愿，忽然生出了斯拉夫民族的一万万五千万人，去反对帝国主义和资本主义，为世界人类打不平。所以我前次说，有一位俄国人说："世界列强所以诋毁列宁的原因，是因为他敢说世界多数的民族十二万万五千万人，为少数的民族二万万五千万人所压迫。"列宁不但是说出这种话，并且还提倡被压迫的民族去自决，为世界上被压迫的人打不平。列强之所以攻击列宁，是要消灭人类中的先知先觉，为他们自己求安全。但是现在人类都觉悟了，知道列强所造的谣言都是假的，所以再不被他们欺骗。这就是世界民族的政治思想进步到光明地位的情况。

我们今日要把中国失去了的民族主义恢复起来，用此四万万人的力量，为世界上的人打不平，这才算是我们四万万人的天职。列强因为恐怕我们有了这种思想，所以便生出一种似是而非的道理，主张世界主义来煽惑我们，说世界的文明要进步，人类的眼光要远大，民族主义过于狭隘，太不适宜，所以应该提倡世界主义。近日中国的新青年主张新文化，反对民族主义，就是被这种道理所诱惑。但是这种道理，不是受屈民族所应该讲的。我们受屈民族，必先要把我们民族自由平等的地位恢复起来之后，才配得来讲世界主义。我前次所讲苦力买彩票的比喻，已发挥很透辟了。彩票是世界主义，竹杠是民族主义，苦力中了头彩，就丢去谋生的竹杠，好比我们被世界主义所诱惑，便要丢去民族主义一样。我们要知道世界主义是从什么地方发生出来的呢？是从民族主义发生出来的。我们要发达世界主义，先要民族主义巩固才行。如果民族主义不能巩固，世界主义也就不能发达。由此便可知世界主义实藏在民族主义之内，好比苦力的彩票藏在竹杠之内一样，如果丢弃民族主义，去讲世界主义，好比是苦力把藏彩票的竹杠投入海中，那便是根本推翻。我从前说，我们的地位还比不上安南人、高丽人。安南人、高丽人是亡国的人，是做人奴隶的，我们还比不上，就是我们的地位连奴隶也比不上。在这个地位，还要讲世界主义，还说不要民族主义，试问诸君是讲得通不通呢？

就历史上说，我们四万万汉族是从那一条路走来的呢？也是自帝国主义一条路走来的。我们的祖宗从前常用政治力去侵略弱小民族，不过那个时候，经济力还不很大，所以我们向未有用经济力去压迫他民族。再就文化说，中国的文化比欧洲早几千年。欧洲文化最好的时代是希腊、罗马，到了罗马才最盛。罗马不过与中国的汉朝同时。那个时候，中国的政治思想便很高深，一般大言论家都极力反对帝国主义。反对帝国主义的文字很多，其中最著名的有《弃珠崖议》。此项文章就是反对中国去扩充领土，不可与南方蛮夷争地方。由此便可见在汉朝的时候，中国便不主张与外人战争，中国的和平思想到汉朝时已经是很充分的了。到了宋朝，中国不但不去侵略外人，反为外人所侵略，所以宋朝被蒙古所灭。宋亡之后，到明朝才复国，明朝复国之后，更是不侵略外人。

当时南洋各小国要来进贡，归化中国，是他们仰慕中国的文化，自己愿意来归顺的，不是中国以武力去压迫他们的。像巫来由及南洋群岛那些小国，以中国把他们收入版图之中，许他们来进贡，便以为是很荣耀；若是不要他们进贡，他们便以为很耻辱。像这项尊荣，现在世界上顶强盛的国家还没有做到。像美国待菲律宾：在菲律宾之内，让菲人自行组织议会及设官分治，在华盛

民族主义

顿的国会,也让菲人选派议员。美国每年不但不要菲律宾用钱去进贡,反津贴菲律宾以大宗款项,修筑道路,兴办教育。像这样仁慈宽厚,可算是优待极了。但是菲律宾人至今还不以归化美国为荣,日日总是要求独立。又像印度的尼泊尔国,尼泊尔的民族叫做"廓尔额"①,这种民族是很勇敢善战的,英国虽然是征服了印度,但至今还是怕廓尔额人,所以很优待他,每年总是送钱到他,像中国宋朝怕金人,常送钱到金人一样。不过宋朝送钱到金人说是进贡,英国送钱到廓尔额人,或者说是津贴罢了。但是廓尔额人对于中国,到了民国元年还来进贡。由此可见,中国旁边的小民族羡慕中国,至今还是没有绝望。十余年前,我有一次在暹罗的外交部和外交次长谈话,所谈的是东亚问题。那位外交次长说:"如果中国能够革命,变成国富民强,我们暹罗还是情愿归回中国,做中国的一行省。"我和他谈话的地点,是在暹罗政府之公署内,他又是外交次长,所以他这种说话,不只是代表他个人的意见,是代表暹罗全国人的意见。由此足见暹罗当那个时候,还是很尊重中国。但是这十几年以来,暹罗在亚洲已经成了独立国,把各国的苛酷条约都已修改了,国家的地位也提高了,此后恐怕不愿意再归回中国了。

　　再有一段很有趣味的故事,可以和诸君谈谈。当欧战最剧烈的时候,我在广东设立护法政府,一天有一位英国领事到大元帅府来见我,和我商量南方政府加入协商国,出兵到欧洲。我就向那位英国领事说:"为什么要出兵呢?"他说:"请你们去打德国,因为德国侵略了中国土地,占了青岛,中国应该去打他,把领土收回来。"我说:"青岛离广州还很远,至于离广州最近的有香港,稍远一点的有缅甸、布丹、尼泊尔。像那些地方,从前是那一国的领土呢?现在你们还要来取西藏。我们中国此刻没有收回领土

---

① 今译"廓尔喀",下同。

声振神州——孙中山在中山大学及前身院校的演讲

的力量,如果有了力量,恐怕要先收回英国占去了的领土罢。德国所占去的青岛地方,还是很小,至于缅甸便比青岛大,西藏比青岛更要大。我们如果要收回领土当先从大的地方起。"他受了我这一番反驳,就怒不可遏,便说:"我来此地是讲公事的呀!"我立刻回他说:"我也是讲公事呀!"两人面面相对,许久不能下台。后来我再对他说:"我们的文明已经比你们进步了二千余年,我们现在是想你们上前,等你们跟上来;我们不可退后,让你们拖下去。因为我们二千多年以前,便丢去了帝国主义,主张和平,至今中国人思想已完全达到这种目的。你们现在战争所竖的目标,也是主张和平,我们本来很欢迎的,但是实际上,你们还是讲打不讲和,专讲强权不讲公理。我以为你们专讲强权的行为是很野蛮的,所以让你们去打,我们不必参加。等到你们打厌了,将来或者有一日是真讲和平,到了那个时候,我们才参加到你们的一方面,共求世界的和平。而且我反对中国参加出兵,还有一层最大的理由,是我很不愿意中国也变成你们一样不讲公理的强国。如果依你的主张,中国加入协商国,你们便可以派军官到中国来练兵,用你们有经验的军官,又补充极精良的武器,在六个月之内,一定可以练成三五十万精兵,运到欧洲去作战,打败德国。到了那个时候,便不好了。"英国领事说:"为什么不好呢?"我说:"你们从前用几千万兵和几年的时候都打不败德国,只要加入几十万中国兵,便可以打败德国,由此便可以提起中国的尚武精神。用这几十万兵做根本,可以扩充到几百万精兵,于你们就大大的不利了。现在日本加入你们方面,已经成了世界上列强之一,他们的武力雄霸亚洲,他们的帝国主义和列强一样,你们是很怕他的。说到日本的人口和富源,不及中国远甚。如果依你今天所说的办法,我们中国参加你们一方面,中国不到十年,便可以变成日本。照中国的人口多与领土大,中国至少可以变成十个日本。到了那个时候,以你们全世界的强盛,恐怕都不够中国人一打了。

民族主义

我们因为已经多进步了二千多年,脱离了讲打的野蛮习气,到了现在才是真和平。我希望中国永远保守和平的道德,所以不愿意加入这次大战。"那位英国领事,半点钟前几几乎要和我用武,听了这番话之后,才特别佩服,并且说:"如果我也是中国人,一定也是和你的思想相同。"

诸君知道革命本是流血的事,像汤武革命,人人都说他们是顺乎天应乎人,但是讲到当时用兵的情况,还有人说他们曾经过了血流漂杵。我们辛亥革命推翻满洲,流过了多少血呢?所以流血不多的原因,就是因为中国人爱和平。爱和平就是中国的人〔人的〕一个大道德,中国人才是世界中最爱和平的人。我从前总劝世界人要跟上我们中国人。现在在俄国斯拉夫民族也是主张和平的,这就是斯拉夫人已经跟上了我们中国人。所以俄国的一万万五千万人,今日就要来和我们合作。

我们中国四万万〈人〉不但是很和平的民族,并且是很文明的民族。近来欧洲盛行的新文化,和所讲的无政府主义与共产主义,都是我们中国几千年以前的旧东西。譬如黄老的政治学说,就是无政府主义。列子所说华胥氏之国,"其人无君长,无法律,自然而已",是不是无政府主义呢?我们中国的新青年,未曾过细考究中国的旧学说,便以为这些学说就是世界上顶新的了。殊不知道在欧洲是最新的,在中国就有了几千年了。从前俄国所行的,其实不是纯粹共产主义,是马克思主义。……蒲鲁东、巴古宁①所主张的才是真共产主义。共产主义在外国只有言论,还没有完全实行,在中国,洪秀全时代便实行过了。洪秀全所行的经济制度,是共产的事实,不是言论。欧洲之所以驾乎我们中国之上的,不是政治哲学,完全是物质文明。因为他们近来的物质文明很发达,所以关于人生日用的衣食住行种种设备,便非常便利,非常迅速;

---

① 今译"巴枯宁"。

关于海陆军的种种武器弹药，便非常完全，非常猛烈。所有这些新设备和新武器，都是由于科学昌明而来的。那种科学就是十七八世纪以后，倍根①、纽顿②那些大学问家，所主张用观察和实验研究万事万物的学问。所以说到欧洲的科学发达、物质文明的进步，不过是近来二百多年的事，在数百年以前，欧洲还是不及中国。我们现在要学欧洲，是要学中国没有的东西。中国没有的东西是科学，不是政治哲学。至于讲到政治哲学的真谛，欧洲人还要求之于中国。诸君都知道世界上学问最好的是德国，但是现在德国研究学问的人还要研究中国的哲学，甚至于研究印度的佛理，去补救他们科学之偏。

世界主义在欧洲，是近世才发表出来的，在中国二千多年以前，便老早说过了。我们固有的文明，欧洲人到现在还看不出，不过讲到政治哲学的世界文明，我们四万万人从前已经发明了很多；就是讲到世界大道德，我们四万万人也是很爱和平的。但是因为失了民族主义，所以固有的道德文明都不能表彰，到现在便退步。至于欧洲人现在所讲的世界主义，其实就是有强权无公理的主义。英国话所说的"能力就是公理"，就是以打得的为有道理。中国人的心理，向来不以打得为然，以讲打的就是野蛮。这种不讲打的好道德，就是世界主义的真精神。我们要保守这种精神，扩充这种精神，是用什么做基础呢？是用民族主义做基础。像俄国的一万万五千万人是欧洲世界主义的基础，中国四万万人是亚洲世界主义的基础。有了基础，然后才能扩充。所以我们以后要讲世界主义，一定要先讲民族主义，所谓欲平天下者先治其国。把从前失去了的民族主义从新恢复起来，更要从而发扬光大之，然后再去谈世界主义，乃有实际。

---

① 今译"培根"。
② 今译"牛顿"。

民族主义

第五讲

民国十三年二月二十四日

今天所讲的问题，是要用什么方法来恢复民族主义。照以前所讲的情形，中国退化到现在地位的原因，是由于失了民族的精神，所以我们民族被别种民族所征服，统治过了两百多年。从前做满洲人的奴隶，现在做各国人的奴隶。现在做各国人的奴隶，所受的痛苦，比从前还要更甚。长此以往，如果不想方法来恢复民族主义，中国将来不但是要亡国，或者要亡种。所以我们要救中国，便先要想一个完善的方法来恢复民族主义。

今天所讲恢复民族主义的方法有两种，头一种是要令四万万人皆知我们现在所处的地位。我们现在所处的地位是生死关头，在这个生死关头须要避祸求福，避死求生。要怎么能够避祸求福、避死求生呢？须先要知道很清楚了，那便自然要去行。诸君要知道知难行易的道理，可以参考我的学说。中国从前因为不知要亡国，所以国家便亡。如果预先知道，或者不至于亡。古人说："无敌国外患者，国恒亡。"又说："多难可以兴邦。"这两句话完全是心理作用。譬如就头一句话说，所谓"无敌国外患"，是自己心理上觉得没有外患，自以为很安全，是世界中最强大的国家，外人不敢来侵犯，可以不必讲国防，所以一遇有外患，便至亡国。至于"多难可以兴邦"，也就是由于自己知道国家多难，故发奋为雄，也完全是心理作用。照从前四次所讲的情形，我们要恢复民族主义，就要自己心理中知道现在中国是多难的境地，是不得了的时代，那末已经失了的民族主义，才可以图恢复。如果心中不知，要想图恢复，便永远没有希望，中国的民族不久便要灭亡。

统结从前四次所讲的情形，我们民族是受什么祸害呢？所受的祸害是从那里来的呢？是从列强来的。所受的祸害，详细的说，一是受政治力的压迫，二是受经济力的压迫，三是受列强人口增加的压迫。这三件外来的大祸已经临头，我们民族处于现在的地位，是很危险的。

譬如就第一件的祸害说，政治力亡人的国家，是一朝可以做得到的。中国此时受列强政治力的压迫，随时都可以亡，今日不知道明日的生死。应用政治力去亡人的国家有两种手段，一是兵力，一是外交。怎么说兵力一朝可以亡国呢？拿历史来证明，从前宋朝怎么样亡国呢？是由于崖门一战，便亡于元朝。明朝怎么样亡国呢？是由于扬州一战，便亡于清朝。拿外国来看，华铁路①一战，那破仑②第一之帝国便亡。斯丹③一战，那破仑第二之帝国便亡。照这样看，只要一战便至亡国，中国天天都可以亡。因为我们的海陆军和各险要地方没有预备国防，外国随时可以冲入，随时可以亡中国。最近可以亡中国的是日本。他们的陆军平常可出一百万，战时可加到三百万。海军也是很强的，几几乎可以和英美争雄。经过华盛顿会议之后，战斗舰才限制到三十万吨，日本的大战船，像巡洋舰、潜水艇、驱逐舰，都是很坚固，战斗力都是很大的。譬如日本此次派到白鹅潭来的两只驱逐舰，中国便没有更大战斗力的船可以抵抗。像这种驱逐舰在日本有百几十只，日本如果用这种战舰来和我们打仗，随时便可以破我们的国防，制我们的死命。而且我们沿海各险要地方，又没有很大的炮台可以巩固国防，所以日本近在东邻，他们的海陆军随时可以长驱直入。日本或者因为时机未至，暂不动手，如果要动手，便天天可

---

① 今译"滑铁卢"。
② 即"拿破仑"，下同。
③ 今译"色当"。

民族主义

以亡中国。从日本动员之日起，开到中国攻击之日止，最多不过十天。所以中国假若和日本绝交，日本在十天以内，便可以亡中国。再由日本更望太平洋东岸，最强的是美国。美国海军从前多过日本三倍，近来因为受华盛顿会议的束缚，战斗舰减少到五十万吨，其他潜水艇、驱逐舰种种新战船，都要比日本多。至于陆军，美国的教育是很普及的，小学教育是强迫制度，通国无论男女，都要进学校去读书，全国国民多数受过中学教育及大学教育。他们国民在中学、大学之内，都受过军事教育，所以美国政府随时可以加多兵。当参加欧战的时候，不到一年便可以出二百万兵。故美国平时常备军虽然不多，但是军队的潜势力非常之大，随时可以出几百万兵。假若中美绝交，美国自动员之日起，到攻击中国之日止，只要一个月。故中美绝交，在一个月之后，美国便可以亡中国。再从美国更向东望，位于欧洲大陆与大西洋之间的，便是英伦三岛。英国从前号称海上的霸王，他们的海军是世界上最强的。自从华盛顿会议之后，也限制战斗舰不得过五十万吨，至于普通巡洋舰、驱逐舰、潜水艇，都比美国多。英国到中国不过四五十天，且在中国已经有了根据地。像香港已经经营了几十年，地方虽然很小，但是商务非常发达，这个地势，在军事上掌握中国南方几省的咽喉，练得有陆军，驻得有海军，以香港的海陆军来攻，我们一时虽然不至亡国，但是没有力量可以抵抗。除了香港以外，还有极接近的印度、澳洲，用那些殖民地的海陆军一齐来攻击，自动员之日起，不过两个月，都可以到中国。故中英两国如果绝交，最多在两个月之内，英国便可以亡中国。再来望到欧洲大陆，现在最强的是法国。他们的陆军是世界上最强的，现在有了两三千架飞机，以后战时还可以增加。他们在离中国最近的地方，也有安南的根据地，并且由安南筑成了一条铁路，通到云南省城。假若中法绝交，法国的兵也只要四五十日，便可以来攻击中国。所以法国也和英国一样，最多不过两个月，便可以

声振神州——孙中山在中山大学及前身院校的演讲

亡中国。

照这样讲来，专就军事上的压迫说，世界上无论那一个强国，都可以亡中国。为什么中国至今还能够存在呢？中国到今天还能够存在的理由，不是中国自身有力可以抵抗，是由于列强都想亡中国，彼此都来窥伺，彼此不肯相让。各国在中国的势力，成了平衡状态，所以中国还可以存在。中国有些痴心妄想的人，以为列强对于中国的权利，彼此之间，总是要妒忌的；列强在中国的势力总是平均，不能统一的；长此以往，中国不必靠自己去抵抗，便不至亡国。像这样专靠别人，不靠自己，岂不是望天打卦吗？望天打卦是靠不住的，这种痴心妄想是终不得了的。列强还是想要亡中国，不过列强以为专用兵力来亡中国，恐怕为中国的问题，又发生像欧洲从前一样的大战争，弄到结果，列强两败俱伤，于自身没有大利益。外国政治家看到很明白，所以不专用兵力。就是列强专用兵力来亡中国，彼此之间，总免不了战争。其余权利上平均不平均的一切问题，或者能免冲突，到了统治的时候，还是免不了冲突。既免不了冲突，于他们自身还是有大大的不利。列强把这层利害看得也很清楚，所以现在他们便不主张战争，主张减少军备。日本的战斗舰只准三十万吨的海军，英美两国海军的战斗舰只准各五十万吨。那次会议，表面上为缩小军备问题，实在是为中国问题。要瓜分中国的权利，想用一个什么方法，彼此可以免去冲突，所以才开那次会议。

我刚才已经说过了，用政治力亡人国家，本有两种手段，一是兵力，二是外交。兵力是用枪炮，他们用枪炮来，我们还知道要抵抗。如果用外交，只要一张纸和一枝笔。用一张纸和一枝笔亡了中国，我们便不知道抵抗。在华盛顿会议的时候，中国虽然派了代表，所议关于中国之事，表面都说为中国谋利益，但是华盛顿散会不久，各国报纸便有共管之说发生。此共管之说，以后必一日进步一日，各国之处心积虑，必想一个很完全的方法来亡中国。他们以后的方法，不必要动陆军、要开兵船，只要用一张纸和一枝笔，彼此妥协，便可以亡中国。如果动陆军、开兵船，还要十天或者四五十天才可以亡中国；至于用妥协的方法，只要各国外交官坐在一处，各人签一个字，便可以亡中国。签字只是一朝，所以用妥协的方法来亡中国，只要一朝。一朝可以亡人国家，从前不是没有先例的，譬如从前的波兰，是俄国、德国、奥国瓜分了的。他们从前瓜分波兰的情形，是由于彼此一朝协商停妥之后，波兰便亡。照这个先例，如果英、法、美、日几个强国一朝妥协之后，中国也要灭亡。故就政治力亡人国家的情形讲，中国现在所处的地位是很危险的。

　　就第二件的祸害说，中国现在所受经济压迫的毒，我前说过，每年要被外国人夺去十二万万元的金钱，这种被夺去的金钱，还是一天增多一天。若照海关前十年出入口货相抵，亏蚀二万万元，现在出入口货相抵，亏蚀五万万元，每十年增加两倍半。推算比例起来，那么十年之后，我们每年被外国人夺去的金钱，应为三十万万元。若将此三十万万元分担到我们四万万人身上，我们每年每人应担七元五角，我们每年每人要担七元五角与外国人。换一句话说，就是我们每年每人应纳七元五角人头税与外国。况且四万万人中除了二万万是女子，照现在女子能力状况而论，不能担负此项七元五角之人头税，甚为明白；则男子方面应多担一倍，当为每年每人应担十五元。男子之中又有三种分别，一种是老弱的，一种是幼稚的，此二种虽系男子，但是只能分利，不能生利，更不能希望其担负此项轮到男子应担之十五元人头税。除去三分二不能担负，则担负的完全系中年生利之男子。此中年生利之男子，应将老幼应担之十五元一齐担下，则一中年生利之男子，每年每人应担四十五元人头税。试想我们一中年生利之男子，应担负四十五元之人头税与外国，汝说可怕不可怕呢？这种人头税，还是有加无已的。所以依我看起来，中国人再不觉悟，长此以往，

声振神州——孙中山在中山大学及前身院校的演讲

就是外国的政治家天天睡觉，不到十年便要亡国。因为现在已是民穷财尽，再到十年，人民的困穷更可想而知，还要增加比较现在的负担多两倍半，汝想中国要亡不要亡呢？

列强经过这次欧洲大战之后，或者不想再有战争，不想暴动，以后是好静恶动，我们由此可以免去军中的压迫，但是外交的压迫，便不能免去。就令外交的压迫，可以徼幸免去，专由这样大的经济压迫天天侵入，天天来吸收，而我们大家犹在睡梦之中，如何可免灭亡呢？

再就第三件的祸害说，我们中国人口在已往一百年没有加多，以后一百年若没有振作之法，当然难得加多。环看地球上，那美国增多十倍，俄国增多四倍，英国、日本增多三倍，德国增多两倍半，至少的法国，还有四分之一的增多。若他们逐日的增多，我们却仍然故我，甚或减少，拿我国的历史来考查，汉族大了，原来中国的土人苗、猺、獠、獞①等族，便要灭亡。那么我们民族被他们的人口增加的压迫，不久亦要灭亡，亦是显然可见的事。

故中国现在受列强的政治压迫，是朝不保夕的；受经济的压迫，刚才算出十年之后，便要亡国；讲到人口增加的问题，中国将来也是很危险的。所以中国受外国的政治、经济和人口的压迫，这三件大祸是已经临头了，我们自己便先要知道。自己知道了这三件大祸临头，便要到处宣传，使人人都知道亡国惨祸，中国是难逃于天地之间的。到了人人都知道大祸临头，应该要怎么样呢？俗话说"困兽犹斗"，逼到无可逃免的时候，当发奋起来，和敌人拼一死命。我们有了大祸临头，能斗不能斗呢？一定是能斗的。但是要能斗，便先要知道自己的死期将至。知道了自己的死期将至，才能够奋斗。所以我们提倡民族主义，便先要四万万人都知

---

① "猺、獠、獞"为旧时对南方少数民族的蔑称，后"猺"改为"瑶"，"獠"改为"僚"，"獞"改为"僮"，僮族今又改称壮族。

民族主义

道自己的死期将至。知道了死期将至，困兽尚且要斗，我们将死的民族，是要斗不要斗呢？诸君是学生，是军人，是政治家，都是先觉先知，要令四万万人都知道我们民族现在是很危险的。如果四万万人都知道了危险，我们对于民族主义便不难恢复。

外国人常说中国人是一片散沙。中国人对于国家观念，本是一片散沙，本没有民族团体。但是除了民族团体之外，有没有别的团体呢？我从前说过了，中国有很坚固的家族和宗族团体，中国人对于家族和宗族的观念是很深的。譬如中国人在路上遇见了，交谈之后，请问贵姓大名，只要彼此知道是同宗，便非常之亲热，便认为同姓的伯叔兄弟。由这种好观念推广出来，便可由宗族主义扩充到国族主义。我们失了的民族主义，要想恢复起来，便要有团体，要有很大的团体。我们要结成大团体，便先要有小基础，彼此联合起来，才容易做成功。我们中国可以利用的小基础，就是宗族团体。此外还有家乡基础，中国人的家乡观念也是很深的，如果是同省同县同乡村的人，总是特别容易联络。依我看起来，若是拿这两种好观念做基础，很可以把全国的人都联络起来。要达到这个目的，便先要大家去做。中国人照此做去，恢复民族主义，比较外国人是容易得多。因为外国是以个人为单位，他们的法律，对于父子、兄弟、姊妹、夫妇各个人的权利，都是单独保护的。打起官司来，不问家族的情形是怎么样，只问个人的是非是怎么样。再由个人放大便是国家，在个人和国家的中间，便是空的，再没有很坚固、很普遍的中间社会。所以说国民和国家结构的关系，外国不如中国。因为中国个人之外注重家族，有了什么事，便要问家长。这种组织有的说是好，有的说是不好。依我看起来，中国国民和国家结构的关系，先有家族，再推到宗族，再然后才是国族。这种组织一级一级的放大，有条不紊，大小结构的关系当中是很实在的。如果用宗族为单位，改良当中的组织，再联合成国族，比较外国用个人为单位，当然容易联络得多。若是用个人做单位,在一国之中至少有几千万个单位,像中国便有四万万个单位。要想把这样多数的单位都联络起来,自然是很难的。如果用宗族做单位,中国人的姓普通都说是百家姓,不过经过年代太久,每姓中的祖宗或者有不同,由此所成的宗族,或者不只一百族,但是最多不过四百族。各族中总有连带的关系。譬如各姓修家谱,常由祖宗几十代推到从前几百代,追求到几千年以前。先祖的姓氏多半是由于别姓改成的,考求最古的姓是很少的。像这样宗族中穷源极流的旧习惯,在中国有了几千年,牢不可破。在外国人看起来,或者以为没有用处,但是敬祖亲宗的观念,入了中国人的脑,有了几千年。国亡他可以不管,以为人人做皇帝,他总是一样纳粮。若说到灭族,他就怕祖宗血食断绝,不由得不拼命奋斗。闽粤向多各姓械斗的事,起因多是为这一姓对于那一姓,名分上或私人上小有凌辱侵占,便不惜牺牲无数金钱生命,求为姓中吐气。事虽野蛮,义至可取。若是给他知了外国目前种种压迫,民族不久即要亡,民族亡了,家族便无从存在。譬如中国原来的土人苗、猺等族,到了今日祖宗血食早断绝了;若我们不放大眼光,合各宗族之力来成一个国族以抵抗外国,则苗、猺等族今日祖宗之不血食,就是我们异日祖宗不能血食的样子。那么,一方可以化各宗族之争,而为对外族之争,国内野蛮的各姓械斗,可以消灭;一方他怕灭族,结合容易而且坚固,可以成就极有力量的国族。用宗族的小基础,来做扩充国族的工夫,譬如中国现有四百族,好像对于四百人做工夫一样。在每一姓中,用其原来宗族的组织,拿同宗的名义,先从一乡一县联络起,再扩充到一省一国,各姓便可以成一个很大的团体。譬如姓陈的人,因其原有组织,在一乡一县一省中,专向姓陈的人去联络,我想不过两三年,姓陈的人便有很大的团体。到了各姓有很大的团体之后,再有关系的各姓互相联合起来,成许多极大的团体。更令各姓的团体,都知道大祸临头,死期将至,都结合起来,便可以成一个极大中华民国的国族团体。有了国族团体，还怕什么外患，还怕不能兴邦吗？《尚书》所载尧的时候："克明俊德，以亲九族；九族既睦，平章百姓；百姓昭明，协和万邦。黎民于变时雍。"他的治平工夫，亦是由家族人手，逐渐扩充到百姓，使到万邦协和，黎民于变时雍，岂不是目前团结宗族造成国族以兴邦御外的好榜样吗？如果不从四百个宗族团体中做工夫，要从四万万人中去做工夫，那末一片散沙便不知道从那里联络起。从前日本用藩阀诸侯的关系，联络成了大和民族。当时日本要用藩阀诸侯那些关系的原因，和我主张联成中国民族要用宗族的关系是一样。

　　大家如果知道自己是受压迫的国民，已经到了不得了的时代，把各姓的宗族团体，先联合起来，更由宗族团体，结合成一个民族的大团体。我们四万万人有了民族的大团体，要抵抗外国人，积极上自然有办法。现在所以没有办法的原因，是由于没有团体。有了团体，去抵抗外国人，不是难事。譬如印度现在受英国人的压迫，被英国人所统治，印度人对于政治的压迫，没有办法；对于经济的压迫，便有甘地主张"不合作"。什么是不合作呢？就是英国人所需要的，印度人不供给；英国人所供给的，印度人不需要。好比英国人需要工人，印度人便不去和他们作工；英国人供给印度许多洋货，印度人不用他们的洋货，专用自制的土货。甘地这种主张初发表的时候，英国人以为不要紧，可以不必理他。但是久而久之，印度便有许多不合作的团体出现，英国经济一方面便受极大的影响，故英国政府捕甘地下狱。推究印度所以能够收不合作之效果的原因，是由于全国国民能够实行。但是印度是已经亡了的国家，尚且能够实行不合作，我们中国此刻还没有亡，普通国民对于别的事业不容易做到，至于不做外国人的工，不去当洋奴，不用外来的洋货，提倡国货，不用外国银行的纸币，专用中国政府的钱，实行经济绝交，是很可以做得到的。他若人口增加的问题，更是容易解决。中国的人口向来很多，物产又很丰富。向来所以要受外国压迫的原因，毛病是由于大家不知，醉生梦死。假若全体国民都能够和印度人一样的不合作，又用宗族团体做基础，联成一个大民族团体，无论外国用什么兵力、经济和人口来压迫，我们都不怕他。所以救中国危亡的根本方法，在自己先有团体，用三四百个宗族的团体来顾国家，便有办法，无论对付那一国，都可以抵抗。抵抗外国的方法有两种：一是积极的，这种方法就是振起民族精神，求民权、民生之解决，以与外国奋斗；二是消极的，这种方法就是不合作，不合作是消极的抵制，使外国的帝国主义减少作用，以维持民族的地位，免致灭亡。

民族主义

第六讲

民国十三年三月二日

诸君：

　　今天所讲的问题，是怎么样可以恢复我们民族的地位。我们想研究一个什么方法，去恢复我们民族的地位，便不要忘却前几次所讲的话。我们民族现在究竟是处于什么地位呢？我们民族和国家在现在世界中究竟是什么情形呢？一般很有思想的人所谓先知先觉者，以为中国现在是处于半殖民地的地位。但是照我前次的研究，中国现在不止是处于半殖民地的地位。依殖民地的情形讲，比方安南是法国的殖民地，高丽是日本的殖民地，中国既是半殖民地，和安南、高丽比较起来，中国的地位似乎要高一点，因为高丽、安南已经成了完全的殖民地。到底中国现在的地位和高丽、安南比较起来，究竟是怎么样呢？照我的研究，中国现在还不能够到完全殖民地的地位，比较完全殖民地的地位更要低一级。所以我创一个新名词，说中国是"次殖民地"，这就是中国现在的地位。这种理论，我前次已经讲得很透彻了，今天不必再讲。

　　至于中国古时在世界中是处于什么地位呢？中国从前是很强盛很文明的国家，在世界中是头一个强国，所处的地位比现在的列强像英国、美国、法国、日本，还要高得多。因为那个时候的中国，是世界中的独强。我们祖宗从前已经达到了那个地位，说到现在还不如殖民地，为什么从前的地位有那么高，到了现在便一落千丈呢？此中最大的原因，我从前已经讲过了，就是由于我们失去了民族的精神，所以国家便一天退步一天。我们今天要恢

声振神州——孙中山在中山大学及前身院校的演讲

复民族的地位，便先要恢复民族的精神。

我们想要恢复民族的精神，要有两个条件：第一个条件，是要我们知道现在处于极危险的地位；第二个条件，是我们既然知道了处于很危险的地位，便要善用中国固有的团体，像家族团体和宗族团体，大家联合起来，成一个大国族团体。结成了国族团体，有了四万万人的大力量共同去奋斗，无论我们民族是处于什么地位，都可以恢复起来。所以，能知与合群，便是恢复民族主义的方法。大家先知道了这个方法的更要去推广，宣传到全国的四万万人，令人人都要知道。到了人人都知道了，那末我们从前失去的民族精神，便可以恢复起来。从前失去民族精神，好比是睡着觉，现在要恢复民族精神，就要唤醒起来，醒了之后，才可以恢复民族主义。到民族主义恢复了之后，我们便可以进一步去研究怎么样才可以恢复我们民族的地位。

中国从前能够达到很强盛的地位，不是一个原因做成的。大凡一个国家所以能够强盛的原故，起初的时候都是由于武力发展，继之以种种文化的发扬，便能成功。但是要维持民族和国家的长久地位，还有道德问题，有了很好的道德，国家才能长治久安。亚洲古时最强盛的民族，莫过于元朝的蒙古人。蒙古人在东边灭了中国，在西边又征服欧洲。中国历代最强盛的时代，国力都不能够过里海的西岸，只能够到里海之东，故中国最强盛的时候，国力都不能达到欧洲。元朝的时候，全欧洲几乎被蒙古人吞并，比起中国最强盛的时候，还要强盛得多。但是元朝的地位，没有维持很久。从前中国各代的国力虽然比不上元朝，但是国家的地位，各代都能够长久。推究当中的原因，就是元朝的道德不及中国其余各代的道德那样高尚。从前中国民族的道德因为比外国民族的道德高尚得多，所以在宋朝，一次亡国到外来的蒙古人，后来蒙古人还是被中国人所同化。在明朝，二次亡国到外来的满洲人，后来满洲人也是被中国人同化。因为我们民族的道德高尚，故国家虽亡，民族还能够存在，不但是自己的民族能够存在，并且有力量能够同化外来的民族。所以穷本极源，我们现在要恢复民族的地位，除了大家联合起来做成一个国族团体以外，就要把固有的旧道德先恢复起来。有了固有的道德，然后固有的民族地位，才可以图恢复。

讲到中国固有的道德，中国人至今不能忘记的，首是忠孝，次是仁爱，其次是信义，其次是和平。这些旧道德，中国人至今还是常讲的。但是现在受外来民族的压迫，侵入了新文化。那些新文化的势力此刻横行中国，一般醉心新文化的人，便排斥旧道德，以为有了新文化，便可以不要旧道德。不知道我们固有的东西，如果是好的，当然是要保存，不好的才可以放弃。

此刻中国正是新旧潮流相冲突的时候，一般国民都无所适从。前几天我到乡下进了一所祠堂，走到最后进的一间厅堂去休息，看见右边有一个"孝"字，左边一无所有，我想从前一定有个"忠"字。像这些景象，我看见了的不止一次，有许多祠堂或家庙，都是一样的。不过我前几天所看见的"孝"字，是特别的大，左边所拆去的痕迹还是很新鲜。推究那个拆去的行为，不知道是乡下人自己做的，或者是我们所驻的兵士做的，但是我从前看到许多祠堂庙宇没有驻过兵，都把"忠"字拆去了。由此便可见现在一般人民的思想，以为到了民国，便可以不讲"忠"字。以为从前讲"忠"字，是对于君的，所谓"忠君"。现在民国没有君主，"忠"字便可以不用，所以便把他拆去。这种理论，实在是误解。因为在国家之内，君主可以不要，"忠"字是不能不要的。如果说"忠"字可以不要，试问我们有没有国呢？我们的"忠"字可不可以用之于国呢？我们到现在说忠于君，固然是不可以，说忠于民是可不可呢？忠于事又是可不可呢？我们做一件事，总要始终不渝，做到成功。如果做不成功，就是把性命去牺牲，亦所不惜，这便是忠。所以古人讲"忠"字，推到极点便是一死。古时所讲的忠,是忠于皇帝。现在没有皇帝,便不讲"忠"字,以为什么事都可以做出来,那便是大错。现在人人都说,到了民国,什么道德都破坏了,根本原因就是在此。我们在民国之内,照道理上说,还是要尽忠,不忠于君,要忠于国,要忠于民,要为四万万人去效忠。为四万万人效忠,比较为一人效忠,自然是高尚得多。故"忠"字的好道德,还是要保存。讲到"孝"字,我们中国尤为特长,尤其比各国进步得多。《孝经》所讲"孝"字,几乎无所不包,无所不至。现在世界中最文明的国家,讲到"孝"字,还没有像中国讲到这么完全,所以"孝"字更是不能不要的。国民在民国之内,要能够把"忠孝"二字讲到极点,国家便自然可以强盛。

仁爱也是中国的好道德。古时最讲"爱"字的莫过于墨子。墨子所讲的"兼爱",与耶稣所讲的"博爱"是一样的。古时在政治一方面所讲爱的道理,有所谓"爱民如子",有所谓"仁民爱物",无论对于什么事,都是用"爱"字去包括。所以古人对于仁爱,究竟是怎么样实行,便可以知道。中外交通之后,一般人便以为中国人所讲的仁爱不及外国人,因为外国人在中国设立学校,开办医院,来教育中国人、救济中国人,都是为实行仁爱的。照这样实行一方面讲起来,仁爱的好道德,中国现在似乎远不如外国。中国所以不如的原故,不过是中国人对于仁爱没有外国人那样实行,但是仁爱还是中国的旧道德。我们要学外国,只要学他们那样实行,把仁爱恢复起来,再去发扬光大,便是中国固有的精神。

讲到信义,中国古时对于邻国和对于朋友,都是讲信的。依我看来,就"信"字一方面的道德,中国人实在比外国人好得多。在什么地方可以看得出来呢?在商业的交易上,便可以看得出。中国人交易,没有什么契约,只要彼此口头说一句话,便有很大的信用。比方外国人和中国人订一批货,彼此不必立合同,只要记入账簿，便算了事。但是中国人和外国人订一批货，彼此便要立很详细的合同。如果在没有律师和没有外交官的地方，外国人也有学中国人一样，只记入账簿便算了事的，不过这种例子很少，普通都是要立合同。逢着没有立合同的时〈候〉，彼此定了货，到交货的时候，如果货物的价格太贱，还要去买那一批货，自然要亏本。譬如定货的时候，那批货价订明是一万元，在交货的时候，只值五千元，若是收受那批货，便要损失五千元。推到当初订货的时候，没有合同，中国人本来把所定的货，可以辞却不要，但是中国人为履行信用起见，宁可自己损失五千元，不情愿辞去那批货。所以外国在中国内地做生意很久的人，常常赞美中国人，说中国人讲一句话比外国人立了合同的，还要守信用得多。但是外国人在日本做生意的，和日本人订货，纵然立了合同，日本人也常不履行。譬如订货的时候，那批货订明一万元，在交货的时候，价格跌到五千元，就是原来有合同，日本人也不要那批货，去履行合同，所以外国人常常和日本人打官司。在东亚住过很久的外国人，和中国人与日本人都做过了生意的，都赞美中国人，不赞美日本人。至于讲到"义"字，中国在很强盛的时代也没有完全去灭人国家。比方从前的高丽，名义上是中国的藩属，实在是一个独立国家，就是在二十年以前，高丽还是独立。到了近来一二十年，高丽才失去自由。从前有一天我和一位日本朋友谈论世界问题，当时适欧战正剧，日本方参加协商国去打德国，那位日本朋友说，他本不赞成日本去打德国，主张日本要守中立，或者参加德国来打协商国。但说因为日本和英国是同盟的，订过了国际条约的，日本因为要讲信义，履行国际条约，故不得不牺牲国家的权利，去参加协商国，和英国共同去打德国。我就问那位日本人说："日本和中国不是立过了《马关条约》吗？该条约中最要之条件不是要求高丽独立吗？为什么日本对于英国能够牺牲国家权利去履行条约，对于中国就不讲信义，不履行《马关条约》

呢?对于高丽独立是日本所发起所要求,且以兵力胁迫而成的,今竟食言而肥,何信义之有呢?"简直的说,日本对于英国,主张履行条约,对于中国,便不主张履行条约,因为英国是很强的,中国是很弱的,日本加入欧战,是怕强权,不是讲信义罢!"中国强了几千年而高丽犹在,日本强了不过二十年,便把高丽灭了。由此便可见日本的信义不如中国,中国所讲的信义,比外国要进步得多。

中国更有一种极好的道德,是爱和平。现在世界上的国家和民族,止有中国是讲和平,外国都是讲战争,主张帝国主义去灭人的国家。近年因为经过许多大战,残杀太大,才主张免去战争,开了好几次和平会议。像从前的海牙会议,欧战之后的华赛尔会议、金那瓦①会议、华盛顿会议,最近的洛桑会议。但是这些会议,各国人公〔共〕同去讲和平,是因为怕战争,出于勉强而然的,不是出于一般国民的天性。中国人几千年酷爱和平,都是出于天性。论到个人,便重谦让;论到政治,便说"不嗜杀人者能一之",和外国人便有大大的不同。所以中国从前的忠孝、仁爱、信义种种的旧道德,固然是驾乎外国人,说到和平的道德,更是驾乎外国人。这种特别的好道德,便是我们民族的精神。我们以后对于这种精神,不但是要保存,并且要发扬光大,然后我们民族的地位才可以恢复。

我们旧有的道德,应该恢复以外,还有固有的智能,也应该恢复起来。我们自被满清征服了以后,四万万人睡觉,不但是道德睡了觉,连智识也睡了觉。我们今天要恢复民族精神,不但是要唤醒固有的道德,就是固有的智识也应该唤醒他。中国有什么固有的智识呢?就人生对于国家的观念,中国古时有很好的政治哲学。我们以为欧美的国家近来很进步,但是说到他们的新文化,

---

① 今译"日内瓦"。

民族主义

还不如我们政治哲学的完全。中国有一段最有系统的政治哲学，在外国的大政治家还没有见到，还没有说到那样清楚的，就是《大学》中所说的"格物、致知、诚意、正心、修身、齐家、治国、平天下"那一段的话。把一个人从内发扬到外，由一个人的内部做起，推到平天下止。像这样精微开展的理论，无论外国什么政治哲学家都没有见到，都没有说出。这就是我们政治哲学的智识中独有的宝贝，是应该要保存的。这种正心、诚意、修身、齐家的道理，本属于道德的范围，今天要把他放在智识范围内来讲，才是适当。我们祖宗对于这些道德上的功夫，从前虽然是做过了的，但是自失了民族精神之后，这些智识的精神，当然也失去了。所以普通人读书，虽然常用那一段话做口头禅，但是多是习而不察，不求甚解，莫名其妙的。正心、诚意的学问是内治的功夫，是很难讲的。从前宋儒是最讲究这些功夫的，读他们的书，便可以知道他们做到了什么地步。但是说到修身、齐家、治国那些外修的功夫，恐怕我们现在还没有做到。专就外表来说，所谓修身、齐家、治国，中国人近几百年以来都做不到，所以对于本国便不能自治。外国人看见中国人不能治国，便要来共管。

我们为什么不能治中国呢？外国人从什么地方可以看出来呢？依我个人的眼光看，外国人从齐家一方面，或者把中国家庭看不清楚，但是从修身一方面来看，我们中国人对于这些功夫是很缺乏的。中国人一举一动都欠检点，只要和中国人来往过一次，便看得很清楚。外国人对于中国的印象，除非是在中国住过了二三十年的外国人，或者是极大的哲学家像罗素那一样的人，有很大的眼光，一到中国来，便可以看出中国的文化超过于欧美，才赞美中国。普通外国人总说中国人没有教化，是很野蛮的。推求这个原因，就是大家对于修身的功夫太缺乏。大者勿论，即一举一动，极寻常的功夫，都不讲究。譬如中国人初到美国时候，美国人本来是平等看待，没有什么中美人的分别。后来美国大旅馆都

声振神州——孙中山在中山大学及前身院校的演讲

不准中国人住,大的酒店都不许中国人去吃饭,这就是由于中国人没有自修的功夫。我有一次在船上和一个美国船主谈话,他说:"有一位中国公使,前一次也坐这个船,在船上到处喷涕吐痰,就在这个贵重的地毯上吐痰,真是可厌。"我便问他:"你当时有什么办法呢?"他说:"我想到无法,只好当他的面,用我自己的丝巾把地毯上的痰擦干净便了。当我擦痰的时候,他还是不经意的样子。"像那位公使在那样贵重的地毯上都吐痰,普通中国人大都如此。由此一端,便可见中国人举动缺乏自修的功夫。孔子从前说"席不正不坐",由此便可见他平时修身虽一坐立之微,亦很讲究的。到了宋儒时代,他们正心、诚意和修身的功夫,更为谨严。现在中国人便不讲究了。

　　为什么外国的大酒店都不许中国人去吃饭呢?有人说,有一次一个外国大酒店,当会食的时候,男男女女非常热闹、非常文雅,跻跻〔济济〕一堂,各乐其乐,忽然有一个中国人放起屁来,于是同堂的外国人哗然哄散,由此店主便把那位中国人逐出店外。从此以后,外国大酒店就不许中国人去吃饭了。又有一次,上海有一位大商家,请外国人来宴会,他也忽然在席上放起屁来,弄到外国人的脸都变红了。他不但不检点,反站起来大拍衫裤,且对外国人说:"隘士巧士咪①。"这种举动,真是野蛮陋劣之极!而中国之文人学子,亦常有此鄙陋行为,实在难解。或以有气必放,放而要响,是有益卫生,此更为恶劣之谬见。望国人切当戒之,以为修身的第一步功夫。此外中国人每爱留长指甲,长到一寸多长都不剪去,常以为要这样,便是很文雅。法国人也有留指甲的习惯,不过法国人留长指甲,只长到一两分,他们以为要这样,便可表示自己是不做粗工的人。中国人留长指甲,也许有这个意思,如果人人都不想做粗工,便和我们国民党尊重劳工的原

---

① 英文 excuse me 的音译,意为"对不起"。

理相违背了。再者中国人牙齿是常常很黄墨的，总不去洗刷干净，也是自修上的一个大缺点。像吐痰、放屁、留长指甲、不洗牙齿，都是修身上寻常的功夫，中国人都不检点。所以我们虽然有修身、齐家、治国、平天下的大智识，外国人一遇见了便以为很野蛮，便不情愿过细来考察我们的智识。外国人一看到中国，便能够知道中国的文明，除非是大哲学家像罗素一样的人才能见到，否则便要在中国多住几十年，方可以知道中国几千年的旧文化。假如大家把修身的功夫做得很有条理，诚中形外，虽至举动之微，亦能注意，遇到外国人，不以鄙陋行为而侵犯人家的自由，外国人一定是很尊重的。所以今天讲到修身，诸位新青年便应该学外国人的新文化。只要先能够修身，便可来讲齐家、治国。现在各国的政治都进步了，只有中国是退步，何以中国要退步呢？就是因为受外国政治经济的压迫。推究根本原因，还是由于中国人不修身。不知道中国从前讲修身，推到正心、诚意、格物、致知，这是很精密的智识，是一贯的道理。像这样很精密的智识和一贯的道理，都是中国所固有的。我们现在要能够齐家、治国，不受外国的压迫，根本上便要从修身起，把中国固有智识、一贯的道理先恢复起来，然后我们民族的精神和民族的地位才都可以恢复。

  我们除了智识之外，还有固有的能力。现在中国人看见了外国的机器发达，科学昌明，中国人现在的能力当然不及外国人。但是在几千年前，中国人的能力是怎么样呢？从前中国人的能力还要比外国人大得多，外国现在最重要的东西，都是中国从前发明的。比如指南针，在今日航业最发达的世界，几乎一时一刻都不能不用他，推究这种指南针的来源，还是中国人几千年以前发明的。如果从前的中国人没有能力，便不能发明指南针。中国人固老早有了指南针，外国人至今还是要用他，可见中国人固有的能力，还是高过外国人。其次在人类文明中最重要的东西便是印刷术。现在外国改良的印刷机，每点钟可以印几万张报纸，推究他的来源,也是中国发明的。再其次,在人类中日用的瓷器,更是中国发明的,是中国的特产,至今外国人极力仿效,犹远不及中国之精美。近来世界战争用到无烟火药,推究无烟药的来源,是由于有烟黑药改良而成的,那种有烟黑药也是中国发明的。中国发明了指南针、印刷术和火药这些重要的东西,外国今日知道利用他,所以他们能够有今日的强盛。至若人类所享衣食住行的种种设备,也是我们从前发明的。譬如就饮料一项说,中国人发明茶叶,至今为世界之一大需要,文明各国皆争用之。以茶代酒,更可免了酒患,有益人类不少。讲到衣一层,外国人视为最贵重的是丝织品,现在世界上穿丝的人一天多过一天,推究用蚕所吐的丝而为人衣服,也是中国几千年前发明的。讲到住一层,现在外国人建造的房屋自然是很完全,但是造房屋的原理和房屋中各重要部分都是中国人发明的,譬如拱门就是以中国的发明为最早。至于走路,外国人现在所用的吊桥,便以为是极新的工程、很大的本领。但是外国人到中国内地来,走到川边、西藏,看见中国人经过大山,横过大河,多有用吊桥的。他们从前没有看见中国的吊桥,以为这是外国先发明的,及看见了中国的吊桥,便把这种发明归功到中国。由此可见中国古时不是没有能力的,因为后来失了那种能力,所以我们民族的地位也逐渐退化。现在要恢复固有的地位,便先要把我们固有的能力一齐都恢复起来。

但是,恢复了我们固有的道德、智识和能力,在今日之世,仍未能进中国于世界一等的地位,如我们祖宗当时,为世界之独强的。恢复我一切国粹之后,还要去学欧美之所长,然后才可以和欧美并驾齐驱。如果不学外国的长处,我们仍要退后。我们要学外国,到底是难不难呢?中国人向来以为外国的机器很难,是不容易学的。不知道外国所视为最难的,是飞上天。他们最新的发明的是飞机。现在我们天天看见大沙头的飞机飞上天,飞上天的技师是不是中国人呢?中国人飞上天都可以学得到,其余还有

民族主义

什么难事学不到呢？因为几千年以来，中国人有了很好的根底和文化，所以去学外国人，无论什么事都可以学得到，用我们的本能，很可以学外国人的长处。外国的长处是科学，用了两三百年的功夫去研究发明，到了近五十年来，才算是十分进步。因为这种科学进步，所以人力可以巧夺天工，天然所有的物力，人工都可以做得到。最新发明的物力是用电。从前物力的来源是用煤，由于煤便发动汽力，现在进步到用电，所以外国的科学已经由第一步进到第二步。现在美国有一个很大的计划，是要把全国机器厂所用的动力（即马力）都统一起来。因为他们全国的机器厂有几万家，各家工厂都有一个发动机，都要各自烧煤去发生动力，所以每天各厂所烧的煤和所费的人工很多。且因各厂用煤太多，弄到全国的铁路虽然有了几十万英里，还不敷替他们运煤之用，更没有工夫去运农产，于是各地的农业，便不能运出畅销。因为用煤有这两种的大大不利，所以美国现在想做一个中央电厂，把几万家工厂用电力去统一。将来此项计划如果成功，那几万家工厂的发动机，都统一到一个总发动机，各工厂可以不必用煤和许多工人去烧火，只用一条铜线，便可以传导动力，各工厂便可以去做工。行这种方法的利益，好比现在讲堂内的几百人，每一个人单独用锅炉去煮饭吃，是很麻烦的，是很浪费的。如果大家合拢起来，只用一个大锅炉去煮饭吃，就便当得多，就节省得多。现在美国正是想用电力去统一全国工厂的计划，如果中国要学外国的长处，起首便应该不必用煤力而用电力，用二个大原动力供给全国。这样学法好比是军事家的迎头截击一样，如果能够迎头去学，十年之后，虽然不能超过外国，一定可以和他们并驾齐驱。

我们要学外国，是要迎头赶上去，不要向后跟着他。譬如学科学，迎头赶上去，便可以减少两百多年的光阴。我们到了今日的地位，如果还是睡觉，不去奋斗，不知道恢复国家的地位，从此以后，便要亡国灭种。现在我们知道了跟上世界的潮流，去学

声振神州——孙中山在中山大学及前身院校的演讲

外国之所长,必可以学得比较外国还要好,所谓"后来者居上"。从前虽然是退后了几百年,但是现在只要几年便可以赶上。日本便是一个好榜样。日本从前的文化是从中国学去的,比较中国低得多。但是日本近来专学欧美的文化,不过几十年便成世界中列强之一。我看中国人的聪明才力不亚于日本,我们此后去学欧美,比较日本还要容易。所以这十年中,便是我们的生死关头。如果我们醒了,像日本人一样,大家提心吊胆去恢复民族的地位,在十年之内,就可以把外国的政治、经济和人口增加的种种压迫和种种祸害都一齐消灭。日本学欧美不过几十年,便成世界列强之一。但是中国的人口比日本多十倍,领土比日本大三十倍,富源更是比日本多,如果中国学到日本,就要变成十个列强。现在世界之中,英、美、法、日、意大利等不过五大强国,以后德、俄恢复起来,也不过六七个强国;如果中国能够学到日本,只要用一国便变成十个强国。到了那个时候,中国便可以恢复到头一个地位。

　　但是,中国到了头一个地位,是怎么样做法呢?中国古时常讲"济弱扶倾",因为中国有了这个好政策,所以强了几千年,安南、缅甸、高丽、暹罗那些小国还能够保持独立。现在欧风东渐,安南便被法国灭了,缅甸被英国灭了,高丽被日本灭了。所以中国如果强盛起来,我们不但是要恢复民族的地位,还要对于世界负一个大责任。如果中国不能够担负这个责任,那末中国强盛了,对于世界便有大害,没有大利。中国对于世界究竟要负什么责任呢?现在世界列强的走的路是灭人国家的,如果中国强盛起来,也要去灭人国家,也去学列强的帝国主义,走相同的路,便是蹈他们的覆辙。所以我们要先决定一种政策,要济弱扶倾,才是尽我们民族的天职。我们对于弱小民族要扶持他,对于世界的列强要抵抗他,如果全国人民都立定这个志愿,中国民族才可以发达。若是不立定这个志愿,中国民族便没有希望。我们今日在没有发

民族主义

达之先,立定扶倾济弱的志愿,将来强盛时候,想到今日身受过了列强政治、经济压迫的痛苦,将来弱小民族如果也受这种痛苦,我们便要把那些帝国主义来消灭,那才算是治国、平天下。

　　我们要将来能够治国、平天下,便先要恢复民族主义和民族地位。用固有的道德和平做基础,去统一世界,成一个大同之治,这便是我们四万万人的大责任。诸君都是四万万人的一份子,都应该担负这个责任,便是我们民族的真精神!

民权主义

民权主义

第一讲

民国十三年三月九日

诸君：

今天开始来讲民权主义。什么叫做民权主义呢？现在要把民权来定一个解释，便先要知道什么是民。大凡有团体有组织的众人就叫做民。什么是权呢？权就是力量，就是威势。那些力量大到同国家一样，就叫做权。力量最大的那些国家，中国话说"列强"，外国话便说"列权"。又机器的力量，中国话说是"马力"，外国话说是"马权"，所以权和力实在是相同。有行使命令的力量，有制服群伦的力量，就叫做权。把民同权合拢起来说，民权就是人民的政治力量。什么是叫做政治的力量呢？我们要明白这个道理，便先要明白什么是政治。许多人以为政治是很奥妙、很艰深的东西，是通常人不容易明白的。所以中国的军人常常说，我们是军人，不懂得政治。为什么不懂得政治呢？就是因为他们把政治看作是很奥妙、很艰深的，殊不知道政治是很浅白、很明了的。如果军人说不干涉政治，还可以讲得通，但是说不懂得政治，便讲不通了。因为政治的原动力便在军人。所以军人当然要懂得政治，要明白什么是政治。"政治"两字的意思，浅而言之，"政"就是众人的事，"治"就是管理，管理众人的事便是政治。有管理众人之事的力量，便是政权。今以人民管理政事，便叫做民权。

现在民权的定义既然是明白了，便要研究民权是什么作用的。环观近世，追溯往古，权的作用，简单的说，就是要来维持人类的生存。人类要能够生存，就须有两件最大的事：第一件是保，第二件是养。保和养两件大事，是人类天天要做的。保就是自卫，无论是个人或团体或国家，要有自卫的能力，才能够生存。养就是觅食。这自卫和觅食，便是人类维持生存的两件大事。但是人类要维持生存，他项动物也要维持生存；人类要自卫，他项动物也要自卫；人类要觅食，他项动物也要觅食，所以人类的保养和动物的保养冲突，便发生竞争。人类要在竞争中求生存，便要奋斗，所以奋斗这一件事，是自有人类以来天天不息的。由此便知权是人类用来奋斗的。

　　人类由初生以至于现在，天天都是在奋斗之中。人类奋斗，可分作几个时期。第一个时期，是太古洪荒没有历史以前的时期。那个时期的长短，现在虽然不知道，但是近来地质学家由石层研究起来，考查得有人类遗迹凭据的石头不过是两百万年，在两百万年以前的石头便没有人类的遗迹。普通人讲到几百万年以前的事，似乎是很渺茫的，但是近来地质学极发达，地质学家把地球上的石头分成许多层，每层合成若干年代，那一层是最古的石头，那一层是近代的石头，所以用石头来分别。在我们说到两百万年，似乎是很长远，但是在地质学家看起来，不过是一短时期。两百万年以前还有种种石层，更自两百万年以上，推到地球没有结成石头之先，便无可稽考。普通都说没有结成石头之先，是一种流质；更在流质之先，是一种气体。所以照进化哲学的道理讲，地球本来是气体，和太阳本是一体的。始初太阳和气体都是在空中，成一团星云，到太阳收缩的时候，分开许多气体，日久凝结成液体，再由液体固结成石头。最老的石头，有几千万年。现在地质学家考究得有凭据的石头，是二千多万年。所以他们推定地球当初由气体变成液体要几千万年，由液体变成石头的固体又要几千万年。由最古之石头至于今日，至少有二千万年。在二千万年的时代，因为没有文字的历史，我们便以为很久远，但是地质学家

民权主义

还以为很新鲜。我要讲这些地质学，和我们今日的讲题有什么关系呢？因为讲地球的来源，便由此可以推究到人类的来源。地质学家考究得人类初生在二百万年以内，人类初生以后到距今二十万年，才生文化。二十万年以前，人和禽兽没有什么大分别，所以哲学家说人是由动物进化而成，不是偶然造成的。人类庶物由二十万年以来，逐渐进化，才成今日的世界。现在是什么世界呢？就是民权世界。

民权之萌芽，虽在二千年前之希腊罗马时代，但是确立不摇，只有一百五十年，前此仍是君权时代。君权之前，便是神权时代。而神权之前，便是洪荒时代，是人和兽相斗的时代。在那个时候，人类要图生存，兽类也要图生存。人类保全生存的方法，一方面是觅食，一方面是自卫。在太古时代，人食兽，兽亦食人，彼此相竞争。遍地都是毒蛇猛兽，人类的四周都是祸害，所以人类要图生存，便要去奋斗。但是那时的奋斗，总是人兽到处混乱的奋斗，不能结合得大团体，所谓各自为战。就人类发生的地方说，有人说不过是在几处地方。但是地质学家说，世界上有了人之后，便到处都有人，因为无论自什么地方挖下去，都可以发现人类的遗迹。至于人和兽的竞争，至今还没有完全消灭，如果现在走到南洋很荒野的地方，人和兽斗的事还可以看见。又像我们走到荒山野外，没有人烟的地方，便知道太古时代人同兽是一个什么景象。

像这样讲，我们所以能够推到古时的事，是因为有古代的痕迹遗存。如果没有古迹遗存，我们便不能够推到古时的事。普通研究古时的事，所用的方法是读书看历史。历史是用文字记载来的，所以人类文化是有了文字之后才有历史。有文字的历史，在中国至今不过五六千年，在埃及不过一万多年。世界上考究万事万物，在中国是专靠读书，在外国人却不是专靠读书。外国人在小学、中学之内，是专靠读书的，进了大学便不专靠读书，要靠实地去考察。不专看书本的历史,要去看石头、看禽兽和各地方野蛮人的情状,便可推知我们祖宗是一个什么样的社会。比方观察非洲和南洋群岛的野蛮人,便可知道从前没有开化的人是一个什么情形。所以近来大科学家考察万事万物,不是专靠书,他们所出的书,不过是由考察的心得,贡献到人类的记录罢了。他们考察的方法有两种:一种是用观察,即科学;一种是用判断,即哲学。人类进化的道理,都是由此两学得来的。

古时人同兽斗,只有用个人的体力,在那个时候只有同类相助。比方在这个地方有几十个人同几十个猛兽奋斗,在别的地方也有几十个人同几十个猛兽奋斗,这两个地方的人类见得彼此都是同类的,和猛兽是不同的,于是同类的互相集合起来,和不同类的去奋斗。决没有和不同类的动物集合,共同来食人的,来残害同类的。当时同类的集合,不约而同去打那些毒蛇猛兽,那种集合是天然的,不是人为的。把毒蛇猛兽打完了,各人还是散去。因为当时民权没有发生,人类去打那些毒蛇猛兽,各人都是各用气力,不是用权力,所以在那个时代,人同兽争,是用气力的时代。

后来毒蛇猛兽差不多都被人杀完了,人类所处的环境较好,所住的地方极适于人类的生存,人群就住在一处,把驯伏的禽兽养起来,供人类的使用。故人类把毒蛇猛兽杀完了之后,便成畜牧时代,也就是人类文化初生的时代,差不多和现在中国的蒙古同亚洲西南的阿剌伯人还是在畜牧时代一样。到了那个时代,人类生活的情形便发生一个大变动。所以人同兽斗终止,便是文化初生,这个时代可以叫做太古时代。到了那个时代,人又同什么东西去奋斗呢?是同天然物力去奋斗。

简而言之,世界进化,当第一个时期,是人同兽争,所用的是气力,大家同心协力,杀完毒蛇猛兽;第二个时期,是人同天争。

民权主义

在人同兽争的时代,因为不知道何时有毒蛇猛兽来犯,所以人类时时刻刻不知生死,所有的自卫力只有双手双足。不过在那个时候,人要比兽聪明些,所以同兽奋斗,不是专用双手双足,还晓得用木棍和石头。故最后的结果,人类战胜,把兽类杀灭净尽,人类的生命,才可以一天一天的计算。在人同兽斗的时期,人类的安全,几几乎一时一刻都不能保。到了没有兽类的祸害,人类才逐渐蕃盛,好地方都被人住满了。

当那个时代,什么是叫做好地方呢?可以避风雨的地方,便叫做好地方,就是风雨所不到的地方。像埃及的尼罗河两旁和亚洲马斯波他米亚①地方,土地极其肥美,一年四季都不下雨。尼罗河水每年涨一次,水退之后,把河水所带的肥泥,都散布到沿河两旁的土地,便容易生长植物,多产谷米。像这种好地方,只有沿尼罗河岸和马斯波他米亚地方,所以普通都说尼罗河和马斯波他米亚是世界文化发源的地方。因为那两岸的土地肥美,常年没有风雨,既可以耕种,又可以畜牧,河中的水族动物又丰富,所以人类便很容易生活,不必劳心劳力,便可以优游度日,子子孙孙便容易蕃盛。

到了人类过于蕃盛之后,那些好地方便不够住了,就是在尼罗河与马斯波他米亚之外,稍为不好的地方,也要搬到去住。不好的地方,就有风雨的天灾。好比黄河流域,是中国古代文化发源地方,在黄河流域,一来有风雨天灾,二来有寒冷,本不能够发生文化。但是中国古代文化,何以发生于黄河流域呢?因为沿河两岸的人类,是由别处搬来的。比方马斯波他米亚的文化,便早过中国万多年,到了中国的三皇五帝以前,便由马斯波他米亚搬到黄河流域,发生中国的文明。在这个地方,驱完毒蛇猛兽之后,便有天灾,便要受风雨的祸患。遇到天灾,人类要免去那种

---

① 今译"美索不达米亚",下同。

灾害，便要与天争。因为要避风雨，就要做房屋；因为要御寒冷，就要做衣服。人类到了能够做房屋做衣服，便进化到很文明。

但是，天灾是不一定的，也不容易防备。有时一场大风便可把房屋推倒，一场大水便可把房屋淹没，一场大火便可把房屋烧完，一场大雷便可把房屋打坏。这四种——水、火、风、雷的灾害，古人实在莫名其妙。而且古人的房屋都是草木做成的，都不能抵抗水、火、风、雷四种天灾。所以古人对于这四种天灾，便没有方法可以防备。说到人同兽争的时代，人类还可用气力去打，到了同天争的时代，专讲打是不可能的，故当时人类感觉非常的困难。后来便有聪明的人出来替人民谋幸福，像大禹治水，替人民除去水患；有巢氏教民在树上做居室，替人民谋避风雨的灾害。自此以后，文化便逐渐发达，人民也逐渐团结起来。又因为当时地广人稀，觅食很容易，他们单独的问题只有天灾，所以要和天争。但是和天争不比是和兽争，可以用气力的，于是发生神权。极聪明的人便提倡神道设教，用祈祷的方法去避祸求福。他们所做祈祷的工夫，在当时是或有效或无效，是不可知。但是既同天争，无法之中，是不得不用神权，拥戴一个很聪明的人做首领。好比现在非洲野蛮的酋长，他的职务便专是祈祷。又像中国的蒙古、西藏都奉活佛做皇帝，都是以神为治。所以古人说："国之大事，在祀与戎。"说国家的大事，第一是祈祷，第二是打仗。

中华民国成立了十三年，把皇帝推翻，现在没有君权。日本至今还是君权的国家，至今还是拜神，所以日本皇帝，他们都称天皇。中国皇帝，我们从前亦称天子。在这个时代，君权已经发达了很久，还是不能脱离神权。日本的皇帝在几百年以前，已经被武人推倒了，到六十年前明治维新，推翻德川，恢复天皇，所以日本至今还是君权、神权并用。从前罗马皇帝也是一国的教主，罗马亡了之后，皇帝被人推翻，政权也被夺去了，但是教权仍然保存，各国人民仍然奉为教主，好比中国的春秋时候，列国尊周

民权主义

一样。

由此可见人同兽争以后，便有天灾，要和天争，便发生神权。由有历史到现在，经过神权之后，便发生君权。有力的武人和大政治家把教皇的权力夺了，或者自立为教主，或者自称为皇帝。于是由人同天争的时代，变成人同人争。到了人同人相争，便觉得单靠宗教的信仰力不能维持人类社会，不能够和人竞争，必要政治修明、武力强盛，才可以和别人竞争。世界自有历史以来，都是人同人争。从前人同人争，一半是用神权，一半是用君权。后来神权渐少，罗马分裂之后，神权渐衰，君权渐盛，到了法王路易十四，便为极盛的时代。他说："皇帝和国家没有分别，我是皇帝，所以我就是国家。"把国家的什么权都拿到自己手里，专制到极点，好比中国秦始皇一样。君主专制一天利害一天，弄到人民不能忍受。到了这个时代，科学也一天发达一天，人类的聪明也一天进步一天，于是生出了一种大觉悟，知道君主总揽大权，把国家和人民做他一个人的私产，供他一个人的快乐，人民受苦他总不理会。人民到不能忍受的时候，便一天觉悟一天，知道君主专制的无道，人民应该要反抗，反抗就是革命。所以百余年来，革命的思潮便非常发达，便发生民权的革命。民权革命是谁同谁争呢？就是人民同皇帝相争。所以推求民权的来源，我们可以用时代来分析。

再概括的说一说：第一个时期，是人同兽争，不是用权，是用气力；第二个时期，是人同天争，是用神权；第三个时期，是人同人争，国同国争，这个民族同那个民族争，是用君权；到了现在的第四个时期，国内相争，人民同君主相争。

在这个时代之中，可以说是善人同恶人争，公理同强权争。到这个时代，民权渐渐发达，所以叫做民权时代。这个时代是很新的。我们到了这个很新的时代，推到〔倒〕旧时代的君权，究竟是好不好呢？从前人类的智识未开，赖有圣君贤相去引导，在那个时候，君权是很有用的。君权没有发生以前，圣人以神道设教去维持社会，在那个时候，神权也是很有用的。现在神权、君权都是过去的陈迹，到了民权时代。就道理上讲起来，究竟为什么反君权，一定要用民权呢？因为近来文明很进步，人类的智识很发达，发生了大觉悟。好比我们在做小孩子的时候，便要父母提携，但是到了成人谋生的时候，便不能依靠父母，必要自己去独立。但是现在还有很多学者要拥护君权，排斥民权。日本这种学者是很多，欧美也有这种学者，中国许多旧学者也是一样。所以一般老官僚至今还是主张复辟，恢复帝制。现在全国的学者，有主张君权的，有主张民权的，所以弄到政体至今不能一定。我们是主张民权政治的，必要把全世界各国民权的情形考察清楚才好。

从二十万年到万几千年以前，是用神权。神权很适宜于那个时代的潮流。比如现在西藏，如果忽然设立君主，人民一定是要反对的，因他们崇信教主，拥戴活佛，尊仰活佛的威权，服从活佛的命令。欧洲几千百年前也是这样。中国文化发达的时期早过欧洲，君权多过神权，所以中国老早便是君权时代。"民权"这个名词，是近代传进来的。大家今天来赞成我的革命，当然是主张民权的；一般老官僚要复辟，要做皇帝，当然是反对民权、主张君权的。君权和民权，究竟是那一种和现在的中国相宜呢？这个问题很有研究的价值。根本上讨论起来，无论君权和民权，都是用来管理政治，为众人办事的，不过政治上各时代的情形不同，所用的方法也各有不同。到底中国现在用民权是适宜不适宜呢？有人说，中国人民的程度太低，不适宜于民权。美国本来是民权的国家，但是在袁世凯要做皇帝的时候，也有一位大学教授叫做古德诺到中国来主张君权，说中国人民的思想不发达，文化赶不上欧美，所以不宜用民权。袁世凯便利用他这种言论，推翻民国，自己称皇帝。现在我们主张民权，便要对于民权认得很清楚。中

民权主义

国自有历史以来，没有实行过民权，就是民国十三年来，也没有实行过民权。但是我们的历史，经过了四千多年，其中有治有乱，都是用君权。到底君权对于中国是有利或有害呢？中国所受君权的影响，可以说是利害参半。但是根据中国人的聪明才智来讲，如果应用民权，比较上还是适宜得多。所以两千多年前的孔子、孟子便主张民权。孔子说："大道之行也，天下为公。"便是主张民权的大同世界。又"言必称尧舜"，就是因为尧舜不是家天下。尧舜的政治，名义上虽然是用君权，实际上是行民权，所以孔子总是宗仰他们。孟子说："民为贵，社稷次之，君为轻。"又说："天视自我民视，天听自我民听。"又说："闻诛一夫纣矣，未闻弑君也。"他在那个时代，已经知道君主不必一定是要的，已经知道君主一定是不能长久的，所以便判定那些为民造福的就称为"圣君"，那些暴虐无道的就称为"独夫"，大家应该去反抗他。由此可见，中国人对于民权的见解，二千多年以前已经早想到了。不过那个时候还以为不能做到，好像外国人说"乌托邦"是理想上的事，不是即时可以做得到的。

至于外国人对于中国人的印象，把中国人和非洲、南洋的野蛮人一样看待。所以中国人和外国人讲到民权，他们便极不赞成，以为中国何以能够同欧美同时来讲民权？这些见解的错误，都是由于外国学者不考察中国的历史和国情，所以不知道中国实在是否适宜于民权。中国在欧美的留学生，也有跟外国人一样说中国不适宜于民权的。这种见解实在是错误。依我看来，中国进化比较欧美还要在先，民权的议论在几千年以前就老早有了，不过当时只是见之于言论，没有形于事实。现在欧美既是成立了民国，实现民权有了一百五十年，中国古人也有这种思想，所以我们要希望国家长治久安，人民安乐，顺乎世界的潮流，非用民权不可。但是民权发生至今还不甚久，世界许多国家，还有用君权的。各国实行民权，也遭过了许多挫折、许多失败的。民权言论的发生，在中国有了两千多年,在欧美恢复民权,不过一百五十年,现在风行一时。

近代事实上的民权,头一次发生是在英国。英国在那个时候发生民权革命,正当中国的明末清初。当时革命党的首领叫做格林威尔①,把英国皇帝查理士第一杀了。此事发生以后,便惊动欧美,一般人以为这是自有历史以来所没有的,应该当作谋反叛逆看待。暗中弑君,各国是常有的,但是格林威尔杀查理士第一,不是暗杀,是把他拿到法庭公开裁判,宣布他不忠于国家和人民的罪状,所以便把他杀了。当时欧洲以为英国人民应该赞成民权,从此民权便可以发达。谁知英国人民还是欢迎君权,不欢迎民权。查理士第一虽然是死了,人民还是思慕君主。不到十年,英国便发生复辟,把查理士第二迎回去做皇帝。那个时候刚是满清入关,明朝还没有亡,距今不过两百多年。所以两百多年以前,英国发生过一次民权政治,不久便归消灭,君权还是极盛。

一百年之后,便有美国的革命,脱离英国独立,成立美国联邦政府,到现在有一百五十年。这是现在世界中头一个实行民权的国家。

美国建立共和以后不到十年,便引出法国革命。法国当时革命的情形,是因为自路易十四总揽政权,厉行专制,人民受非常的痛苦。他的子孙继位,更是暴虐无道,人民忍无可忍,于是发生革命,把路易十六杀了。法国人杀路易十六,也是和英国人杀查理士第一一样,把他拿到法庭公开审判,宣布他不忠于国家和人民的罪状。法国皇帝被杀了之后,欧洲各国为他复仇,大战十多年。所以那次的法国革命,还是失败,帝制又恢复起来了。但是法国人民民权的思想,从此更极发达。

讲到民权史,大家都知道法国有一位学者叫做卢梭。卢梭是

---

① 今译"克伦威尔",下同。

民权主义

欧洲主张极端民权的人，因有他的民权思想，便发生法国革命。卢梭一生民权思想最要紧的著作是《民约论》。《民约论》中立论的根据，是说人民的权利是生而自由平等的，各人都有天赋的权利，不过人民后来把天赋的权利放弃罢了。所以这种言论，可以说民权是天生出来的。但就历史上进化的道理说，民权不是天生出来的，是时势和潮流所造就出来的。故推到进化的历史上，并没有卢梭所说的那种民权事实，这就是卢梭的言论没有根据。所以反对民权的人，便拿卢梭没有根据的话去做材料。但是我们主张民权的，不必要先主张言论，因为宇宙间的道理，都是先有事实，然后才发生言论，并不是先有言论，然后才发生事实。

比方陆军的战术学，现在已经成了有系统的学问，研究这门学问的成立，是先有学理呢，或是先有事实呢？现在的军人都是说入学校，研究战〈术〉学，学成了之后，为国家去战斗。照这种心理来讲，当然是先有言论，然后才有事实。但是照世界进化的情形说，最初人同兽斗，有了百几万年，然后那些毒蛇猛兽才消灭。在那个时候，人同兽斗，到底有没有战术呢？当时或者有战术，不过因为没有文字去记载，便无可稽考，也未可知。后来人同人相争、国同国相争，有了两万多年，又经过了多少战事呢？因为没有历史记载，所以后世也不知道。就中国历史来考究，二千多年前的兵书有十三篇，那十三篇兵书，便是解释当时的战理。由于那十三篇兵书，便成立中国的军事哲学。所以照那十三篇兵书讲，是先有战斗的事实，然后才成那本兵书。就是现在的战术，也是本于古人战斗的事实，逐渐进步而来。自最近发明了无烟枪之后，我们战术便发生一个极大的变更。从前打仗，是兵士看见了敌人尚且一排一排的齐进；近来打仗，如果见了敌人，便赶快伏在地下放枪。到底是不是因为有了无烟枪，我们才伏在地下呢？是不是先有了事实，然后才有书呢？还是先有书，然后才有事实呢？外国从前有这种战术，是自南非洲英波之战始。当时英国兵士同波人①打仗，也是一排一排去应战，波人则伏在地下，所以英国兵士便受很大的损失。伏地战术是由波人起的。波人本是由荷兰搬到非洲的，当时的人数只有三十万，常常和本地的土人打仗。波人最初到非洲和本地的土人打仗，土人总是伏在地下打波人，故波人从前吃亏不少，便学土人伏地的战术。后来学成了，波人和英国人打仗，英国人也吃亏不少，所以英国人又转学波人的伏地战术。后来英国兵士回本国，转教全国，更由英国传到全世界，所以现在各国的战术学都采用他。

由此可见，是先有事实才发生言论，不是先有言论才发生事实。卢梭《民约论》中所说民权是由天赋的言论，本是和历史上进化的道理相冲突，所以反对民权的人便拿他那种没有根据的言论来做口实。卢梭说民权是天赋的，本来是不合理，但是反对他的人便拿他那一句没有根据的言论来反对民权，也是不合理。我们要研究宇宙间的道理，须先要靠事实，不可专靠学者的言论。卢梭的言论既是没有根据，为什么当时各国还要欢迎呢？又为什么卢梭能够发生那种言论呢？因为他当时看见民权的潮流已经涌到了，所以他便主张民权。他的民权主张刚合当时人民的心理，所以当时的人民便欢迎他。他的言论虽然是和历史进化的道理相冲突，但是当时的政治情形，已经有了那种事实，因为有了那种事实，所以他引证错了的言论，还是被人欢迎。至于说到卢梭提倡民权的始意，更是政治上千古的大功劳。

世界上自有历史以来，政治上所用的权，因为各代时势的潮流不同，便各有不得不然的区别。比方在神权时代，非用神权不可；在君权时代，非用君权不可。像中国君权到了秦始皇的时候，可算是发达到了极点，但是后来的君主还要学他，就是君权无论怎么样大，人民还是很欢迎。

---

① 今译"布尔人"，下同。

民权主义

现在世界潮流到了民权时代,我们应该要赶快去研究,不可因为前人所发表民权的言论稍有不合理,像卢梭的《民约论》一样,便连民权的好意也要反对;也不可因为英国有格林威尔革命之后仍要复辟,和法国革命的延长,便以为民权不能实行。法国革命经过了八十年,才能够成功。美国革命不过八年,便大功告成。英国革命经过了二百多年,至今还有皇帝。但是就种种方面来观察,世界一天进步一天,我们便知道现在的潮流,已经到了民权时代。将来无论是怎么样挫折,怎么样失败,民权在世界上总是可以维持长久的。所以在三十年前,我们革命同志便下了这个决心,主张要中国强盛,实行革命,便非提倡民权不可。但是当时谈起这种主张,不但是许多中国人反对,就是外国人也很反对。当中国发起革命的时候,世界上还有势力很大的专制君主,把君权、教权统在一个人身上的,像俄国皇帝就是如此。其次把很强的海陆军,统在一个人身上的,便有德国、奥国的皇帝。当时大家见得欧洲还有那样强大的君权,亚洲怎么样可以实行民权呢?所以袁世凯做皇帝,张勋复辟,都容易发动出来。但是最有力的俄国、德国皇帝,现在都推翻了,俄德两国都变成了共和国家,可见世界潮流实在到了民权时代。中国人从前反对民权,常常问我们,革命党有什么力量可以推翻满清皇帝呢?但是满清皇帝在辛亥年一推就倒了,这就是世界潮流的效果。

世界潮流的趋势,好比长江、黄河的流水一样,水流的方向或者有许多曲折,向北流或向南流的,但是流到最后,一定是向东的,无论是怎么样都阻止不住的。所以世界的潮流,由神权流到君权,由君权流到民权,现在流到了民权,便没有方法可以反抗。如果反抗潮流,就是有很大的力量像袁世凯,很蛮悍的军队像张勋,都是终归失败。现在北方武人专制,就是反抗世界的潮流。我们南方主张民权,就是顺应世界的潮流。虽然南方政府的力量薄弱,军队的训练和饷弹的补充都不及北方,但是我们顺着

声振神州——孙中山在中山大学及前身院校的演讲

潮流做去，纵然一时失败，将来一定成功，并且可以永远的成功。北方反抗世界的潮流，倒行逆施，无论力量是怎么样大，纵然一时侥幸成功，将来一定是失败，并且永远不能再图恢复。现在供奉神权的蒙古已经起了革命，推翻活佛，神权失败了。将来西藏的神权也一定要被人民推翻。蒙古、西藏的活佛，便是神权的末日，时期一到了，无论是怎么样维持，都不能保守长久。现在欧洲的君权也逐渐减少，比如英国是用政党治国，不是用皇帝治国，可以说是有皇帝的共和国。由此可见，世界潮流到了现在，不但是神权不能够存在，就是君权也不能够长久。

现在之民权时代，是继续希腊、罗马之民权思想而来。自民权复兴以至于今日，不过一百五十年，但是以后的时期很长远，天天应该要发达。所以我们在中国革命，决定采用民权制度，一则为顺应世界之潮流，二则为缩短国内之战争。因为自古以来，有大志之人多想做皇帝，如刘邦见秦皇出外，便曰："大丈夫当如是也。"项羽亦曰："彼可取而代也。"此等野心家代代不绝。当我提倡革命之初，其来赞成者，十人之中，差不多有六七人是有一种皇帝思想的。但是我们宣传革命主义，不但是要推翻满清，并且要建设共和，所以十中之六七人都逐渐化除其帝皇思想了。但是其中仍有一二人，就是到了民国十三年，那种做皇帝的旧思想还没有化除，所以跟我革命党的人，也有自相残杀，即此故也。我们革命党于宣传之始，便揭出民权主义来建设共和国家，就是想免了争皇帝之战争。惜乎有冥顽不化之人，此亦实在无可如何。

从前太平天国便是前车之鉴。洪秀全当初在广西起事，打过湖南、湖北、江西、安徽，建都南京，满清天下大半归他所有，但是太平天国何以终归失败呢？讲起原因有好几种。有人说他最大的原因是不懂外交，因为当时英国派了大使波丁渣到南京，想和洪秀全立约，承认太平天国，不承认大清皇帝。但是波丁渣到了南京之后，只能见东王杨秀清，不能见天王洪秀全，因为要见洪秀全，便要叩头。所以波丁渣不肯去见，便到北京和清政府立约，后来派戈登带兵去打苏州，洪秀全便因此失败。所以有人说他的失败，是由于不懂外交。这或者是他失败的原因之一，也未可知。又有人说洪秀全之所以失败，是由于他得了南京之后，不乘势长驱直进去打北京。所以洪秀全不北伐，也是他失败的原因之一。但是依我的观察，洪秀全之所以失败，这两个原因都是很小的。最大的原因，是他们那一班人到了南京之后，就互争皇帝，闭起城来自相残杀。第一是杨秀清和洪秀全争权，洪秀全既做了皇帝，杨秀清也想做皇帝。杨秀清当初带到南京的基本军队有六七万精兵，因为发生争皇帝的内乱，韦昌辉便杀了杨秀清，消灭他的军队。韦昌辉把杨秀清杀了之后，也专横起来，又和洪秀全争权，后来大家把韦昌辉消灭。当时石达开听见南京发生了内乱，便从江西赶进南京，想去排解；后来见事无可为，并且自己也被人猜疑，都说他也想做皇帝，他就逃出南京，把军队带到四川，不久也被清兵消灭。因为当时洪秀全、杨秀清争皇帝做，所以太平天国的洪秀全、杨秀清、韦昌辉、石达开那四部分基本军队都完全消灭，太平天国的势力便由此大衰。推究太平天国势力之所以衰弱的原因，根本上是由于杨秀清想做皇帝一念之错。洪秀全当时革命，尚不知有民权主义，所以他一起义时便封了五个王。后来到了南京，经过杨秀清、韦昌辉内乱之后，便想不再封王了。后因李秀成、陈玉成屡立大功，有不得不封之势，而洪秀全又恐封了王，他们或靠不住，于是同时又封了三四十个王，使他们彼此位号相等，可以互相牵掣。但是从此以后，李秀成、陈玉成等对于各王便不能调动，故洪秀全便因此失败。所以那种失败，完全是由于大家想做皇帝。

　　陈炯明前年在广州造反，他为什么要那样做法呢？许多人以为他只是要割据两广，此实大不然。当陈炯明没有造反之先，我主张北伐，对他剀切说明北伐的利害，他总是反对。后来我想他要争的是两广,或者恐怕由于我北伐,和他的地盘有妨碍,所以我最后一天,老实不客气,明白对他说:"我们北伐如果成功,将来政府不是搬到武汉,就是搬到南京,一定是不回来的,两广的地盘,当然是付托于你,请你做我们的后援。倘若北伐不幸失败,我们便没有脸再回来,到了那个时候,任凭你用什么外交手段,和北方政府拉拢,也可以保存两广的地盘。就是你投降北方,我们也不管汝,也不责备你。"他当时似还有难言之隐。由此观之,他之志是不只两广地盘的。后来北伐军进了赣州,他就造起反来。他为什么原因要在那个时候造反呢?就是因为他想做皇帝,先要消灭极端与皇帝不相容之革命军,彼才可有办法去做成其基础,好去做皇帝。此外,尚有一件事实证明陈炯明是有皇帝思想的。辛亥革命以后,他常向人说,他少年时常常造梦,一手抱日,一手抱月。他有一首诗,内有一句云"日月抱持负少年",自注这段造梦的故事于下,遍以示人。他取他的名字,也是想应他这个梦的。你看他的部下,像叶举、洪兆麟、杨坤如、陈炯光那一般人,没有一个是革命党,只有邓铿一个人是革命党,他便老早把邓铿暗杀了。陈炯明是为做皇帝而来附和革命的,所以想做皇帝的心,至今不死。此外还有几个人从前也是想做皇帝的,不知道到了民国十三年,他们的心理是怎么样,我现在没有工夫去研究他。

我现在讲民权主义,便要大家明白民权究竟是什么意思,如果不明白这个意思,想做皇帝的心理便永远不能消灭。大家若是有了想做皇帝的心理,一来同志就要打同志,二来本国人更要打本国人。全国长年相争相打,人民的祸害便没有止境。我从前因为要免去这种祸害,所以发起革命的时候,便主张民权,决心建立一个共和国。共和国家成立以后,是用谁来做帝皇呢?是用人民来做帝皇,用四万万人来做皇帝。照这样办法,便免得大家相争,便可以减少中国的战祸。就中国历史讲,每换一个朝代,都有战争。比方秦始皇专制,人民都反对他,后来陈涉、吴广起义,

 民权主义

各省都响应,那本是民权的风潮。到了刘邦、项羽出来,便发生楚汉相争。刘邦、项羽是争什么呢?他们就是争皇帝。汉唐以来,没有一朝不是争皇帝的。中国历史常是一治一乱,当乱的时候,总是争皇帝。外国尝有因宗教而战、自由而战的,但中国几千年以来所战的都是皇帝一个问题。我们革命党为免将来战争起见,所以当初发起革命的时候,便主张共和,不要皇帝。现在共和成立了,但是还有想做皇帝的,像南方的陈炯明是想做皇帝的,北方的曹锟也是想做皇帝的,广西的陆荣廷是不是想做皇帝呢?此外还更有不知多少人,都是想要做皇帝的。中国历代改朝换姓的时候,兵权大的就争皇帝,兵权小的就争王争侯。现在一般军人已不敢"大者王,小者侯",这也是历史上竞争的一个进步了。

声振神州——孙中山在中山大学及前身院校的演讲

第二讲

民国十三年三月十六日

"民权"这个名词,外国学者每每把他和"自由"那个名词并称,所以在外国很多的书本或言论里头,都是民权和自由并列。欧美两三百年来,人民所奋斗的所竞争的,没有别的东西,就是为自由,所以民权便由此发达。法国革命的时候,他们革命的口号是"自由、平等、博爱"三个名词,好比中国革命用"民族、民权、民生"三个主义一样。由此可说"自由、平等、博爱"是根据于"民权","民权"又是由于这三个名词然后才发达。所以我们要讲民权,便不能不先讲"自由、平等、博爱"这三个名词。

近来革命思潮传到东方之后,"自由"这个名词也传进来了。许多学者志士提倡新思潮的,把自由讲到很详细,视为很重要。这种思潮,在欧洲两三百年以前占很重要的地位。因为欧洲两三百年来的战争,差不多都是为争自由,所以欧美学者对于自由看得很重,一般人民对于自由的意义也很有心得。但是这个名词近来传进中国,只有一般学者曾用工夫去研究过的,才懂得什么叫做自由。至于普通民众,像在乡村或街道上的人,如果我们对他们说自由,他们一定不懂得。所以中国人对于"自由"两个字,实在是完全没有心得。因为这个名词传到中国不久,现在懂得的,不过是一般新青年和留学生,或者是留心欧美政治时务的人。常常听到和在书本上看见这两个字,但是究竟什么是自由,他们还是莫名其妙。所以外国人批评中国人,说中国人的文明程度真是太低,思想太幼稚,连自由的智识都没有,自由的名词都没有。

民权主义

但是外国人，一面既批评中国人没有自由的智识，一面又批评中国人是一片散沙。外国人的这两种批评，在一方面说中国人是一片散沙，没有团体，又在一方面说中国人不明白自由。这两种批评，恰恰是相反的。为什么是相反的呢？比方外国人说中国人是一片散沙，究竟说一片散沙的意思是什么呢？就是个个有自由和人人有自由，人人把自己的自由扩充到很大，所以成了一片散沙。什么是一片散沙呢？如果我们拿一手沙起来，无论多少，各颗沙都是很活动的，没有束缚的，这便是一片散沙。如果在散沙内参加士敏土，便结成石头，变为一个坚固的团体。变成了石头，团体很坚固，散沙便没有自由。所以拿散沙和石头比较，马上就明白，石头本是由散沙结合而成的，但是散沙在石头的坚固团体之内，就不能活动，就失却自由。自由的解释，简单言之，在一个团体中能够活动，来往自如，便是自由。因为中国没有这个名词，所以大家都莫名其妙。但是我们有一种固有名词，是和自由相仿佛的，就是"放荡不羁"一句话。既然是放荡不羁，就是和散沙一样，各个有很大的自由。所以外国人批评中国人，一面说没有结合能力，既然如此，当然是散沙，是很自由的；又一面说中国人不懂自由。殊不知大家都有自由，便是一片散沙；要大家结合成一个坚固团体，便不能像一片散沙。所以外国人这样批评我们的地方，就是陷于自相矛盾了。

最近二三百年以来，外国用了很大的力量争自由，究竟自由是好不好呢？到底是一个什么东西呢？依我看来，近来两三百年，外国人说为自由去战争，我们中国普通人也总莫名其妙。他们当争自由的时候，鼓吹自由主义，说得很神圣，甚至把"不自由，毋宁死"的一句话，成了争自由的口号。中国学者翻译外国人的学说，也把这句话搬进到中国来，并且拥护自由，决心去奋斗，当初的勇气差不多和外国人从前是一样。但是中国一般民众，还是不能领会什么是叫做自由。大家要知道，自由和民权是同时发

声振神州——孙中山在中山大学及前身院校的演讲

达的，所以今天来讲民权，便不能不讲自由。我们要知道欧美为争自由，流了多少血，牺牲了许多性命。我前一回讲过了的，现在世界是民权时代。欧美发生民权，已经有了一百多年，推到民权的来历，由于争自由之后才有的。最初欧美人民牺牲性命，本来是为争自由，争自由的结果，才得到民权。当时欧美学者提倡自由去战争，好比我们革命提倡民族、民权、民生三个主义的道理是一样的。由此可见，欧美人民最初的战争是为自由，自由争得之后，学者才称这种结果为民权。所谓"德谟克拉西"①，此乃希腊之古名词，而欧美民众至今对这个名词亦不大关心，不过视为政治学中之一句术语便了；比之"自由"二个字，视为性命所关，则相差远了。民权这种事实，在希腊罗马时代已发其端，因那个时候的政体是贵族共和，都已经有了这个名词。后来希腊、罗马亡了，这个名词便忘记了。最近二百年内为自由战争，又把"民权"这个名词再恢复起来。近几十年来，讲民权的人更多了，流行到中国，也有很多人讲民权。但是欧洲一二百多年以来的战争，不是说争民权，是说争自由。提起"自由"两个字，全欧洲人便容易明白。当时欧洲人民听了"自由"这个名词，容易明白的情形，好像中国人听了"发财"这个名词一样，大家的心理都以为是很贵重的。现在对中国人说要他去争自由，他们便不明白，不情愿来附和；但是对他要说请他去发财，便有很多人要跟上来。欧洲当时战争所用的标题是争自由，因为他们极明白这个名词，所以人民便为自由去奋斗，为自由去牺牲，大家便很崇拜自由。何以欧洲人民听到自由便那样欢迎呢？现在中国人民何以听到自由便不理会，听到发财便很欢迎呢？其中有许多道理，要详细去研究才可以明白。中国人听到说发财就很欢迎的原故，因为中国现在到了民穷财尽的时代，人民所受的痛苦是贫穷；因为发财是

---

① 英文 democracy 的音译。

民权主义

救穷独一无二的方法，所以大家听到了这个名词便很欢迎。发财有什么好处呢？就是发财便可救穷，救了穷便不受苦，所谓救苦救难。人民正是受贫穷的痛苦时候，忽有人对他们说发财把他们的痛苦可以解除，他们自然要跟从，自然拼命去奋斗。欧洲一二百年前为自由战争，当时人民听到自由，便像现在中国人听到发财一样。

他们为什么要那样欢迎自由呢？因为当时欧洲的君主专制发达到了极点。欧洲的文明和中国周末列国相同，中国周末的时候是和欧洲罗马同时，罗马统一欧洲正在中国周、秦、汉的时代。罗马初时建立共和，后来变成帝制。罗马亡了之后，欧洲列国并峙，和中国周朝亡了之后变成东周列国一样。所以很多学者把周朝亡后的七雄争长和罗马亡后变成列国的情形相提并论。罗马变成列国，成了封建制度，那个时候，大者王，小者侯，最小者还有伯、子、男，都是很专制的。那种封建政体，比较中国周朝的列国封建制度，还要专制得多。欧洲人民在那种专制政体之下所受的痛苦，我们今日还多想不到。比之中国历朝人民所受专制的痛苦，还要更利害。这个原故，由于中国自秦朝专制直接对于人民"诽谤者族，偶语者弃市"，遂至促亡。以后历朝政治，大都对于人民取宽大态度，人民纳了粮之外，几乎与官吏没有关系。欧洲的专制，却一一直接专制到人民，时间复长，方法日密。那专制的进步，实在比中国利害得多。所以欧洲人在二百年以前，受那种极残酷专制的痛苦，好像现在中国人受贫穷的痛苦是一样。人民受久了那样残酷的专制，深感不自由的痛苦，所以他们唯一的方法，就是要奋斗去争自由，解除那种痛苦，一听到有人说自由，便很欢迎。

中国古代封建制度破坏之后，专制淫威不能达到普通人民。由秦以后，历代皇帝专制的目的，第一是要保守他们自己的皇位，永远家天下，使他们子子孙孙可以万世安享。所以对于人民的行动,于皇位有危险的,便用很大的力量去惩治。故中国一个人造反,便连到诛九族。用这样严重的刑罚去禁止人民造反,其中用意,就是专制皇帝要永远保守皇位。反过来说,如果人民不侵犯皇位,无论他们是做什么事,皇帝便不理会。所以中国自秦以后,历代的皇帝都只顾皇位,并不理民事;说道〔到〕人民的幸福,更是理不到。现在民国有了十三年,因为政体混乱,还没有功夫去建设,人民和国家的关系,还没有理会。我们回想民国以前,清朝皇帝的专制是怎么样呢?十三年以前,人民和清朝皇帝有什么关系呢?在清朝时代,每一省之中,上有督抚,中有府道,下有州县佐杂,所以人民和皇帝的关系很小。人民对于皇帝只有一个关系,就是纳粮,除了纳粮之外,便和政府没有别的关系。因为这个原故,中国人民的政治思想便很薄弱,人民不管谁来做皇帝,只要纳粮,便算尽了人民的责任。政府只要人民纳粮,便不去理会他们别的事,其余都是听人民自生自灭。由此可见,中国人民直接并没有受过很大的专制痛苦,只有受间接的痛苦。因为国家衰弱,受外国政治经济的压迫,没有力量抵抗,弄到民穷财尽,人民便受贫穷的痛苦。这种痛苦就是间接的痛苦,不是直接的痛苦。所以当时人民对于皇帝的怨恨还是少的。

　　但是,欧洲的专制就和中国的不同。欧洲由罗马亡后到两三百年以前,君主的专制是很进步的,所以人民所受的痛苦也是很利害的,人民是很难忍受的。当时人民受那种痛苦,不自由的地方极多,最大的是思想不自由、言论不自由、行动不自由。这三种不自由,现在欧洲是已经过去了的陈迹,详细情形是怎么样,我们不能看见,但是行动不自由还可以知道。譬如现在我们华侨在南洋荷兰或法国的领土,所受来往行动不自由的痛苦,便可以知道。像爪哇本来是中国的属国,到中国来进过了贡的,后来才归荷兰。归荷兰政府管理之后,无论是中国的商人,或者是学生,或者是工人,到爪哇的地方,轮船一抵岸,便要打指模、量身体,方才放出，准他们登岸。登岸之后，就是住在什么地方，也要报明。如果想由所住的地方到别的地方去，便要领路照。以了夜晚九时以后，就是有路照，也不准通行，要另外领一张夜照，并且要携手灯。这就是华侨在爪哇所受荷兰政府的待遇，便是行动不自由。像这种行动不自由的待遇，一定是从前欧洲皇帝对人民用过了的，留存到今日，荷兰人就用来对待中国华侨。由于我们华侨现在受这种待遇，便可想见从前欧洲的专制是怎么样情形。此外还有人民的营业、工作和信仰种种都不自由。譬如就信仰不自由说，人民在一个什么地方住，便强迫要信仰一种什么宗教，不管人民是情愿不情愿，由此人民都很难忍受。欧洲人民当时受那种种不自由的痛苦，真是水深火热，所以一听到说有人提倡争自由，大家便极欢迎，便去附和，这就是欧洲革命思潮的起源。欧洲革命是要争自由，人民为争自由流了无数的碧血，牺牲了无数的身家性命，所以一争得之后，大家便奉为神圣，就是到今日也还是很崇拜。

　　这种自由学说，近来传进中国，一般学者也很热心去提倡，所以许多人也知道在中国要争自由。今天我们来讲民权，民权的学说，是由欧美传进来的，大家必须明白民权是一件什么事，并且还要明白民权同类的自由又是一件什么事。从前欧洲人民受不自由的痛苦，忍无可忍，于是万众一心去争自由，达到了自由目的之后，民权便随之发生。所以我们讲民权，便不能不先讲明白争自由的历史。近年欧美之革命风潮传播到中国，中国新学生及许多志士都发起来提倡自由。他们以为欧洲革命，像从前法国都是争自由，我们现在革命，也应该学欧洲人来争自由。这种言论，可说是人云亦云，对于民权和自由没有用过心力去研究，没有彻底了解。

　　我们革命党向来主张三民主义去革命，而不主张以革命去争自由，是很有深意的。从前法国革命的口号是自由，美国革命的

声振神州——孙中山在中山大学及前身院校的演讲

口号是独立,我们革命的口号就是三民主义,是用了很多时间、做了很多工夫,才定出来的,不是人云亦云。为什么说一般新青年提倡自由是不对呢?为什么当时欧洲讲自由是对呢?这个道理已经讲过了。因为提出一个目标,要大家去奋斗,一定要和人民有切肤之痛,人民才热心来附和。欧洲人民因为从前受专制的痛苦太深,所以一经提倡自由,便万众一心去赞成。假若现在中国来提倡自由,人民向来没有受过这种痛苦,当然不理会。如果在中国来提倡发财,人民一定是很欢迎的。我们的三民主义,便是很像发财主义,要明白这个道理,要展〔辗〕转解释才可成功。我们为什么不直接讲发财呢?因为发财不能包括三民主义,三民主义才可以包括发财。俄国革命之初实行共产,是和发财相近的,那就是直接了当的主张。我们革命党所主张的不止一件事,所以不能用"发财"两个字简单来包括,若是用"自由"的名词,更难包括了。

近来欧洲学者观察中国,每每说中国的文明程度太低,政治思想太薄弱,连自由都不懂,我们欧洲人在一二百年前,为自由战争,为自由牺牲,不知道做了多少惊天动地的事,现在中国人还不懂自由是什么,由此便可见我们欧洲人的政治思想比较中国人高得多。由于中国人不讲自由,便说是政治思想薄弱,这种言论,依我看起来是讲不通的。因为欧洲人既尊重自由,为什么又说中国人是一片散沙呢?欧洲人从前要争自由的时候,他们自由的观念自然是很浓厚;得到了自由之后,目的已达,恐怕他们的自由观念也渐渐淡薄。如果现在再去提倡自由,我想一定不像从前那样的欢迎。而且欧洲争自由的革命,是两三百年前的旧方法,一定是做不通的。就一片散沙而论,有什么精采呢?精采就是在有充分的自由,如果不自由,便不能够成一片散沙。从前欧洲在民权初萌芽的时代,便主张争自由,到了目的已达,各人都扩充自己的自由,于是由于自由太过,便发生许多流弊。所以英国有

民权主义

一个学者叫做弥勒氏的便说：一个人的自由，以不侵犯他人的自由为范围，才是真自由；如果侵犯他人的范围，便不是自由。欧美人讲自由，从前没有范围，到英国弥勒氏才立了自由的范围，有了范围，便减少很多自由了。由此可知，彼中学者已渐知自由不是一个神圣不可侵〈犯〉之物，所以也要定一个范围来限制他了。若外国人批评中国人，一方面说中国人不懂自由，一方面又说中国人是一片散沙，这两种批评，实在是互相矛盾。中国人既是一片散沙，本是很有充分自由的。如果成一片散沙是不好的事，我们趁早就要参加水和士敏土，要那些散沙和士敏土彼此结合来成石头，变成很坚固的团体，到了那个时候，散沙便不能够活动，便没有自由。所以中国人现在所受的病，不是欠缺自由。如果一片散沙是中国人的本质，中国人的自由，老早是很充分了。不过中国人原来没有"自由"这个名词，所以没有这个思想。但是，中国人没有这个思想，和政治有什么关系呢？到底中国人有没有自由呢？我们拿一片散沙的事实来研究，便知道中国人有很多的自由，因为自由太多，故大家便不注意去理会，连这个名词也不管了。

这是什么道理呢？好比我们日常的生活，最重要是衣食，吃饭每天最少要两餐，穿衣每年最少要两套。但是，还有件事比较衣食更为重要。普通人都以为不吃饭便要死，以吃饭是最重大的事，但是那一件重要的事，比较吃饭还要重大过一万倍，不过大家不觉得，所以不以为重大。这件事是什么呢？就是吃空气，吃空气就是呼吸。为什么吃空气比较吃饭重要过一万倍呢？因为吃饭在一天之内有了两次或者一次，就可以养生，但是我们吃空气，要可以养生，每一分钟最少要有十六次才可舒服，如果不然，便不能忍受。大家不信，可以实地试验，把鼻孔塞住一分钟，便停止了十六次的呼吸，像我现在试验不到一分钟，便很难忍受。一天有二十四点钟，每点钟有六十分，每分钟要吃空气十六次，每点钟便要吃九百六十次，每天便要吃二万三千零四十次。所以说

声振神州——孙中山在中山大学及前身院校的演讲

吃空气比较吃饭是重要得一万倍，实在是不错的。像这样要紧，我们还不感觉的原因，就是由于天中空气到处皆有，取之不尽，用之不竭，一天吃到晚，都不用工夫，不比吃饭要用人工去换得来，所以我们觉得找饭吃是很难的，找空气吃是很容易的。因为太过容易，大家便不注意。个人闭住鼻孔，停止吃空气，来试验吃空气的重要，不过是小试验。如果要行大试验，可以把这个讲堂四围的窗户都关闭起来，我们所吃的空气便渐渐减少，不过几分钟久，现在这几百人便都不能忍受。又把一个人在小房内关闭一天，初放出来的时候，便觉得很舒服，也是一样的道理。中国人因为自由过于充分，便不去理会，好比房中的空气太多，我们便不觉得空气有什么重要。到了关闭门户，没有空气进来，我们才觉得空气是很重要的。欧洲人在二三百年以前受专制的痛苦，完全没有自由，所以他们人人才知道自由可贵，要拼命去争。没有争到自由之先，好像是闭在小房里一样；既争到了自由之后，好比是从小房内忽然放出来，遇着了空气一样。所以大家便觉得自由是很贵重的东西，所以他们常常说"不自由，毋宁死"那一句话。但是中国的情形就不同了。

中国人不知自由，只知发财。对中国人说自由，好像对广西深山的猺人说发财一样。猺人常有由深山中拿了熊胆、鹿茸到外边的圩场去换东西。初时圩场中的人把钱和他交换，他常常不要，只要食盐或布匹，乃乐于交换。在我们的观念内，最好是发财；在猺人的观念，只要合用东西，便心满意足。他们不懂发财，故不喜欢得钱。中国一般的新学者，对中国民众提倡自由，就好像和猺人讲发财一样。中国人用不着自由，但是学生还要宣传自由，真可谓不识时务了。欧美人在一百五十年以前，因为难得自由，所以拼命去争。既争到了之后，像法国、美国是我们所称为实行民权先进的国家，在这两个国家之内，人人是不是都有自由呢？但是有许多等人，像学生、军人、官吏和不及二十岁未成年的人，

民权主义

都是没有自由的。所以欧洲两三百年前的战争,不过是三〔二〕十岁以上的人和不做军人、官吏、学生的人来争自由。争得了之后,也只有除了他们这几等人以外的才有自由,在这几等人以内的,至今都不得自由。

中国学生得到了自由思想,没有别的地方用,便拿到学校内去用,于是生出学潮,美其名说是争自由。欧美人讲自由,是有很严格界限的,不能说人人都有自由。中国新学生讲自由,把什么界限都打破了。拿这种学说到外面社会,因为没有人欢迎,所以只好搬回学校内去用,故常常生出闹学风潮。此自由之用之不得其所也。外国人不识中国历史,不知道中国人民自古以来都有很充分的自由,这自是难怪。至于中国的学生,而竟忘却了"日出而作,日入而息,凿井而饮,耕田而食,帝力于我何有哉"这个先民的自由歌,却是大可怪的事。由这个自由歌看起来,便知中国自古以来,虽无自由之名,而确有自由之实,且极其充分,不必再去多求了。

我们要讲民权,因为民权是由自由发生的,所以不能不讲明白欧洲人民当时争自由的情形。如果不明白,便不知道自由可贵。欧洲人当时争自由,不过是一种狂热,后来狂热渐渐冷了,便知道自由有好的和不好的两方面,不是神圣的东西。所以外国人说中国人是一片散沙,我们是承认的;但是说中国人不懂自由,政治思想薄弱,我们便不能承认。中国人为什么是一片散沙呢?由于什么东西弄成一片散沙呢?就是因为是各人的自由太多。由于中国人自由太多,所以中国要革命。中国革命的目的与外国不同,所以方法也不同。到底中国为什么要革命呢?直接了当说,是和欧洲革命的目的相反。欧洲从前因为太没有自由,所以革命,要去争自由。我们是因为自由太多,没有团体,没有抵抗力,成一片散沙。因为是一片散沙,所以受外国帝国主义的侵略,受列强经济商战的压迫,我们现在便不能抵抗。要将来能够抵抗外国的压迫，就要打破各人的自由，结成很坚固的团体，像把士敏土参加到散沙里头，结成一块坚固石头一样。中国人现在因为自由太多，发生自由的毛病，不但是学校内的学生是这样，就是我们革命党里头，也有这种毛病。所以从前推倒满清之后，至今无法建设民国，就是错用了自由之过也。我们革命党从前被袁世凯打败，亦是为这个理由。当民国二年，袁世凯大借外债不经国会通过，又杀宋教仁，做种种事来破坏民国。我当时催促各省马上去讨袁，但因为我们同党之内，大家都是讲自由，没有团体。譬如在西南，无论那一省之内，自师长、旅长以至兵士，没有不说各有各的自由，没有彼此能够团结的。大而推到各省，又有各省的自由，彼此不能联合。南方各省，当时乘革命余威，表面虽然是轰轰烈烈，内容实在是四分五裂，号令不能统一。说到袁世凯，他有旧日北洋六镇的统系，在那六镇之内，所有的师长、旅长和一切兵士都是很服从的，号令是一致的。简单的说，袁世凯有很坚固的团体，我们革命党是一片散沙，所以袁世凯打败革命党。由此可见，一种道理在外国是适当的，在中国未必是适当。外国革命的方法是争自由，中国革命便不能说是争自由；如果说争自由，便更成一片散沙，不能成大团体，我们的革命目的，便永远不能成功。

外国革命是由争自由而起，奋斗了两三百年，生出了大风潮，才得到自由，才发生民权。从前法国革命的口号，是用自由、平等、博爱。我们革命的口号，是用民族、民权、民生。究竟我们三民主义的口号，和自由、平等、博爱三个口号有什么关系呢？照我讲起来，我们的民族可以说和他们的自由一样，因为实行民族主义，就是为国家争自由。但欧洲当时是为个人争自由，到了今天，自由的用法便不同。在今天，"自由"这个名词究竟要怎么样应用呢？如果用到个人，就成一片散沙，万不可再用到个人上去，要用到国家上去。个人不可太过自由，国家要得完全自由。到了国家能够行动自由，中国便是强盛的国家。要这样做去，便要大家牺牲自由。当学生的能够牺牲自由，就可以天天用功，在学问上做工夫；学问成了，智识发达，能力丰富，便可以替国家做事。当军人能够牺牲自由，就能服从命令，忠心报国，使国家有自由。如果学生、军人要讲自由，便像中国自由的对待名词，成为放任、放荡，在学校内便没有校规，在军队内便没有军纪。在学校内不讲校规，在军队内不讲军纪，那还能够成为学校、号称军队吗？我们为什么要国家自由呢？因为中国受列强的压迫，失去了国家的地位，不只是半殖民地，实在已成了次殖民地，比不上缅甸、安南、高丽。缅甸、安南、高丽不过是一国的殖民地，只做一个主人的奴隶；中国是各国的殖民地，要做各国的奴隶。中国现在是做十多个主人的奴隶，所以现在的国家是很不自由的。要把我们国家的自由恢复起来，就要集合自由成一个很坚固的团体；要用革命的方法，把国家成一个大坚固团体，非有革命主义不成功。我们的革命主义，便是集合起来的士敏土，能够把四万万人都用革命主义集合起来，成一个大团体。这一个大团体能够自由，中国国家当然是自由，中国民族才真能自由。

　　用我们三民主义的口号和法国革命的口号来比较，法国的自由和我们的民族主义相同，因为民族主义是提倡国家自由的。平等和我们的民权主义相同，因为民权主义是提倡人民在政治之地位都是平等的，要打破君权，使人人都是平等的，所以说民权是和平等相对待的。此外还有"博爱"的口号，这个名词的原文是兄弟的意思，和中国"同胞"两个字是一样解法，普通译成"博爱"，当中的道理，和我们的民生主义是相通的。因为我们的民生主义，是图四万万人幸福的，为四万万人谋幸福，就是博爱。这个道理，等到讲民生生义的时候，再去详细解释。

声振神州——孙中山在中山大学及前身院校的演讲

第三讲

民国十三年三月二十二日

"民权"两个字,是我们革命党的第二个口号,同法国革命口号的"平等"是相对的。因为"平等"是法国革命的第二个口号,所以今天专拿平等做题目来研究。

"平等"这名词,通常和"自由"那个名词,都是相提并论的。欧洲各国从前革命,人民为争平等和争自由,都是一样的出力,一样的牺牲,所以他们把平等和自由都是看得一样的重大。更有许多人以为要能够自由,必要得到平等,如果得不到平等,便无从实现自由。用平等和自由比较,把平等更是看得重大的。

什么是叫做平等呢?平等是从那里来的呢?欧美的革命学说,都讲平等是天赋到人类的。譬如美国在革命时候的《独立宣言》、法国在革命时候的《人权宣言》,都是大书特书,说平等、自由是天赋到人类的特权,人类〔他人〕不能侵夺的。天生人究竟是否赋有平等的特权呢?请先把这个问题拿来研究清楚。

从前在第一讲中,推溯民权的来源,自人类初生几百万年以前,推到近来民权萌芽时代,从没有见过天赋有平等的道理。譬如用天生的万物来讲,除了水面以外,没有一物是平的,就是拿平地来比较,也没有一处是真平的。好像坐粤汉铁路,自黄沙到银盏坳一段本来是属于平原,但是从火车窗外过细考察沿路的高低情况,没有那一里路不是用人工修筑才可以得平路的。所谓天生的平原,其不平的情形已经是这样。再就眼前而论,拿桌上这一瓶的花来看,此刻我手内所拿的这枝花是槐花,大概看起来,

民权主义

以为每片叶子都是相同,每朵花也是相同。但是过细考察起来,或用显微镜试验起来,没有那两片叶子完全是相同的,也没有那两朵花完全是相同的。就是一株槐树的几千万片叶中,也没有完全相同的。推到空间、时间的关系,此处地方的槐叶和彼处地方的槐叶,更是不相同的。今年所生的槐叶和去年所生的槐叶,又是不相同的。由此可见,天地间所生的东西,总没有相同的。既然都是不相同,自然不能够说是平等。自然界既没有平等,人类又怎么有平等呢?天生人类本来也是不平等的,到了人类专制发达以后,专制帝王尤其变本加厉,弄到结果,比较天生的更是不平等了。这种帝王造成的不平等,是人为的不平等。人为的不平等究竟是什么情形?现在可就讲坛的黑板上,绘一个图来表明。

第一图　不平等

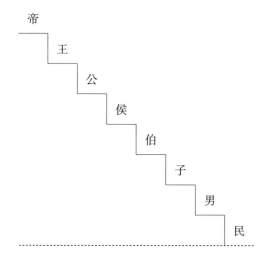

诸君细看第一图,便可明白。因为有这种人为的不平等,在特殊阶级的人过于暴虐无道,被压迫的人民无地自容,所以发生革命的风潮来打不平。革命的始意,本是在打破人为的不平等,到了平等以后,便可了事。但是占了帝王地位的人,每每假造天意做他们的保障,说他们所处的特殊地位,是天所授与的,人民反对他们,便是逆天。无知识的民众,不晓得研究这些话,是不是合道理,只是盲从附和,为君主去争权利,来反对有知识的人民去讲平等自由。因此赞成革命的学者,便不得不创天赋人权的平等自由这一说,以打破君主的专制。学者创造这一说,原来就是想打破人为之不平等的。但是天下的事情,的确是行易知难。当时欧洲的民众都相信帝王是天生的,都是受了天赋之特权的,多数无知识的人总是去拥戴他们,所以少数有知识的学者,无论用什么方法和力量,总是推不倒他们。到了后来,相信天生人类都是平等自由的,争平等自由是人人应该有的事,然后欧洲的帝王便一个一个不推自倒了。不过专制帝王推倒以后,民众又深信人人是天生平等的这一说,便日日去做工夫,想达到人人的平等。殊不知这种事是不可能的。到了近来科学昌明,人类大觉悟了,才知道没有天赋平等的道理。假若照民众相信的那一说去做,纵使不顾真理,勉强做成功,也是一种假平等。像第二图一样,必定要把位置高的压下去,成了平头的平等,至于立脚点还是弯曲线,还是不能平等。这种平等,不是真平等,是假平等。

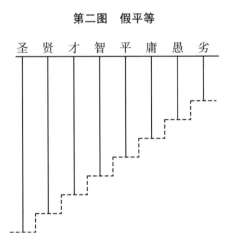

第二图　假平等

民权主义

说到社会上的地位平等,是始初起点的地位平等,后来各人根据天赋的聪明才力,自己去造就,因为各人的聪明才力有天赋的不同,所以造就的结果,当然不同。造就既是不同,自然不能有平等。像这样讲来,才是真正平等的道理。如果不管各人天赋的聪明才力,就是以后有造就高的地位,也要把他们压下去。一律要平等,世界便没有进步,人类便要退化。所以我们讲民权平等,又要世界有进步,是要人民在政治上的地位平等。因为平等是人为的,不是天生的;人造的平等,只有做到政治上的地位平等。故革命以后,必要各人在政治上的立足点都是平等,好像第三图的底线,一律是平的,那才是真平等,那才是自然之真理。

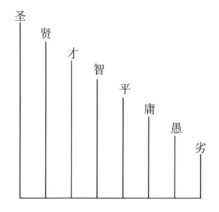

第三图　真平等

欧洲从前革命,人民争平等自由,出了很大的力量,费了很大的牺牲。我们现在要知道他们为什么要那样出力、那样牺牲,便先要知道欧洲在没有革命以前,是怎样不平等的情形。上面所绘的第一图,是表示欧洲在没有革命以前,政治上是怎么样不平等的事实。图中所示帝、王、公、侯、伯、子、男等一级一级的阶梯,就是从前欧洲政治地位上的阶级。这种阶级,中国以前也是有的。到十三年前发生革命,推翻专制,才铲平这种不平的阶级。但是中国以前的不平等，没有从前欧洲的那么利害。欧洲两百多年以前，还是在封建时代，和中国两千多年以前的时代相同。因为中国政治的进化早过欧洲，所以中国两千多年以前，便打破了封建制度。欧洲就是到现在，还不能完全打破封建制度；在两三百年之前，才知道不平等的坏处，才发生平等的思想。中国在两千多年以前便有了这种思想，所以中国政治的进步是早过欧洲。但是在这两百年以来，欧洲的政治进步不但是赶到中国，并且超过中国，所谓后来者居上。

欧洲没有革命以前的情形，和中国比较起来，欧洲的专制要比中国利害得多，原因是在什么地方呢？就是在世袭制度。当时欧洲的帝王公侯那些贵族，代代都是世袭贵族，不去做别种事业；人民也代代都是世袭一种事业，不能够去做别种事业。比方耕田的人，他的子子孙孙便要做农夫；做工的人，他的子子孙孙便要做苦工。祖父做一种什么事业，子孙就不能改变。这种职业上不能够改变，就是当时欧洲的不自由。中国自古代封建制度破坏以后，这种限制也完全打破。由此可见，从前中国和外国都是有阶级制度，都是不平等。中国的好处是只有皇帝是世袭，除非有人把他推翻，才不能世袭，如果不被人推翻，代代总是世袭，到了改朝换姓，才换皇帝。至于皇帝以下的公、侯、伯、子、男，中国古时都是可以改换的，平民做宰相、封王侯的极多，不是代代世袭一种事业的。欧洲平民间或也有做宰相、封王侯的，但是大多数的王侯都是世袭，人民的职业不能自由，因为职业不自由，所以失了平等。不但是政治的阶级不平等，就是人民彼此的阶级也不平等。由于这个原故，人民一来难到公、侯、伯、子、男的那种地位，二来自己的职业又不能自由改变，更求上进，于是感觉非常痛苦，不能忍受。所以不得不拼命去争自由，解除职业不自由的束缚，以求上进；拼命去争平等，打破阶级专制的不平等。那种战争、那种奋斗，在中国是向来没有的。中国人虽然受过了

民权主义

不平等的界限，但是没有牺牲身家性命去做平等的代价。欧洲人民在两三百年以前的革命，都是集中到自由、平等两件事。中国人向来不懂什么是争自由平等，当中原因，就是中国的专制和欧洲比较，实在没有什么利害。而且中国古时的政治虽然是专制，二千多年以来虽然没有进步，但是以前改良了很多，专制淫威也减除了不少，所以人民便不觉得十分痛苦，因为不觉得痛苦，便不为这个道理去奋斗。

近来欧洲文化东渐，他们的政治、经济、科学都传到中国来了。中国人听到欧洲的政治学理，多数都是照本抄誊，全不知道改变。所以欧洲两三百年以前的革命说是争自由，中国人也说要争自由；欧洲从前争平等，中国人也照样要争平等。但是中国今日的弊病，不是在不自由、不平等的这些地方。如果专拿自由、平等去提倡民气，便是离事实太远，和人民没有切肤之痛，他们便没有感觉，没有感觉，一定不来附和。至于欧洲在两三百年以前，人民所受不自由、不平等的痛苦，真是水深火热，以为非争到自由平等，什么问题都不能解决，所以拼命去争自由、打平等。因为有这种风潮，所以近两三百年来，一次发生英国革命，二次发生美国革命，三次发生法国革命。美国、法国的革命都是成功的，英国革命算是没有成功，所以国体至今没有改变。英国革命的时候，正当中国明末清初，当时英国人民把皇位推倒，杀了一个皇帝，不到十年又发生复辟，一直到现在，他们的国体仍旧是君主，贵族阶级也还是存在。美国自脱离英国独立以后，把从前政治的阶级完全打破，创立共和制度。以后法国革命，也是照美国一样，把从前的阶级制度根本推翻。延到现在六年以前，又发生俄国革命，他们也打破阶级制度，变成共和国家。美国、法国、俄国都是世界上很强盛的国家，推原他们强盛的来历，都是由于革命成功的。就这三个革命成功的国家比较，发起最后的是俄国，成功最大的也是俄国。俄国革命的结果，不但是把政治的阶级打到平等，并且把社会上所有资本的阶级都一齐打到平等。

我们再拿美国来讲。美国革命的时候，人民所向的目标是在独立。他们为什么要独立呢？因为他们当时的十三州都是英国的领土，归英国管理。英国是一个专制国家，压迫美国人民比压迫本国人民还要严厉得多。美国人民见得他们自己和英国人民都是同归一个英国政府管理，英国政府待本国人民是那样宽大，待美国人民是这样刻薄，便觉得很不平等，所以要脱离英国，自己去管理自己，成一个独立国家。他们因为独立，反抗英国，和英国战争了八年。后来独立成功，所有在美国的白色人种，政府都一律看待，一律平等。但是对待别色人种，便大不相同，比方在美国的非洲黑人，他们便视为奴隶。所以美国独立之后，白人的政治地位，虽然是平等，但是黑人和白人比较，便不是平等。这种事实，和美国的宪法及独立的宣言便不相符合。因为《独立宣言》开宗明义便说人人是生而平等的，天赋有一定不能少的权利，那些权利便是生命、自由和求幸福。后来订定宪法，也是根据这个道理。美国注重人类平等的宪法既然成立以后，还要黑人来做奴隶，所以美国主张平等自由的学者，见到那种事实和立国的精神大相矛盾，便反对一个平等自由的共和国家里头还用许多人类来做奴隶。美国当时对待黑人究竟是怎么样的情形呢？美国人从前对待黑人是很刻薄的，把黑人当作牛马一样，要他们做奴隶、做苦工，每日做很多的工，辛辛苦苦做完了之后，没有工钱，只有饭吃。那种残酷情形，全国人民看见了，觉得是很不公道、很不平等的，和开国宪法的道理太不相容，所以大家提倡人道主义，打破这种不平等的制度。后来这种主张愈传愈广，赞成这种主张的人便非常之多。于是有许多热心的人，调查当时黑奴所受的痛苦，做成了许多记录。其中最著名的一本书，是把黑奴受痛苦的种种事实编成一本小说，令人人看到了之后，都很有趣味。这本小说是叫做《黑奴吁天录》。自这本书做出之后，大家都知道黑奴

民权主义

是怎么样受苦,便替黑奴来抱不平。当时全美国之中,北方各省没有畜黑奴的,便主张放奴。南方各省所畜的黑奴是很多的,因为南方各省有许多极大的农场,平常都是专靠黑奴去耕种,如果放黑奴,便没有苦工,便不能耕种。南方的人由于自私自利的思想,便反对放奴,说黑奴制度不是一人〈造〉起来的。美国人从前运非洲的黑人去做奴隶,好像几十年前欧洲人运中国人到美洲和南洋去做"猪仔"一样,黑奴便是当时非洲的"猪仔"。南方各省反对放奴,说黑奴是他们的本钱,如果要解放,他们一定要收回本钱。当时一个黑奴,差不多要值五六千元,南方各省的黑奴有几百万,总算起来要值几百万万元。因为那种价值太大,国家没有那样多钱去偿还黑奴的东家,所以放黑奴的风潮虽然是发生了很久,但是酝酿复酝酿,到了六十年前才爆发出来,构成美国的南北战争。那次战争,两方死了几十万人,打过了五年仗,双方战争是非常激烈的,是世界最大战争之一。那次战争是替黑奴打不平、替人类打不平等的,可以说是争平等的战争。欧美从前为争平等的问题,都是本身觉悟,为自己的利害去打仗。美国的南北战争,为黑奴争平等,不是黑人自己懂得要争。因为他们做奴隶的时候太久,没有别的知识,只知道主人有饭给他们吃,有衣给他们穿,有屋给他们住,他们便很心满意足。当时主人间或也有很宽厚的,黑奴只知道要有好主人,不致受十分的虐待;并不知道要反抗主人,要求解放,有自己做主人的思想。所以那次美国的南北战争,所争平等的人,是白人替黑人去争,是自己团体以外的人去争,不是本身的觉悟。那次战争的结果,南方打败了,北方打胜了,联邦政府就马上发一个命令,要全国放奴。南方各省因为打败了仗,只有服从那个命令。自此以后,便不理黑奴,从解放的日起便不给饭与黑奴吃,不给衣与黑奴穿,不给屋与黑奴住。黑人从那次以后,虽然是被白人解放,有了自由,成了美国的共和国民,在政治的平等自由上有很大的希望,但是因为从前替主人做工，便有饭吃，有衣穿，有屋住，解放以后，不替主人做工，便没有饭吃，没有衣穿，没有屋住，一时青黄不接，黑奴觉得失了泰山之靠，便感非常的痛苦。因此就怨恨放奴的各省份，尤其怨恨北方那位主张放奴的大总统。那位主张放奴的总统是谁呢？大家都知道，美国有两个极有名的大总统。一位是开国的大总统，叫做华盛顿。现在世界上的人说起开国元勋，便数到华盛顿，因为那位大总统在争人类平等的历史上，是很有功劳的。其余一位大总统就是林肯，他就是当时主张放奴最出力的人。因为他解放黑奴，为人类求平等立了很大的功劳，所以世界上的人至今都称颂他。但是当时解放了的黑奴，因为一时没有衣食住的痛苦，便非常怨恨他。现在还有一种歌谣是骂林肯的，说他是洪水猛兽。那些骂林肯的人之心理，好像中国现在反对革命的人来骂革命党一样。现在有知识的黑人，知道解放的好处，自然是称颂林肯；但是无知识的黑人，至今还是恨林肯，学他们的祖宗一样。解放黑奴，是美国历史上一件争平等的事业。所以讲美国最好的历史，第一个时期是由于受英国不平等的待遇，人民发起独立战争，打过了八年仗，才脱离英国，得到平等，成一个独立国家。第二个时期是在六十年前，发生南北战争，那次战争的理由，和头一次的独立战争是相同的，打过了五年仗。五年战争的时间，和八年战争的时间虽然是差不多，但是说起损失来，那次五年的战争比较八年的战争牺牲还要大，流血还要多。简单的说起来，美国第一次的大战争，是美国人民自己求独立，为自己争平等。第二次的大战争，是美国人民为黑奴求自由，为黑奴争平等；不是为自己争平等，是为他人争平等。为他人争平等，比较为自己争平等，所受的牺牲还要大，流血还要多。所以美国历史是一种争平等的历史。这种争平等的历史，是世界历史中的大光荣。

美国争得平等之后，法国也发生革命，去争平等。当中反复

民权主义

了好几次,争了八十年才算成功。但是平等争成功之后,他们人民把"平等"两个字走到极端,要无论那一种人都是平等。像第二图所讲的平等,把平等地位不放在立足点,要放在平头点,那就是假平等。

中国的革命思潮是发源于欧美,平等自由的学说也是由欧美传进来的。但是中国革命党不主张争平等自由,主张争三民主义。三民主义能够实行,便有自由平等。欧美为平等自由去战争,争得了之后,常常被平等自由引入歧路。我们的三民主义能够实行,真有自由平等,要什么方法才能够归正轨呢?像第二图,把平等线放在平头上,是不合乎平等正轨的;要像第三图,把平等线放在立足点,才算合乎平等的正轨。所以我们革命,要知道所用的主义是不是适当,是不是合乎正轨,非先把欧美革命的历史源源本本来研究清楚不成功。人民要彻底明白我们的三民主义是不是的的确确〈有〉好处,是不是合乎国情,要能够信仰我们的三民主义始终不变,也非把欧美革命的历史源源本本来研究清楚不成功。

美国为"平等"、"自由"两个名词,经过了两次战争,第一次争了八年,第二次争了五年,才达到目的。中国向来没有为平等自由起过战争。几千年来,历史上的战争,都是大家要争皇帝,每次战争,人人都是存一个争皇帝的思想。只有此次我们革命,推倒满清,才是不争皇帝的第一次。但是这种不争皇帝的思想,只限于真革命党以内的人才是。说到革命党以外,像北方的曹锟、吴佩孚,名义上虽然赞成共和,但是主张武力统一,还是想专制。如果他们的武力统一成功,别人不能够反抗,他们一定是想做皇帝的。譬如袁世凯在辛亥年推倒满清的时候,他何尝不赞成共和呢?他又何曾主张帝制呢?当时全国的人民便以为帝制不再发生。到了民国二年,袁世凯用武力打败革命党,把革命党赶出海外,便改变国体,做起皇帝来。这般军阀的思想腐败不堪,都是和袁

世凯相同的,将来没有人敢担保这种危险不发生。所以中国的革命至今没有成功,就是因为做皇帝的思想没有完全铲除,没有一概肃清。我们要把这种做皇帝的思想完全铲除,一概肃清,便不得不再来奋斗,再来革命。

中国现在有许多青年志士,还是主张争平等自由。欧洲在一两百年以来,本是争平等自由,但是争得的结果,实在是民权。因为有了民权,平等自由才能够存在;如果没有民权,平等自由不过是一种空名词。讲到民权的来历,发源是很远的,不是近来才发生的。两千多年以前,希腊、罗马便老早有了这种思想。当时希腊、罗马都是共和国家,同时地中海的南方,有一个大国叫做克塞支①,也是一个共和国,后来有许多小国继续起来,都是共和国家。当时的希腊、罗马名义上虽然是共和国家,但是事实上还没有达到真正的平等自由,因为那个时候,民权还没有实行。譬如希腊国内便有奴隶制度,所有贵族都是畜很多的奴隶,全国人民差不多有三分之二是奴隶。斯巴达的一个武士,国家定例要给五个奴隶去服侍他。所以希腊有民权的人是少数,无民权的是大多数。罗马也是一样的情形。所以二千多年以前,希腊、罗马的国家名义虽然是共和,但是由于奴隶制度,还不能够达到平等自由的目的。到六十年前,美国解放黑奴,打破奴隶制度,实行人类的平等以后,在现在的共和国家以内,才渐渐有真平等自由的希望。但是真平等自由是在什么地方立足呢?要附属到什么东西呢?是在民权上立足的,要附属于民权。民权发达了,平等自由才可以长存;如果没有民权,什么平等自由都保守不住。所以中国国民党发起革命,目的虽然是要争平等自由,但是所定的主义和口号,还是要用民权。因为争得了民权,人民方有平等自由的事实,便可以享平等自由的幸福。所以,平等自由实在是包括

---

① 今译"迦太基"。

民权主义

于民权之内。因为平等自由是包括在民权之内,所以今天研究民权的问题,便附带来研究平等自由的问题。

欧美革命为求平等自由的问题来战争,牺牲了无数的性命,流了很多的碧血。争到平等自由之后,到了现在,把平等自由的名词,应该要看得如何宝贵,把平等自由的事实,应该要如何审慎,不能够随便滥用。但是到现在究竟是怎么样呢?就自由一方面的情形说,前次已经讲过了,他们争得自由之后,便生出自由的许多流弊。美国、法国革命,至今有了一百多年,把平等争得了,到底是不是和自由一样,也生出许多流弊呢?依我看起来,也是一样的生出许多流弊。由于他们已往所生流弊的经验,我们从新革命,便不可再蹈他们的覆辙,专为平等去奋斗,要为民权去奋斗。民权发达了,便有真正的平等,如果民权不发达,我们便永远不平等。

欧美平等的流弊究竟是怎么样呢?简单的说,就是他们把"平等"两个字认得太呆了。欧美争得平等以后,为什么缘故要发生流弊呢?就是由于民权没有充分发达,所以自由平等还不能够向正轨道去走。因为自由平等没有归到正轨,所以欧美人民至今还是要为民权去奋斗。因为要奋斗,自然要结团体。人民因为知道结团体的重要,所以由于奋斗的结果,使得到集会结社的自由。由于得到这种自由,便生出许多团体,在政治上有政党,在工人中有工党。现在世界团体中最大的是工党。工党是在革命以后,人民争得了自由,才发生出来。发生的情形是怎么样呢?最初的时候,工人没有知识,没有觉悟,并不知道自己是处于不平等的地位,也不知道受资本家有很大的压迫。好像美国黑奴,只知道自祖宗以来,都是做人的奴隶,并不知道奴隶的地位是不好,也不知道除了奴隶以外,另外还有自由平等一样。当时各国工人,本来不知道自己是处于什么地位,后来于工人之外,得了许多好义之士替工人抱不平,把工人和资本家不平等的道理,宣传到工

声振神州——孙中山在中山大学及前身院校的演讲

人里头,把他们唤醒了,要他们固结团体,和贵族及资本家抵抗,于是世界各国才发生工党。工党和贵族及资本家抵抗,是拿什么造〔做〕武器呢?工人抵抗的唯一武器,就是消极的不合作。不合作的举动,就是罢工。这种武器,比较军人打仗的武器还要利害得多。如果工人对于国家或资本家有要求不遂的,便大家联合起来,一致罢工。那种罢工影响到全国人民,比较普通的战争也不相上下。因为在工人之外,有知识极高的好义之士做领袖,去引导那些工人,教他们固结团体,去怎么样罢工,所以他们的罢工一经发动,便在社会上发生很大的力量。因为有了很大的力量,工人自己才感觉起来,要讲平等。英国、法国的工人,由于这种感觉,要讲平等,看见团体以内引导指挥的领袖都不是本行的工人,不是贵族便是学者,都是从外面来的,所以他们到了团体成功,便排斥那些领袖。这种排斥领袖的风潮,在欧洲近数十年来渐渐发生了。所以起这种风潮的原故,便是由于工人走入平等的迷途,成了平等的流弊。由于这种流弊发生以后,工党便没有好领袖去引导指挥他们,工人又没有知识去引导自己,所以虽然有很大的团体,不但是没有进步,不能发生大力量,并且没有人去维持,于是工党内部渐渐腐败,失却了大团体的力量。

工人的团体,不但是在外国很多,近十多年来中国也成立了不少。中国自革命以后,各行的工人都联合起来,成立团体,团体中的领袖也有很多不是工人的。那些团体中的领袖,固然不能说个个都是为工人去谋利益的,其中假借团体的名义、利用工人为自己图私利的当然是很多,但是真为大义去替工人出力的,也是不少。所以工人应该要明白,应该要分别领袖的青红皂白。现在中国的工人讲平等,也是发生平等的流弊。譬如前几天我收到由汉口寄来的一种工报,当中有两个大标题,第一个标题是"我们工人不要穿长衣的做领袖",第二个标题是"我们工人奋斗,只求面包,不问政治"。由于这种标题,便可知和欧美工党排斥非工人做领袖的口调是一样。欧美工人虽然排斥非工人的领袖，但是他们的目标还是要问政治。所以汉口工人的第二个标题，便和欧美工人的口调不能完全相同。因为一国之内，人民的一切幸福，都是以政治问题为依归的，国家最大的问题就是政治。如果政治不良，在国家里头，无论什么问题都不能解决。比方中国现在受外国政治经济的压迫，一年之内损失十二万万元，这就是由于中国政治不良，经济不能发达，所以每年要受这样大的损失。在这种损失里头，最大的是进口货超过出口货每年有五万万元。这五万万元的货都是工人生产的，因为中国工业不发达，才受这种损失。我们拿这个损失的问题来研究，中国工人所得工价是世界中最便宜的，所做的劳动又是世界中最勤苦的，一天能够做十多点钟工。中国的工价既是最便宜，工人的劳动又是最勤苦，和外国工业竞争，照道理讲，当然可以操胜算。为什么中国工人所生产的出口货，不能敌外国工人所生产的进口货呢？为什么我们由于工业的关系，每年要损失五万万元呢？此中最大的原因，就是中国政治不良，我们的政府没有能力。如果政府有了能力，便可以维持这五万万元的损失。我们能够维持这五万万元的损失，便是每年多了五万万元的面包。中国政府有能力，怎么样可以维持五万万元的损失呢？如果政府有能力，便可以增加关税，关税加重，外国的洋货自然难得进口，中国的土货便可以畅销，由此全国的工人每年便可以多进五万万元。但是照汉口工人寄来报纸上的标题讲，工人不问政治；既然不问政治，自然不要求政府增加关税，抵制洋货，提倡土货；不抵制洋货，提倡土货，中国就不制造土货；不制造土货，工人便没有工做。工人连工都没有做，那里还有面包呢？由此可见，工人无好领袖，总是开口便错。这样的工人团体，断不能发达，不久必归消灭，因其太无知识了。不知面包问题就是经济问题，政治和经济两个问题总是有连带关系的。如果不问政治，怎么样能够解决经济的面包问题来要求面包呢？

声振神州——孙中山在中山大学及前身院校的演讲

汉口工人的那种标题,便是由于错讲平等生出来的流弊。

所以,我们革命不能够单说是争平等,要主张争民权。如果民权不能够完全发达,就是争到了平等,也不过是一时,不久便要消灭的。我们革命主张民权,虽然不拿平等做标题,但是在民权之中便包括得有平等。如果平等有时是好,当然是采用;如果不好,一定要除去。像这样做去,才可以发达民权,才是善用平等。

我从前发明过一个道理,就是世界人类其得之天赋者约分三种:有先知先觉者,有后知后觉者,有不知不觉者。先知先觉者为发明家,后知后觉者为宣传家,不知不觉者为实行家。此三种人互相为用,协力进行,则人类之文明进步必能一日千里。天之生人,虽然聪明才力之不平等,但人心则必欲使之平等,斯为道德上之最高目的,而人类当努力进行者。但是要达到这个最高之道德目的,到底要怎么样做法呢?我们可把人类两种思想来比对,便可以明白了。一种就是利己,一种就是利人。重于利己者,每每出于害人,亦有所不惜。此种思想发达,则聪明才力之人专用彼之才能去夺取人家之利益,渐而积成专制之阶级,生出政治上之不平等。此民权革命以前之世界也。重于利人者,每每至到牺牲自己,亦乐而为之。此种思想发达,则聪明才力之人,专用彼之才能,以谋他人的幸福,渐而积成博爱之宗教、慈善之事业。惟是宗教之力有所穷,慈善之事有不济,则不得不为根本之解决,实行革命,推翻专制,主张民权,以平人事之不平了。从此以后,要调和三种之人使之平等,则人人当以服务为目的,而不以夺取为目的。聪明才力愈大者,当尽其能力而服千万人之务,造千万人之福。聪明才力略小者,当尽其能力以服十百人之务,造十百人之福。所谓"巧者拙之奴",就是这个道理。至于全无聪明才力者,亦当尽一己之能力,以服一人之务,造一人之福。照这样做去,虽天生人之聪明才力有不平等,而人之服务道德心发达,必可使之成为平等了。这就是平等之精义。

民权主义

第四讲

民国十三年四月十三日

照前几次所讲,我们知道欧美人民争民权,已经有了两三百年。他们争过了两三百年,到底得到了多少民权呢?今天所讲的题目,就是欧美人民在近来两三百年之中所争得民权多少,和他们的民权现在进步到什么地方。

民权思想已经传到中国来了,中国人知道民权的意思,是从书本和报纸中得来的。主张民权的书本和报纸,一定是很赞成民权那一方面的。大家平日研究民权,自然都是从赞成一方面的书本和报纸上观察。照赞成一方面的书本和报纸上所说的话,一定是把民权的风潮说得是怎样轰轰烈烈,把民权的思想说得是怎么蓬蓬勃勃。我们看见了这些书报,当然受他们的鼓动,发生民权的思想,以为欧美人民争民权,争过了两三百年,每次都是得到最后的胜利。照这样看起来,以后世界各国的民权,一定是要发达到极点。我们中国处在这个世界潮流之中,也当然是应该提倡民权,发达民权。并且,有许多人以为提倡中国民权能够像欧美那一样的发达,便是我们争民权已达到目的了;以为民权能够发达到那个地步,国家便算是很文明,便算是很进步。

但是,从书报中观察欧美的民权,和事实上有很多不对的。考察欧美的民权事实,他们所谓先进的国家,像美国、法国革命过了一百多年,人民到底得了多少民权呢?照主张民权的人看,他们所得的民权还是很少。当时欧美提倡民权的人,想马上达到民权的充分目的,所以牺牲一切,大家同心协力,一致拼命去争。

声振神州——孙中山在中山大学及前身院校的演讲

到了胜利的时〈候〉，他们所争到的民权，和革命时候所希望的民权，两相比较起来，还是差得很多，还不能达到民权的充分目的。

现在可以回顾美国对于英国的独立战争，是一个什么情形。那个战争，打过了八年仗，才得到最后的胜利，才达到民权的目的。照美国《独立宣言》来看，说平等和自由是天赋到人类的，无论什么人都不能夺去人人的平等自由。当时美国革命本想要争到很充分的自由平等，但是争了八年，所得的民权还是很少。为什么争了八年之久，只得到很少的民权呢？当初反对美国民权的是英国皇帝，美国人民受英国皇帝的压迫，才主张独立，和英国战争。所以那个战争，是君权和民权的战争。战争的结果本是民权胜利，照道理讲，应该得到充分的民权。为什么不能达到充分的目的呢？因为独立战争胜利之后，虽然打破了君权，但是主张民权的人，便生出民权的实施问题，就是要把民权究竟应该行到什么程度。由于研究这种问题，主张民权的同志之见解，各有不同；因为见解不同，便生出内部两大派别的分裂。大家都知道美国革命有一个极著名的首领叫做华盛顿，他是美国的开国元勋。当时帮助他去反抗英国君权的人，还有许多英雄豪杰，像华盛顿的财政部长叫做哈美尔顿①，和国务部长叫做遮化臣②。那两位大人物，对于民权的实施，因为见解各有不同，彼此的党羽又非常之多，便分成为绝对不相同的两大派。

遮氏一派，相信民权是天赋到人类的，如果人民有很充分的民权，由人民自由使用，人民必有分寸，使用民权的时候一定可以做许多好事，令国家的事业充分进步。遮氏这种言论，是主张人性是善的一说。至于人民有了充分的民权，如果有时不能充分发达善性去做好事，反误用民权去作恶，那是人民遇到了障碍，

---

① 今译"汉密尔顿"，下同。
② 今译"杰斐逊"，下同。

民权主义

一时出于不得已的举动。总而言之，人人既是有天赋的自由平等，人人便应该有政权；而且人人都是有聪明的，如果给他们以充分的政权，令个个都可以管国事，一定可以做出许多大事业；大家负起责任来，把国家治好，国家便可以长治久安。那就是遮化臣一派对于民权的信仰。

至于哈美尔顿一派所主张的，恰恰和遮氏的主张相反。哈氏以为人性不能完全都是善的，如果人人都有充分的民权，性恶的人便拿政权去作恶。那些恶人拿到了国家大权，便把国家的利益自私自利分到自己同党，无论国家的什么道德、法律、正义、秩序，都不去理会。弄到结果，不是一国三公，变成暴民政治，就是把平等自由走到极端，成为无政府。像这样实行民权，不但是不能令国家进步，反要捣乱国家，令国家退步。所以哈氏主张，国家政权不能完全给予人民，要给予政府，把国家的大权都集合于中央，普通人只能够得到有限制的民权。如果给予普通人以无限制的民权，人人都拿去作恶，那种作恶的影响，对于国家，比较皇帝的作恶还要利害得多。因为皇帝作恶，还有许多人民去监视防止；一般人若得到了无限制的民权，大家都去作恶，便再没有人可以监视防止。故哈美尔顿说："从前的君权要限制，现在的民权也应该要限制。"由此创立一派，叫做"联邦派"，主张中央集权，不主张地方分权。

美国在独立战争以前，本有十三邦，都归英国统辖，自己不能统一。后来因为都受英国专制太过，不能忍受，去反抗英国，是大家有同一的目标，所以当时对英国作战，便联同一气。到战胜了英国以后，各邦还是很分裂，还是不能统一。在革命的时候，十三邦的人口不过三百万。在那三百万人中，反抗英国的只有二百万人，还有一百万仍是赞成英国皇帝的。就是当时各邦的人民，还有三分之一是英国的保皇党，只有三分之二才是革命党。因为有那三分之一的保皇党在内部捣乱，所以美国独立战争，费过了

声振神州——孙中山在中山大学及前身院校的演讲

八年的长时间，才能够完全战胜。到了战胜以后，那些著名的保皇党无处藏身，便逃到北方，搬过圣罗伦士河①以北，成立了加拿大殖民地，至今仍为英国属地，忠于英国。美国独立之后，国内便没有敌人。但是那三百万人分成十三邦，每邦不过二十多万人，各不相下，大家不能统一，美国的国力还是很弱，将来还是很容易被欧洲吞灭，前途的生存是很危险的。于是各邦的先知先觉想免去此种危险，要国家永远图生存，便不得不加大国力；要加大国力，所以主张各邦联合起来，建设一个大国家。当时所提倡联合的办法，有主张专行民权的，有主张专行国权的。头一派的主张，就是地方分权。后一派的主张，就是中央集权，限制民权，把各邦的大权力都联合起来，集中于中央政府，又可以说是"联邦派"。这两派彼此用口头文字争论，争了很久，并且是很激烈；最后是主张限制民权的联邦派占胜利。于是各邦联合起来，成立一个合众国，公布联邦的宪法。美国自开国一直到现在，都是用这种宪法。这种宪法就是三权分立的宪法，把立法权、司法权和行政权分得清清楚楚，彼此不相侵犯。这是世界上自有人类历史以来第一次所行的完全宪法。美国就是实行三权分立的成文宪法的第一个国家。世界上有成文宪法的国家，美国就是破天荒的头一个。这个宪法，我们叫做《美国联邦宪法》。美国自结合联邦成立宪法以后，便成世界上顶富的国家；经过欧战以后，更成世界上顶强的国家。因为美国达到了今日这样富强，是由于成立联邦宪法。地方人民的事，让各邦分开自治。

十多年来，我国一般文人志士，想解决中国现在的问题，不根本上拿中美两国的国情来比较，只就美国富强的结果而论。以为中国所希望的不过是在国家富强，美国之所以富强，是由于联邦，中国要像美国一样的富强，便应该联省；美国联邦制度的根

---

① 今译"圣劳伦斯河"。

124

民权主义

本好处，是由于各邦自定宪法，分邦自治。我们要学美国的联邦制度，变所〔成〕联省，根本上便应该各省自定宪法，分省自治，等到省宪实行了以后，然后再行联合成立国宪。质而言之，就是将本来统一的中国变成二十几个独立的单位，像一百年以前的美国十几个独立的邦一样，然后再来联合起来。这种见解和思想真是谬误到极点，可谓人云亦云，习而不察。像这样只看见美国行联邦制度，便成世界顶富强的国家，我们现在要中国富强，也要去学美国的联邦制度，就是像前次所讲的欧美人民争民权，不说要争民权，只说要争自由平等，我们中国人此时来革命，也要学欧美人的口号，说去争自由平等，都是一样的盲从，都是一样的莫名其妙。

主张联省自治的人，表面上以为美国的地方基础有许多小邦，各邦联合，便能自治，便能富强；中国的地方基础，也有许多行省，也应该可以自治，可以富强。殊不知道美国在独立时候的情形，究竟是怎么样。美国当独立之后，为什么要联邦呢？是因为那十三邦向来完全分裂，不相统属，所以不能不联合起来。至于我们中国的情形又是怎么样呢？中国本部形式上向来本分作十八省，另外加入东三省及新疆，一共是二十二省。此外还有热河、绥远、青海许多特别区域及蒙古、西藏各属地。这些地方在清朝二百六十多年之中，都是统属于清朝政府之下。推到明朝时候，各省也很统一。再推到元朝时候，不但是统一中国的版图，且几几乎统一欧亚两洲。推到宋朝时候，各省原来也是很统一的，到了南渡以后，南方几省也是统一的。更向上推到唐朝、汉朝，中国的各省没有不是统一的。由此便知中国的各省，在历史上向来都是统一的，不是分裂的，不是不能统属的，而且统一之时就是治，不统一之时就是乱的。美国之所以富强，不是由于各邦之独立自治，还是由于各邦联合后的进化所成的一个统一国家。所以美国的富强，是各邦统一的结果，不是各邦分裂的结果。中国原

声振神州——孙中山在中山大学及前身院校的演讲

来既是统一的，便不应该把各省再来分开。中国眼前一时不能统一，是暂时的乱象，是由于武人的割据。这种割据，我们要铲除他，万不能再有联省的谬主张，为武人割据作护符。若是这些武人有口实来各据一方，中国是再不能富强的。如果以美国联邦制度就是富强的原因，那便是倒果为因。

外国人现在对于中国为什么要来共管呢？是从什么地方看出中国的缺点呢？就是由于看见中国有智识阶级的人所发表的言论、所贡献的主张，都是这样的和世界潮流相反，所以他们便看中国不起，说中国的事中国人自己不能管，列强应该来代我们共管。我们现在东亚处于此时的潮流，要把"联邦"二个字用得是恰当，便应该说中国和日本要联合起来，或者中国和安南、缅甸、印度、波斯、阿富汗都联合起来。因为这些国家，向来都不是统一的，此刻要亚洲富强，可以抵抗欧洲，要联成一个大邦，那才可以说得通。至于中国的十八省和东三省以及各特别区，在清朝时候已经是统一的，已经是联属的。我们推翻清朝，承继清朝的领土，才有今日的共和国。为什么要把向来统一的国家再来分裂呢？提倡分裂中国的人一定是野心家，想把各省的地方自己去割据。像唐继尧割据云南，赵恒惕割据湖南，陆荣廷割据广西，陈炯明割据广东，这种割据式的联省，是军阀的联省，不是人民自治的联省。这种联省不是有利于中国的，是有利于个人的，我们应该要分别清楚。

美国独立时候的十三邦，毫不统一，要联成一个统一国家，实在是非常的困难，所以哈氏和遮氏两派的争论便非常之激烈。后来制成联邦宪法，付之各邦自由投票，最后是哈氏一派占胜利，遮氏一派的主张渐渐失败。因为联邦宪法成立之前，全国人有两大派的主张，所以颁布的宪法弄成两派中的一个调和东西。把全国的大政权，如果是属于中央政府的，便在宪法之内明白规定；若是在宪法所规定以外的，便属于地方政府。比方币制，应该中

民权主义

央政府办理，地方政府不能过问。像外交，是规定由中央政府办理，各邦不能私自和外国订约。其余像关于国防上海陆军的训练与地方上民团的调遣等那些大权，都是归中央政府办理。至于极复杂的事业，在宪法未有划归中央政府的，便归各邦政府，分别办理。这种划分，便是中央和地方的调和办法。

美国由于这种调和办法，人民究竟得到了多少民权呢？当时所得的民权，只得到一种有限制的选举权。在那个时候的选举权，只是限于选举议员和一部分的地方官吏。至于选举总统和上议院的议员，还是用间接选举的制度，由人民选出选举人，再由选举人才去选总统和那些议员。后来民权逐渐发达，进步到了今日，总统和上议院的议员以及地方上与人民有直接利害关系的各官吏，才由人民直接去选举，这就叫做普通选举。所以美国的选举权，是由限制的选举渐渐变成普通选举。但是这种普通选举，只限于男人才能够享受。至于女子，在一二十年前还是没有这种普通选举权。欧美近二十年以来，女子争选举权的风潮非常激烈。大家都知道，当是〔时〕欧美的女子争选举权，许多人以为不能成功，所持的理由就是女子的聪明才力不及男子，男子所能做的事，女子不能够做，所以很多人反对。不但是男人很反对，许多女子自己也很反对，就是全国的女人都争得很激烈，还料不到可以成功。到了七八年以前，英国女子才争成功，后来美国也争成功。这个成功的缘故，是由于当欧战的时候，男子通同去当兵，效力战场，在国内的许多事业，没有男人去做。像兵工厂内的职员、散工，街上电车内的司机、卖票，和后方一切勤务事宜，男子不敷分配，都是靠女子去补充。所以从前反对女子选举权的人，说女子不能做男子事业，到了那个时候便无法证明，便不敢反对，主张女子有选举权的人才完全占胜利。所以欧战之后，女子的选举权才是确定了。

由此便知，欧美革命的目标本是想达到民权。像美国独立战争,就是争民权。战争成功之后,主张民权的同志又分出两派:一派是主张应该实行充分的民权;一派是主张民权应该要限制,要国家应该有极大的政权。后来发生许多事实,证明普通人民的确是没有知识、没有能力去行使充分的民权。譬如遮化臣争民权,他的门徒也争民权,弄到结果,所要争的民权还是失败,便可以证明普通民众不知道运用政权。由于这个原故,欧美革命有了两三百多年,向来的标题都是争民权,所争得的结果,只得到男女选举权。

讲到欧洲的法国革命,当时也是主张争民权。所以主张民权的学者,像卢梭那些人,便说人人有天赋的权利,君主不能侵夺。由于卢梭的学说,便发生法国革命。法国革命以后,就实行民权。于是一般贵族皇室都受大害,在法国不能立足,便逃亡到外国。因为法国人民,当时拿充分的民权去做头一次的试验,全国人都不敢说民众没有知识、没有能力,如果有人敢说那些话,大家便说他是反革命,马上就要上断头台。所以那个时候,便成暴民专制,弄到无政府,社会上极为恐慌,人人朝不保夕。就是真革命党,也有时因为一言不慎,和大家的意见不对,便要受死刑。故当法国试验充分民权的时期,不但是王公贵族被人杀了的是很多,就是平时很热心的革命志士像丹顿①一流人物一样,因为一言不合,被人民杀了的也是很不少。后来法国人民看到这样的行为是过于暴虐,于是从前赞成民权的人,反变成心灰意冷,来反对民权,拥护拿破仑做皇帝,因此生出民权极大的障碍。这种障碍,不是由君权发生的。在一百年以前,民权的风潮便已经是很大,像前几次所讲的情形。现在世界潮流已达到了民权的时代,照道理推测,以后应该一天发达一天,为什么到民权把君权消灭了以后,反生出极大的障碍呢?是什么原因造成的呢?一种原因,是

---

① 今译"丹东"。

民权主义

由于赞成民权所谓稳健派的人，主张民权要有一定的限制。这派是主张国家集权，不主张充分民权。这派对于民权的阻力还不甚大，阻碍民权的进步也不很多。最为民权障碍的人，还是主张充分民权的人。像法国革命时候，人民拿到了充分的民权，便不要领袖，把许多有知识、有本事的领袖都杀死了，只剩得一般暴徒。那般暴徒对于事物的观察既不明了，又很容易被人利用。全国人民既是没有好耳目，所以发生一件事，人民都不知道谁是谁非，只要有人鼓动，便一致去盲从附和。像这样的现象，是很危险的。所以后来人民都觉悟起来，便不敢再主张民权。由于这种反动力，便生出了民权的极大障碍，这种障碍是由于主张民权的人自招出来的。

欧洲自法国以外，像丹麦、荷兰、葡萄牙、西班牙那些小国，于不知不觉之中也发生民权的风潮。民权的风潮，在欧美虽然遇了障碍，得到君权的反抗，还是不能消灭；遇到了民权自身的障碍，也是自然发达，不能阻止。那是什么原故呢？因为大势所趋，潮流所至，没有方法可以阻止。由于这个道理，故许多专制国家都是顺应潮流，去看风行事。譬如英国从前革命杀了皇帝，不到十年再复辟起来，但是英国的贵族知机善变，知道民权的力量太大，不能反抗，那些皇室贵族便不和民权去反抗，要和他去调和。讲到民权的起源，本来是发生于英国的。英国自复辟之后，推翻了民权，便成贵族执政，只有贵族可以理国事，别界人都不能讲话。到了一千八百三十二年以后，在贵族之外，才准普通平民有选举权。到了欧战以后，才许女子也有选举权。至于英国对待属地，更是善用退让的手段，顺应民权的潮流。像爱尔兰是英国三岛中的土地，英国始初本是用武力压迫，后来见到民权的风潮扩大，便不去压迫，反主退让，准爱尔兰独立。英国不独对于三岛的内部是如此，就是对于外部，像对付埃及，也是退让。埃及当欧战时候，为英国是很出力的。英国当时要埃及人去助战，也允许过了埃及许多权利，准他们以后独立。到欧战之后，英国食言，把所许的权利都不履行。埃及便要求独立，履行前约，风潮扩大。英国也是退让，许埃及独立。又像印度现在要求英国扩充选举，英国也是一概允许。至于现在英国国内，容纳工党组织内阁，工人执政，便更足以证明英国贵族的退让、民权的进步。英国贵族知道世界民权的大势，能够顺应潮流，不逆反潮流，所以他们的政体至今还可以维持，国家的现状还是没有大危险。

世界上经过了美国、法国革命之后，民权思想便一日发达一日。但是根本讲起来，最新的民权思想还是发源于德国。德国的人心向来富于民权思想，所以国内的工党便非常之多，现在世界上工党团体中之最大的还是在德国。德国的民权思想发达本早，但到欧战以前，民权的结果，还不及法国、英国。这个理由，是因为德国对付民权所用的手段和英国不同，所以得来的结果也是不同。从前德国对付民权是用什么手段呢？德国是谁阻止民权的发达呢？许多学者研究，都说是由于丕士麦①。

丕士麦是德国很有名望、很有本领的大政治家，在三四十年前，世界上的大事业，都是由于丕士麦造成的。世界上的大政治家，都不能逃出丕士麦的范围。所以在三四十年前，德国是世界上顶强的国家。德国当时之所以强，全由丕士麦一手造成。在丕士麦没有执政之先，德国是一个什么景象呢？德国在那个时候，有二十几个小邦，那二十几个小邦的民族虽然是相同，但是各自为政，比较美国的十三邦还要分裂，加以被拿破仑征服之后，人民更是穷苦不堪。后来丕士麦出来，运用他的聪明才力和政治手腕，联合附近民族相同的二十几邦，造成一个大联邦，才有后来的大富强。在十年以前，德国是世界上顶强的国家，美国是世界上顶富的国家，他们那两国都是联邦。许多人以为我们中国要富

---

① 今译"俾斯麦"，下同。下文"俾士麦"亦同。

民权主义

强,也应该学德国、美国的联邦。殊不知德国在三四十年前,根本上只有一个普鲁士,因丕士麦执政以后,拿普鲁士做基础,整军经武,刷新内政,联合其余的二十多邦,才有后来的大德意志。当丕士麦联合各邦的时候,法国、奥国都极力反对。奥国所以反对德国联邦的原故,是因为奥国和德国虽然是同一条顿民族,但是奥皇也想争雄欧洲,故不愿德国联邦再比奥国还要强盛。无如丕士麦才智过人,发奋图强,于一千八百六十六年,用很迅速的手段和奥国打仗,一战便打败奥国。德国战胜了以后,本来可以消灭奥国。惟丕士麦以为奥国虽然反对德国,但是奥国民族还是和德国相同,将来不至为德国的大患。丕士麦的眼光很远大,看到将来足为德国大患的是英国、法国,所以丕士麦战胜了奥国以后,便马上拿很宽大的条件和奥国讲和。奥国在新败之余,复得德国的宽大议和,便很感激他。从此只有六年,到一千八百七十年,德国便去打法国,打破拿破仑第三,占领巴黎。到讲和的时候,法国便把阿尔赛士①和罗伦②两处地方割归德国。从这两次大战以后,德国的二十几个小邦便联合得很巩固,成立一个统一国家。德国自联邦成立了之后,到欧战以前,是世界上最强的国家,执欧洲的牛耳。欧洲各国的事,都惟德国马首是瞻。德国之所以能够达到那个地位,全由丕士麦一手缔造而成。

因为丕士麦执政不到二十年,把很弱的德国变成很强的国家,有了那种大功业,故德国的民权虽然是很发达,但是没有力量去反抗政府。在丕士麦执政的时代,他的能力不但是在政治、军事和外交种种方面战胜全世界,就是对于民权风潮,也有很大的手段战胜一般民众。譬如到了十九世纪的后半,在德法战争以后,世界上不但是有民权的战争,并且发生经济的战争。在那个时候,

---

① 今译"阿尔萨斯"。
② 今译"洛林"。

民权的狂热渐渐减少,另外发生一种什么东西呢?就是社会主义。这种主义,就是我所主张的民生主义。人民得了这种主义,便不热心去争民权,要去争经济权。这种战争,是工人和富人的阶级战争。工人的团体在德国发达最早,所以社会主义在德国也是发达最先。世界上社会主义最大的思想家都是德国人,像大家都知道有一位大社会主义家叫做马克思,他就是德国人。〈从前俄国革命〉就是实行马克思主义。俄国的老革命党,都是马克思的信徒。德国的社会主义在那个时候便非常之发达。社会主义本来是和民权主义相连带的,这两个主义发生了以后,本来应该要同时发达的。欧洲有了民权思想,便发生民权的革命。为什么有了那样发达的社会主义,在那个时候不发生经济的革命呢?因为德国发生社会主义的时候,正是丕士麦当权的时候。在别人一定是用政治力去压迫社会主义,但是丕士麦不用这种手段。他以为德国的民智很开通,工人的团体很巩固,如果用政治力去压迫,便是图〔徒〕劳无功。当时丕士麦本是主张中央集权的独裁政治,他是用什么方法去对付社会党呢?社会党提倡改良社会,实行经济革命。丕士麦知道不是政治力可以打消的。他实行一种国家社会主义,来防范马克思那般人所主张的社会主义。比方铁路是交通上很重要的东西,国内的一种基本实业,如果没有这种实业,什么实业都不能够发达。像中国津浦铁路没有筑成以前,直隶、山东和江北一带地方都是很穷苦的,后来那条铁路筑成功了,沿铁路一带便变成很富饶的地方。又像京汉铁路没有筑成以前,直隶、湖北、河南那几省也是很荒凉的,后来因为得了京汉铁路交通的利便,沿铁路的那几省便变成很富庶。当丕士麦秉政的时候,英国、法国的铁路多半是人民私有,因为基本实业归富人所有,所以全国实业都被富人垄断,社会上便生出贫富不均的大毛病。丕士麦在德国便不许有这种毛病,便实行国家社会主义,把全国铁路都收归国有,把那些基本实业由国家经营。对于工人方面,又定了做工的时间，工人的养老费和保险金都一一规定。这些事业，本来都是社会党的主张，要拿出去实行的。但是丕士麦的眼光远大，先用国家的力量去做了，更用国家经营铁路、银行和各种大实业，拿所得的利益去保护工人，令全国工人心满意足。德国从前每年都有几十万工人到外国去做工，到了丕士麦经济政策成功时候，不但没有工人出外国去做工，并且有许多外国工人进德国去做工。丕士麦用这样方法对待社会主义，是用先事防止的方法，不是用当冲打消的方法。用这种防止的方法，就是在无形中消灭人民要争的问题。到了人民无问题可争，社会自然不发生革命。所以这是丕士麦反对民权的很大手段。

现在就世界上民权发达一切经过的历史讲。第一次是美国革命，主张民权的人分成哈美尔顿和遮化臣两派，遮化臣主张极端的民权，哈美尔顿主张政府集权，后来主张政府集权派占胜利，是民权的第一次障碍。第二次是法国革命，人民得到了充分的民权，拿去滥用，变成了暴民政治，是民权的第二次障碍。第三次是丕士麦用最巧的手段，去防止民权，成了民权的第三次障碍。这就是民权思想在欧美发达以来所经过的一切情形。但是，民权思想虽然经过了三个障碍，还是不期然而然，自然去发达，非人力所能阻止，也非人力所能助长。民权到了今日，便成世界上的大问题。世界上的学者，无论是守旧派，或者是革新派，都知道民权思想是不能消灭的。不过在发达的时候，民权的流弊还是免不了的，像从前讲平等自由也生出流弊一样。总而言之，欧美从前争平等自由，所得的结果是民权；民权发达了之后，便生出许多流弊。在民权没有发达之先，欧美各国都想压止他，要用君权去打消民权。君权推倒了之后，主张民权的人便生出民权的障碍；后来实行民权，又生出许多流弊，更为民权的障碍。最后丕士麦见到人民主张民权，知道不能压止，便用国家的力量去替代人民，实行国家社会主义，这也是民权的障碍。欧战以后，俄国、德国的专制政府都推倒了，女子选举权也有好几国争到手了，所以民权到了今日更是一个大问题，更不容易解决。

推到实行民权的原始，自美国革命之后，人民所得的头一个民权，是选举权。当时欧美人民以为民权就是选举权算了，如果人民不论贵贱、不论贫富、不论贤愚，都得到了选举权，那就算民权是充分的达到了目的。至于欧战后三四年以来，又究竟是怎么样呢？当中虽然经过了不少的障碍，但是民权仍然是很发达，不能阻止。近来瑞士的人民，除了选举权以外，还有创制权和复决权。人民对于官吏有权可以选举，对于法律也应该有权可以创造修改。创制权和复决权便是对于法律而言的。大多数人民对于一种法律，以为很方便的，便可以创制，这便是创制权；以为很不方便的，便可以修改，修改便是复决权。故瑞士人民比较别国人民多得了两种民权，一共有三种民权，不只一种民权。近来美国西北几邦新开辟地方的人民，比较瑞士人民更多得一种民权，那种民权是罢官权。在美洲各邦之中，这种民权虽然不能普遍，但有许多邦已经实行过了。所以美国许多人民，现在得到了四种民权：一种是选举权，二种是罢官权，三种是创制权，四种是复决权。这四种权在美国西北几州已经行得很有成绩，将来或者可以推广到全美国，或者全世界。将来世界各国要有充分的民权，一定要学美国的那四种民权。由此四种民权实行下去，将来能不能够完全解决民权的问题呢？现在世界学者看见人民有了这四种民权的思想，还不能把民权的问题完全来解决，都以为是时间的问题，以为这种直接的民权思想发生尚不久。从前的神权经过了几万年，君权经过了几千年，现在此刻各国的君权，像英国、日本和意大利的君权还有多少问题，不过这种君权，将来一定是消灭的。这些直接的民权，新近发生不过是几十年，所以在今日还是一个不能解决的大问题。

照现在世界上民权顶发达的国家讲，人民在政治上是占什么

民权主义

地位呢？得到了多少民权呢？就最近一百多年来所得的结果，不过是一种选举和被选举权。人民被选成议员之后，在议会中可以管国事。凡是国家的大事，都是由议会通过才能执行；如果在议会没有通过，便不能行。这种政体叫做"代议政体"，所谓"议会政治"。但是，成立了这种代议政体以后，民权是否算得充分发达呢？在代议政体没有成立之先，欧美人民争民权，以为得到了代议政体，便算是无上的民权。好像中国革命党希望中国革命以后，能够学到日本，或者学到欧美，便以为大功告成一样。如果真是学到了像日本、欧美一样，可不可以算是止境，还要听下文分解。欧美人民从前以为争到了代议政体，便算是心满意足。我们中国革命以后，是不是达到了代议政体呢？所得民权的利益究竟是怎么样呢？大家都知道，现在的代议士都变成了"猪仔议员"，有钱就卖身，分赃贪利，为全国人民所不齿。各国实行这种代议政体，都免不了流弊，不过传到中国，流弊更是不堪问罢了。大家对于这种政体，如果不去闻问，不想挽救，把国事都付托到一般"猪仔议员"，让他们去乱作乱为，国家前途是很危险的。所以外国人所希望的代议政体，以为就是人类和国家的长治久安之计，那是不足信的。民权初生本经过了许多困难，后来实行又经过了许多挫折，还是一天一天的发达，但是得到的结果，不过是代议政体。各国到了代议政体，就算是止境。近来俄国新发生一种政体，这种政体，不是代议政体，是"人民独裁"的政体。这种人民独裁的政体究竟是怎么样呢？我们得到的材料很少，不能判断其究竟，唯想这种人民独裁的政体，当然比较代议政体改良得多。但是我们国民党提倡三民主义来改造中国，所主张的民权，是和欧美的民权不同。我们拿欧美已往的历史来做材料，不是要学欧美，步他们的后尘，是用我们的民权主义，把中国改造成一个"全民政治"的民国，要驾乎欧美之上。我们要达到这种大目

的，便先要把民权主义研究到清清楚楚。

今天所讲的大意，是要诸君明白欧美的先进国家，把民权实行了一百多年，至今只得到一种代议政体。我们拿这种制度到中国来实行，发生了许多流弊。所以民权的这个问题，在今日的还是很难解决。我以后对于民权主义还要再讲两次，便把这个问题在中国求一个根本解决的办法。我们不能解决，中国便要步欧美的后尘；如果能够解决，中国便可以驾乎欧美之上。

民权主义

第五讲

民国十三年四月二十日

中国人的民权思想都是由欧美传进来的，所以我们近来实行革命，改良政治，都是仿效欧美。我们为什么要仿效欧美呢？因为看见了欧美近一百年来的文化雄飞突进，一日千里，种种文明都是比中国进步得多。

比方就武器一项说，欧美近年的武器便是一天改良一天，要比中国进步得多。中国的武器，几千年以来，都是弓箭刀戟，在二三十年以前，还是用那几种东西。像庚子年发生义和团，他们的始意是要排除欧美势力的。因为他们要排除欧美的势力，所以和八国联军打仗，当时所用的武器便是大刀。要用大刀去抵抗联军的机关枪和大炮，那种举动就是当时中国人对于欧美的新文化之反动，对于他们的物质进步之抵抗。不相信欧美的文化是比中国进步，并且想表示中国的文化还要好过欧美。甚至于像欧美的洋枪大炮那些精利武器，也不相信比较中国的大刀还要利害，所以发生义和团来反抗欧美。义和团的勇气始初是锐不可当的，在杨村一战，是由于英国提督西摩带了三千联军，想从天津到北京去救那些公使馆，经过杨村就被义和团围住了。当时战斗的情形，义和团没有洋枪大炮，只有大刀；所围住的联军，有很精利的枪炮。在义和团一方面，可说是肉体相搏。西摩因为被他们包围了，便用机关枪去扫射义和团。义和团虽然是被机关枪打死了很多的人，血肉横飞，但是还不畏惧，还不退却，总是前仆后继，死死的把联军围住。弄到西摩带那三千联军，终不敢通过杨村直进北京，便要退回天津等候，另外请了大兵来帮助，才能够到达北京，解各国公使馆的围。就那次战争的情形而论，西摩有几句批评说，照当时义和团之勇气，如果他们所用的武器是西式的枪炮，那些联军，一定是全军覆没的。但是，他们始终不相信外国的新式武器，总是用大刀、肉体和联军相搏，虽然被联军打死了几万人，伤亡枕藉，还是前仆后继，其勇锐之气殊不可当，真是令人惊奇佩服。所以经过那次血战之后，外国人才知道中国还有民族思想，这种民族是不可消灭的。不过庚子年的义和团，是中国人的最后自信思想和最后自信能力，去同欧美的新文化相抵抗。由于那次义和团失败以后，中国人便知道从前的弓箭刀戟，不能够和外国的洋枪大炮相抵抗，便明白欧美的新文明的确是比中国的旧文明好得多。用外国的新东西和中国的旧东西比较，就武器一项效力，自然是很明显的。至于除了武器之外，像交通上的铁路、电报，也要比中国的挑夫、驿站好得多。我们要转运东西，火车当然是快过挑夫，便利过挑夫。要通消息，电报当然是迅速过驿站，灵通过驿站。再推到其余种种关于人类日常生活的机器，和农工商所用的种种方法，也没有不是比中国进步得多的。

所以，从那次义和团失败以后，中国一般有思想的人，便知道要中国强盛，要中国能够昭雪北京城下之盟的那种大耻辱，事事便非仿效外国不可。不但是物质科学要学外国，就是一切政治社会上的事都要学外国。所以经过义和团之后，中国人的自信力便完全失去，崇拜外国的心理便一天高过一天。由于要崇拜外国、仿效外国，便得到了很多的外国思想，就是外国人只才想到、还没有做到的新思想，我们也想拿来实行。十三年前革命，仿效外国改革政治，成立民主政体，目的是在取法乎上，所以把外国很高的政治哲理和最新的政治思想都拿来实行。这是中国政治思想上一个最大的变动。在义和团以前，中国和外国已经通了商，早知道外国的好处也是很多，但是全国人的心理还不相信外国是真有文明，所以当义和团的时候，便把仿效外国的铁路和电报都毁坏了，就是外国的枪炮也不信仰，在打仗的时候还是要用中国的弓刀。以后因为失败，又反过来信仰外国。在中国所用的无论什么东西，都是要仿效外国。由此可见，中国从前是守旧，在守旧的时候总是反对外国，极端信仰中国要比外国好。后来失败，便不守旧，要去维新，反过来极端的崇拜外国，信仰外国是比中国好。因为信仰外国，所以把中国的旧东西都不要，事事都是仿效外国，只要听到说外国有的东西，我们便要去学，便要拿来实行。对于民权思想，也有这种流弊。革命以后，举国如狂，总是要拿外国人所讲的民权到中国来实行；至于民权究竟是什么东西，也不去根本研究。

前几次所讲的情形，是把外国争民权的历史和胜利之后所得的什么结果，详细的说明。由于那几次的研究，便知民权政治，在外国也不能够充分实行，进行民权在中途也遇到了许多障碍。现在中国主张实行民权要仿效外国，便要仿效外国的办法。但是民权问题在外国政治上，至今没有根本办法，至今还是一个大问题。就是外国人拿最新发明的学问来研究民权，解决民权问题，在学理一方面，根本上也没有好发明，也没有得到一个好解决的方法。所以，外国的民权办法不能做我们的标准，不足为我们的师导。

自义和团以后，一般中国人的思想，时时刻刻、件件东西总是要学外国。外国的东西到底可不可以学呢？比方用武器讲，到底是外国的机关枪利害呢？还是中国的弓刀利害呢？这两种东西没有比较，一定是外国的机关枪要利害得多。不但是外国的武器要比中国的利害，就是其他各种东西，外国都是比中国进步得多。就物质一方面的科学讲，外国驾乎中国，那是不可讳言的。但是，外国在政治一方面，究竟是怎么样呢？外国的政治哲学和物质科学两种学问的进步，又是那一种最快呢？政治的进步远不及科学。

譬如兵学就是一种军事科学,专就兵学讲,外国的战术随时发明,随时改良,所谓日新月异。所以拿一百多年以前的外国兵书,今日有没有人还拿去用呢?那是没有的。不但是一百年以前的兵书没有人拿去用,就是十年以前的兵书,到了今日也是无用。外国的武器和战术,每过十年便成一个大变动。换句话讲,就是外国的武器和战术,每过十年便有一次革命。外国最大的武器和价值最贵的武器,就是水上所用的战斗舰。现在外国的战斗舰,每艘要值五千万元以至于一万万元,能够值这些钱的船,才叫做一只兵船。外国物质的进步,以武器为最快;武器的进步,又以战斗舰为最快。战斗舰的变动,最多不过十年,在欧战以前的战斗舰,至今已成废物。不但是海军的战斗舰有这样的大变动,就是陆军的枪炮也是日日进步,每十年一次变动,每十年一次革命,每十年一翻新。现在我们所用的枪,在外国已经成了无用的废物;欧战时各国所用的大炮,到了今日也算是旧式。不但是武器在欧美是日日进步、件件翻新,就是其他机器物品也是天天改良、时时发明。所以外国在物质文明上的进步,真是日新月异,一天比一天的不同。至于在政治上,外国比较中国又是进步了多少呢?欧美两三百年来经过许多次数的革命,政治上的进步虽然是比中国快得多,但是外国的政治书本,像二千多年以前,在希腊有一位大政治哲学家叫做柏拉图,他所著的《共和政体》①那本书,至今还有学者去研究,对于现在的政体还以为有多少价值可以供参考。不像兵船、操典,过了十年,便成无价值的废物。由此便知外国的物质科学,每十年一变动,十年之前和十年之后,大不相同,那种科学的进步是很快的。至于政治理论,在二千年以前,柏拉图所写的《共和政体》,至今还有价值去研究,还是很有用处。所以外国政治哲学的进步,不及物质进步这样快的。他们现

---

① 今译"《理想国》",下同。

民权主义

在的政治思想，和二千多年以前的思想根本上还没有大变动。如果我们仿效外国的政治，以为也是像仿效物质科学一样，那便是大错。

外国的物质文明一天和一天不同，我们要学他，便很不容易赶上。至于外国政治的进步，比较物质文明的进步，是差得很远的，速度是很慢的。像美国革命，实行民权有了一百五十多年，现在能够实行的民权，和一百多年以前所实行的民权便没有大分别。现在法国所行的民权，还不及从前革命时候所行的民权。法国在从前革命的时候，所行的民权是很充分的，当时一般人民以为不对，大家要去反抗，所以至今有了一百多年，法国的民权还是没有大进步。我们要学外国，便要把这些情形分别清楚。至于外国民权所以没有大进步的原因，是由于外国对于民权的根本办法没有解决。由前几次所讲的情形，便知道欧美的民权政治至今还是没有办法，民权的真理还是没有发明。不过近两三百年以来，民权思想逐渐澎涨，在人事上想不通的问题，大家便听其自然，顺着潮流去做罢了。所以近来民权的发达，不是学者从学理上发明出来的，是一般人民顺其自然做出来的。因为总是顺其自然去做，预先没有根本办法，前后没有想过，所以欧美实行民权在中途便遭了许多挫折，遇了许多障碍。中国革命以后，要仿效欧美实行民权。欧美的民权现在发达到了代议政体，中国要跟上外国，实行民权，所以也有代议政体。但是欧美代议政体的好处，中国一点都没有学到，所学的坏处却是百十倍。弄到国会议员变成"猪仔议员"，污秽腐败，是世界各国自古以来没有的，这真是代议政体的一种怪现象。所以中国学外国的民权政治，不但是学不好，反且学坏了！

照前几回所讲，大家便知道欧美的民权政治，根本上还没有办法，所以我们提倡民权，便不可完全仿效欧美。我们不完全仿效欧美，究竟要怎么样去做呢？现在中国还有守旧派，那些守旧

声振神州——孙中山在中山大学及前身院校的演讲

派的反动力是很大的。他们的主张是要推翻民国，恢复专制，去图复辟，以为要这样的办法才可以救中国。我们明白世界潮流的人，自然知道这个办法是很不对的，所以要反对这个办法，顺应世界潮流，去实行民权，走政治的正轨。我们要走政治的正轨，便先要知道政治的真意义。什么是叫做政治呢？照民权第一讲的定义说，政是众人的事，治是管理众人的事。中国几千年以来，社会上的民情风土习惯，和欧美的大不相同。中国的社会既然是和欧美的不同，所以管理社会的政治自然也是和欧美不同，不能完全仿效欧美，照样去做，像仿效欧美的机器一样。欧美的机器，我们只要是学到了，随时随地都可以使用。譬如电灯，无论在中国的什么房屋，都可以装设，都可以使用。至于欧美的风土人情，和中国不同的地方是很多的，如果不管中国自己的风土人情是怎么样，便像学外国的机器一样，把外国管理社会的政治硬搬进来，那便是大错。虽然管理人类之政治法律条理，也是一种无形的机器，所以我们称行政组织为机关。但是有形的机器是本于物理而成的，而无形的机器之政治是本于心理而成的。物理之学近数百年来已发明得甚多，而心理之学近二三十年始起首进步，至今尚未有大发明，此所以有别也。是以管理物的方法，可以学欧美，管理人的方法，当然不能完全学欧美。因欧美关于管理物的一切道理，已经老早想通了，至于那些根本办法，他们也老早解决了，所以欧美的物质文明，我们可以完全仿效，可以盲从，搬进中国来也可以行得通。至于欧美的政治道理，至今还没有想通，一切办法在根本上还没有解决，所以中国今日要实行民权，改革政治，便不能完全仿效欧美，便要重新想出一个方法。如果一味的盲从附和，对于国计民生是很有大害的。因为欧美有欧美的社会，我们有我们的社会，彼此的人情风土，各不相同。我们能够照自己的社会情形，迎合世界潮流做去，社会才可以改良，国家才可以进步。如果不照自己社会的情形，迎合世界潮流去做，国家便要退化，民族便受危险。我们要中国进步，民族的前途没有危险，自己来实行民权，自己在根本上便不能不想出一种办法。

我们对于民权政治，到底能不能够想出办法呢？我们要能够想出办法，虽然不能完全仿效欧美，但是要借鉴于欧美，要把欧美已往的民权经验研究到清清楚楚。因为欧美民权虽然没有充分发达、根本解决，但是已经有了很多的学者对于民权天天去研究，常常有新学理的发明，而且在实行上也有了一百多年，所得的经验也是很多的。那些经验和学理，根本上都是应该拿来参考的。如果不参考欧美已往的经验学理，便要费许多冤枉工夫，或者要再蹈欧美的覆辙。

现在各国学者研究已往民权的事实，得到了许多新学理，那是些什么学理呢？最新的对于政治问题的，有一位美国学者说："现在讲民权的国家，最怕的是得到了一个万能政府，人民没有方法去节制他；最好的是得一个万能政府，完全归人民使用，为人民谋幸福。"这一说是最新发明的民权学理。但所怕、所欲都是在一个万能政府。第一说是人民怕不能管理的万能政府，第二说是为人民谋幸福的万能政府。要怎么样才能够把政府成为万能呢？变成了万能政府，要怎么样才听人民的话呢？在民权发达的国家，多数的政府都是弄到无能的；民权不发达的国家，政府多是有能的。像前次所讲，近几十年来欧洲最有能的政府，就是德国俾士麦当权的政府。在那个时候的德国政府的确是万能政府。那个政府本是不主张民权的，本是要反对民权的，但是他的政府还是成了万能政府。其他各国主张民权的政府，没有那一国可以叫做万能政府。

又有一位瑞士学者说："各国自实行了民权以后，政府的能力便行退化。这个理由，就是人民恐怕政府有了能力，人民不能管理。所以人民总是防范政府，不许政府有能力，不许政府是万能。所以实行民治的国家，对于这个问题便应该想方法去解决。想解决这个问题，人民对于政府的态度就应该要改变。"从前人民对于政府，总是有反抗态度的原故，是由于经过了民权革命以后，人民所争得的自由平等过于发达，一般人把自由平等用到太没有限制，把自由平等的事做到过于充分，政府毫不能够做事。到了政府不能做事，国家虽然是有政府，便和无政府一样。这位瑞士学者看出了这个流弊，要想挽救，便主张人民要改变对于政府的态度。他究竟要人民变成什么态度呢？人民的态度对于政府有什么关系呢？譬如就中国几千年的历史说，中国人在这几千年中对于政府是什么样的态度呢？我们研究历史，总是看见人称赞尧、舜、禹、汤、文、武。尧、舜、禹、汤、文、武的政府，是中国人常常羡慕的政府，中国人无论在那个时代，总是希望有那样的政府，替人民来谋幸福。所以欧美的民权思想没有传进中国以前，中国人最希望的，就是尧、舜、禹、汤、文、武，以为有了尧、舜、禹、汤、文、武那些皇帝，人民便可以得安乐，便可以享幸福。这就是中国人向来对于政府的态度。近来经过了革命以后，人民得到了民权思想，对于尧、舜、禹、汤、文、武那些皇帝便不满意，以为他们都是专制皇帝，虽美亦不足称。由此便知民权发达了以后，人民便有反抗政府的态度，无论如何良善，皆不满意。如果持这种态度，长此以往，不想办法来改变，政治上是很难望进步的。现在世界上要改变人民对于政府的态度，究竟是用什么办法呢？欧美学者只想到了人民对于政府的态度应该要改变，至于怎么样改变的办法，至今还没有想出。

我们革命，主张实行民权，对于这个问题，我想到了一个解决的方法。我的解决方法，是世界上学理中第一次的发明，我想到的方法，就是解决这个问题的一个根本办法。我的办法，就是像瑞士学者近日的发明一样，人民对于政府要改变态度。近日有这种学理之发明，更足以证明我向来的主张是不错。这是什么办法呢？就是权与能要分别的道理。这个权能分别的道理，从前欧

民权主义

美的学者都没有发明过。究竟什么是叫做权与能的分别呢？要讲清楚这个分别，便要把我从前对于人类分别的新发明再拿来说一说。

我对于人类的分别，是何所根据呢？就是根据于各人天赋的聪明才力。照我的分别，应该有三种人。第一种人叫做先知先觉。这种人有绝顶的聪明，凡是一件事，便能够想出许多道理；听一句话，便能够做出许多事业。有了这种才力的人，才是先知先觉。由于这种先知先觉的人预先想出了许多办法，做了许多事业，世界才有进步，人类才有文明。所以先知先觉的人是世界上的创造者，是人类中的发明家。第二种人叫做后知后觉。这种人的聪明才力比较第一种人是次一等的，自己不能够创造发明，只能够跟随摹仿，第一种人已经做出来了的事，他便可以学到。第三种人叫做不知不觉。这种人的聪明才力是更次的，凡事虽有人指教他，他也不能知，只能去行。照现在政治运动的言词说，第一种人是发明家，第二种人是宣传家，第三种人是实行家。天下事业的进步都是靠实行，所以世界上进步的责任，都在第三种人的身上。譬如建筑一间大洋楼，不是一种寻常人能够造成的，先要有一个工程师，把想做的洋楼，关于各种工程材料，都要通盘计算，等到通盘计算好了，便绘一个很详细的图，再把那个图交给工头去看；等到工头把图看清楚了，才叫工人搬运材料，照那个图样去做。做洋楼的工人，都是不能够看图样的，只有照工头的吩咐，听工头的指挥，或者是某处放一块砖，某处加一片瓦，做那种最简单的事。工头又是不能够通盘计算去绘图的，只有照工程师所绘的图，吩咐工人去砌砖盖瓦。所以绘图的工程师，是先知先觉；看图的工头，是后知后觉；砌砖盖瓦的工人，是不知不觉。现在各城市的洋楼，都是靠工人、工头和工程师三种人共同做出来的。就是世界上的大事，也全靠那三种人来做成的。但是其中大部分的人都是实行家，都是不知不觉，次少数的人便是后知后觉，最少数的人才是先知先觉。世界上如果没有先知先觉，便没有发起人；如果没有后知后觉，便没有赞成人；如果没有不知不觉，便没有实行的人。世界上的事业都是先要发起人，然后又要许多赞成人，再然后又要许多实行者，才能够做成功。所以世界上的进步，都是靠这三种人，无论是缺少了那一种人，都是不可能的。现在世界上的国家实行民权、改革政治，那些改革的责任，应该是人人都有份的。先知先觉的人要有一份，后知后觉的人要有一份，就是不知不觉的人也要有一份。我们要知道民权不是天生的，是人造成的，我们应该造成民权，交到人民，不要等人民来争，才交到他们。

前几天有一位在高丽做官的日本人来见我，和我谈天，谈了颇久之后，我顺便问他一句话说："现在高丽的革命是什么样情形呢？能不能够成功呢？"那位日本人没有什么话可答。我又问他说："日本在高丽的官吏，对于高丽的民权态度又是怎么样呢？"他说："只看高丽人将来的民权思想，究竟是怎么样。如果高丽人都晓得来争民权，我们一定要把政权交还他们的。但是现在的高丽人还不晓得争民权，所以我们日本还是不能不代他们治理高丽。"这种说话，未尝不冠冕堂皇，但是我们革命党对待全国人民，就不可像日本对待高丽一样，要等到人民晓得争民权的时候才去给他。因为中国人民都是不知不觉的多，就是再过几千年，恐怕全体人民还不晓得要争民权。所以自命为先知先觉和后知后觉的人，便不可像日本人一样，专是为自己打算，要预先来替人民打算，把全国的政权交到人民。

照以前所讲的情形，欧美对于民权问题，还没有解决的办法，今日我们要解决民权问题，如果仿效欧美，一定是办不通的。欧美既无从仿效，我们自己便应该想一种新方法，来解决这个问题。这个新方法，是像瑞士的学者最新的发明，人民对于政府要改变态度。但要改变态度，就是要把权与能来分开。权与能要怎么样

民权主义

分开呢？我们要把他研究到清楚，便应该把前几回所讲的情形，重提起来再说。第一件，什么是叫做民权呢？简单的说，民权便是人民去管理政治。详细推究起来，从前的政治是谁人管理呢？中国有两句古语，说"不在其位，不谋其政"，又说"庶人不议"。可见从前的政权，完全在皇帝掌握之中，不关人民的事。今日我们主张民权，是要把政权放在人民掌握之中。那么，人民成了一个什么东西呢？中国自革命以后，成立民权政体，凡事都是应该由人民作主的。所以现在的政治，又可以叫做"民主政治"。换句话说，在共和政体之下，就是用人民来做皇帝。

照中国几千年的历史看，实在负政治责任，为人民谋幸福的皇帝，只有尧、舜、禹、汤、文、武，其余的那些皇帝，都是不能负政治责任为人民谋幸福的，所以中国几千年的皇帝，只有尧、舜、禹、汤、文、武能够负政治责任，上无愧于天，下无怍于民。他们所以能够达到这种目的，令我们在几千年之后都来歌功颂德的原因，是因为他们有两种特别的长处：第一种长处是他们的本领很好，能够做成一个良政府，为人民谋幸福；第二种长处是他们的道德很好，所谓"仁民爱物"、"视民如伤"、"爱民若子"，有这种仁慈的好道德。因为他们有这两种长处，所以对于政治能够完全负责，完全达到目的。中国几千年来，只有这几个皇帝令后人崇拜，其余的皇帝不知道有多少，甚至于有许多皇帝，后人连姓名都不知道。历代的皇帝，只有尧、舜、汤、文、武有很好的本领、很好的道德，其余都是没有本领、没有道德的多。那些皇帝虽然没有本领、没有道德，但是很有权力的。

大家都把中国历史看得是很多的，尤其是《三国演义》，差不多人人都看过了。我们可以拿《三国演义》来证明。譬如诸葛亮是很有才学的，很有能干的。他所辅的主，先是刘备，后是阿斗。阿斗是很庸愚的，没有一点能干。因为这个原因，所以刘备临死的时候，便向诸葛亮说："可辅则辅之，不可辅则取而代之。"刘备死了以后，诸葛亮的道德还是很好，阿斗虽然没有用，诸葛亮依然是忠心辅佐，所谓"鞠躬尽瘁，死而后已"。由这样看来，在君权时代，君主虽然没有能干，但是很有权力，像三国的阿斗和诸葛亮，便可以明白。诸葛亮是有能没有权的，阿斗是有权没有能的。阿斗虽然没有能，但是把什么政事都付托到诸葛亮去做；诸葛亮很有能，所以在西蜀能够成立很好的政府，并且能够六出祈〔祁〕山去北伐，和吴、魏鼎足而三。用诸葛亮和阿斗两个人比较，我们便知道权和能的分别。专制时代，父兄做皇帝，子弟承父兄之业，虽然没有能干，也可以做皇帝，所以没有能的人也是很有权。现在成立共和政体，以民为主，大家试看这四万万人是那一类的人呢？这四万万人当然不能都是先知先觉的人，多数的人也不是后知后觉的人，大多数都是不知不觉的人。现在民权政治是要靠人民作主的，所以这四万万人都是很有权的。全国很有权力能够管理政治的人，就是这四万万人。大家想想，现在的四万万人，就政权一方面说是像什么人呢？照我看起来，这四万万人都是像阿斗。中国现在有四万万个阿斗，人人都是很有权的。阿斗本是无能的，但是诸葛亮有能，所以刘备死了以后，西蜀还能够治理。现在欧美人民反对有能的政府，瑞士学者要挽救这种流弊，主张人民改变态度，不可反对有能的政府。但是改变了态度以后，究竟是用什么办法呢？他们还没有发明。我现在所发明的，是要权与能分开，人民对于政府的态度才可以改变。如果权与能不分开，人民对于政府的态度总是不能改变。当时阿斗知道自己无能，把国家全权托到诸葛亮，要诸葛亮替他去治理。所以诸葛亮上《出师表》，便献议到阿斗把宫中和府中的事要分开清楚：宫中的事，阿斗可以去做；府中的事，阿斗自己不能去做。府中的事是什么事呢？就是政府的事。诸葛亮把宫中和府中的事分开，就是把权和能分开。所以我们治理国家，权和能一定是要分开的。究竟要怎么样才可以分开呢？大家要拿一个远大眼光和

民权主义

冷静见解,来看世界上的事,才可以把他分别清楚。

大家此时对于政府,有一种特别观念,这种观念是怎么样发生的呢?是由于几千年专制政体发生的。因为几千年的专制政体,多是无能力的人做皇帝,人民都是做皇帝的奴隶。在中国的四万万人,就做过了几千年奴隶。现在虽然是推翻专制,成立共和政体,表面上固然是解放,但是人民的心目中,还有专制的观念,还怕有皇帝一样的政府来专制。因为再怕有皇帝一样的政府来专制,想要打破他,所以生出反对政府的观念,表示反抗政府的态度。所以现在人民反抗政府的态度,还是由于从前崇拜皇帝的心理反动生出来的。换句话说,人民对于政府的态度,就是由于从前崇拜皇帝的心理,一变而为排斥政府的心理。从前崇拜皇帝心理固然是不对,现在排斥政府的心理也是不对的。我们要打破这种不对的心理,便要回顾到几万年和几千年以前的政治历史,才可以看破。

比方在专制皇帝没有发达以前,中国尧舜是很好的皇帝,他们都是公天下,不是家天下。当时的君权还没有十分发达,中国的君权是从尧舜以后才发达的。推到尧舜以前,更没有君权之可言,都是奉有能的人做皇帝,能够替大家谋幸福的人才可以组织政府。譬如从前所讲人同兽争的野蛮时代,国家的组织没有完全,人民都是聚族而居,靠一个有能的人来保护。在那个时候,人民都怕毒蛇猛兽来侵害,所以要奉一个有能的人负保护的责任。当时保护的任务,就是在有能力去打,能够打胜毒蛇猛兽的人,就是当时很有能干的人。当时人同兽打,没有武器,都是靠赤手空拳,要个人体魄很强壮,所以在当时体魄很强壮的人,大家便奉他做皇帝。除了会打的人可以做皇帝以外,中国还有例外,譬如燧人氏钻木取火,教人火食,既可避去生食动植物的危险,复可制出种种美味,适于口腹之欲,所以世人便奉他做皇帝。钻木取火、教人火食,是什么人的事?就是厨子的事。所以燧人氏钻木取火、教人火食便做皇帝，就可以说厨子做皇帝。神农尝百草，发明了许多药性，可以治疾病，可以起死回生，便是一件很奇怪、很有功劳的事，所以世人便奉他做皇帝。尝百草是什么人的事呢？就是医生的事，所以神农由于尝百草便做皇帝，就可以说医生做皇帝。更推到轩辕氏教民做衣服也是做皇帝，那就是裁缝做皇帝。有巢氏教民营宫室，也做皇帝，那就是木匠做皇帝。所以由中国几千年以前的历史看起来，都不是专以能够打得的人才做皇帝，凡是有大能干、有新发明、在人类立了功劳的人，都可以做皇帝，都可以组织政府。像厨子、医生、裁缝、木匠那些有特别能干的人，都是做过了皇帝的。

从前有一位美国教授，叫做丁韪良，有一天到北京西山去游玩，遇到了一个农夫，和农夫谈起话来。那个农夫便向丁韪良说："外国人为什么不到中国来做皇帝呢？"丁韪良反问农夫说："外国人可以来做皇帝吗？"那个农夫便指田边所挂的电线说："能做这种东西的人，便可以做中国皇帝了。"那个农夫的思想，以为只有一根铁线，便可以通消息、传书信，做这种铁线通消息的人，当然是很有本领的，有这样大本领的人，当然可以做皇帝。由此便可以证明中国人的一般心理，都以为是大本领的人便可以做皇帝。中国自尧舜以后，那些皇帝便渐渐变成专制，都要家天下，不许人民自由拥戴有本领的人去做皇帝。假若现在四万万人用投票的方法选举皇帝，如果给以充分的民权，人民能够自由投票，丝毫不受别种势力的干涉，同时又有尧舜复生，究竟是选举谁来做皇帝呢？我想一定是举尧舜来做皇帝。中国人对于皇帝的心理，不像欧美人对于皇帝的那样深恶痛绝，因为中国皇帝的专制没有欧洲皇帝的那么利害。

欧洲在两三百年以前，皇帝专制达到了极点，人民都视为洪水猛兽，非常的怕他，所以人民不但是对于皇帝要去排斥，就是和皇帝很相近的东西，像政府一样，也是一齐要排斥。欧美现在

民权主义

实行了民权，人民有了大权，要排斥政府实在是很容易的。像西蜀的阿斗要排斥诸葛亮，那还不容易吗？如果阿斗要排斥诸葛亮，试问西蜀的政府能不能够长久呢？能不能够六出祈〔祁〕山去北伐呢？阿斗见到了这一层，所以便把政治的全权都付托到诸葛亮，无论是整顿内部是由他，南征是由他，就是六出祈〔祁〕山去北伐也是由他。我们现在行民权，四万万人都是皇帝，就是有四万万个阿斗。这些阿斗当然是应该欢迎诸葛亮来管理政事，做国家的大事业。欧美现在实行民权，人民所持的态度总是反抗政府，根本原因就是由于权和能没有分开。中国要不蹈欧美的覆辙，便应该照我所发明的学理，要把权和能划分清楚。人民分开了权与能，才不致反对政府，政府才可以望发展。中国要分开权与能，是很容易的事，因为中国有阿斗和诸葛亮的先例可援。如果政府是好的，我们四万万人便把他当作诸葛亮，把国家的全权都交到他们；如果政府是不好的，我们四万万人可以实行皇帝的职权，罢免他们，收回国家的大权。欧美人民对于政府，不知道分别权与能的界限，所以他们的民权问题发生了两三百年，至今还不能解决。

我们现在主张要分开权与能，再拿古时和现在的事实，比较的来说一说。在古时能打的人，大家便奉他做皇帝。现在的富豪家庭也请几位打师来保护，好像上海住的军阀官僚，在各省铲了地皮、发了大财之后，搬到上海的租界之内去住，因为怕有人去打他、和他要钱，他便请几个印度巡捕在他的门口保护。照古时的道理讲，能保护人的人便可以做皇帝，那末保护那些官僚军阀的印度巡捕，便应该做那些官僚军阀的皇帝。但是现在的印度巡捕，决不能问那些官僚军阀的家事。从前赤手空拳的打师都是做皇帝，现在有长枪的印度巡捕更是应该要做皇帝。那些官僚军阀不把他当作皇帝，只把他当作奴隶。那种奴隶有了枪，虽然是很有能力，那般官僚军阀只能够在物质一方面给些钱，不能够在名义上叫他做皇帝。像这样讲,古时的皇帝,便可以看作现在守门的印度巡捕,大家又何必要排斥他呢?

现在有钱的那些人组织公司、开办工厂,一定要请一位有本领的人来做总办,去管理工厂。此总办是专门家,就是有能的人;股东就是有权的人。工厂内的事,只有总办能够讲话,股东不过监督总办而已。现在民国的人民,便是股东;民国的总统,便是总办。我们人民对于政府的态度,应该要把他们当作专门家看。如果有了这种态度,股东便能够利用总办整顿工厂,用很少的成本,出很多的货物,可以令那个公司发大财。现在欧美民权发达的国家,人民对于政府都没有这种态度,所以不能利用有本领的人去管理政府。因为这个原因,所以弄到在政府之中的人物都是无能,所以弄到民权政治的发达反是很迟,民主国家的进步反是很慢,反不及专制国家的进步,像日本和德国那一样的迅速。从前日本维新,只有几十年便富强起来。从前德国也是很贫弱的国家,到了威廉第一和俾士麦执政,结合联邦,励精图治,不到几十年便雄霸欧洲。其他实行民权的国家,都不能像日本和德国的进步,一日千里。推究此中原因,就是由于民权问题的根本办法没有解决。如果要解决这个问题,便要把国家的大事付托到有本领的人。

现在欧美人无论做什么事,都要用专门家。譬如练兵打仗,便要用军事家;开办工厂,便要用工程师;对于政治,也知道要用专门家。至于现在之所以不能实行用政治专家的原因,就是由于人民的旧习惯还不能改变。但是到了现在的新时代,权与能是不能不分开的,许多事情一定是要靠专门家的,是不能限制专门家的。像最新发明,在人生日用最便利的东西,是街上的汽车。在二十多年前初有汽车的时候,没有驾驶的车夫,没有修理的工匠。我从前有一个朋友买了一架汽车,自己一方面要做驾驶的汽车夫,又一方面要做修理的机器匠,那是很麻烦的,是很难得方

民权主义

方面面都做好的。到了现在，有许多的汽车夫和机器匠，有汽车的主人，只要出钱雇他们来，便可以替自己来驾驶，替自己来修理。这种汽车夫和机器匠，就是驾驶汽车和修理汽车的专门家。没有他们，我们的汽车便不能行动，便不能修理。国家就是一辆大汽车，政府中的官吏就是一些大车夫。欧美人民始初得到了民权，没有相当的专门家，就像二十多年以前有钱的人得了一辆汽车一样，所以事事便非靠自己去修理、自己去驾驶不可。到了现在，有了许多有本领的专门家，有权力的人民便应该要聘请他们，不然就要自己去驾驶、自己去修理，正所谓自寻烦恼，自找痛苦。就这个比喻，更可分别驾驶汽车的车夫是有能而无权的，汽车的主人是无能而有权的，这个有权的主人便应该靠有能的专门家，去代他驾驶汽车。民国的大事也是一样的道理。国民是主人，就是有权的人；政府是专门家，就是有能的人。由于这个理由，所以民国的政府官吏，不管他们是大总统，是内阁总理，是各部总长，我们都可以把他们当作汽车夫。只要他们是有本领，忠心为国家做事，我们就应该把国家的大权付托他们，不限制他们的行动，事事由他们自由去做，然后国家才可以进步，进步才是很快。如果不然，事事都是要自己去做，或者是请了专门家，一举一动都要牵制他们，不许他们自由行动，国家还是难望进步，进步还是很慢。

要明白这个道理，我有一段很好的故事，可以引来证明。我从前住在上海的时候，有一天和一个朋友约定了时间，到虹口去商量一件事。到了那一天，把所约定的时间忽然忘记了，一直到所约定的时间十五分钟之前才记忆起来。当时我所住的地方是法国租界，由法国租界到虹口是很远的，用十五分钟的时间很不容易赶到。我便着急起来，找着汽车夫，慌忙的问他说："在十分钟之内，可以不可以赶到虹口呢？"那个车夫答应说："一定可以赶到。"我便坐上车，由车夫自由去驾驶，向目的地出发。上海的道路我是很熟悉的,由法国租界到虹口,好比由广州沙基到东山一样,一定要经过长堤和川龙口,才是捷径。但是我的汽车夫从开车以后所走的路,便不经过长堤和川龙口。他先由丰宁路再绕道德宣路,走小北门然后才到大东门,才抵东山。当时汽车走得飞快,声音很大,我不能够和车夫说话,心里便很奇怪,便非常的恨那个车夫,以为车夫和我捣乱,是故意的走弯曲路阻迟时候。此时的情形,好比是政府有特别原故,要做非常的事,国民不知道,便生出许多误会来非难政府一样。至于那个车夫选择那一条路走,不过十五分钟便到了虹口,我的忿气才平,便问那个车夫说:"为什么要这样弯弯曲曲走这一条路呢?"那个车夫答应说:"如果走直路,便要经过大马路,大马路的电车、汽车、人力车和行人货物的来往是很拥挤的,是很不容易走通的。"我才明白从前误会的道理,才晓得我所要走的大马路和外摆渡桥是从空间着想。那个车夫是有经验的,知道汽车能够走得很快,每小时可以走三四十英里,虽然走弯一点,多走几里路,但是把汽车的速度加快一点,还是在限定钟点以内可以赶到。他的这样打算,是从时间上着想。那个车夫不是哲学家,本不知道用什么时间、空间去打算,不过他是专门家,知道汽车有缩地的能力,如果把汽车的速度加快,就是多走弯路,还能够于十五分钟之内赶到虹口。假若当时我不给车夫以全权,由他自由去走,要依我的走法,一定是赶不到。因为我信他是专门家,不制〔掣〕他的肘,他要走那一条路便走那一条路,所以能够在预约时间之内可以赶到。不过我不是这种专门家,所以当时那个车夫走弯路,我便发生误会,便不知道他何以要走弯路的道理。民国的人民都是国家的主人,对于政府的态度,应该要学我那次到虹口对于车夫的态度一样,把他当作是走路的车夫。能够有这样的眼光,人民对于政府的态度,才可以改变。

　　欧美人民现在对于政府持反对的态度,是因为权与能没有分

民权主义

开,所以民权的问题至今不能解决。我们实行民权,便不要学欧美,要把权与能分得清清楚楚。民权思想,虽然是由欧美传进来的,但是欧美的民权问题,至今还没有办法。我们现在已经想出了办法,知道人民要怎么样才对于政府可以改变态度。但是人民都是不知不觉的多,我们先知先觉的人便要为他们指导,引他们上轨道去走,那才能避了欧美的纷乱,不蹈欧美的覆辙。欧美学者现在只研究到了人民对于政府的态度不对,应该要改变,但是用什么方法来改变,他们还没有想到。我现在把这个方法已经发明了,这个方法是要权与能分开。讲到国家的政治,根本上要人民有权,至于管理政府的人,便要付之于有能的专门家。把那些专门家不要看作是很荣耀、很尊贵的总统、总长,只把他们当作是赶汽车的车夫,或者是当作看门的巡捕,或者是弄饭的厨子,或者是诊病的医生,或者是做屋的木匠,或者是做衣的裁缝。无论把他们看作是那一种的工人,都是可以的。人民要有这样的态度,国家才有办法,才能够进步。

声振神州——孙中山在中山大学及前身院校的演讲

第六讲

民国十三年四月二十六日

现在欧美的政治家同法律学者，都说政府是机器，法律是机器之中的工具。中国很多的政治法律书籍都是从日本译过来的，日本人把政治组织译作"机关"。这个"机关"的意思，就是中国人所常说的"机器"一样。我们中国人从前说"机关"，是机会的意思，从日本人把政治组织译成了"机关"之后，就和"机器"的意思相同。所以从前说政府衙门，现在说是行政机关、财政机关、军事机关、教育机关。这种种机关的意思，和日本人所说的政府机关是一样的解释，没有丝毫分别。现在说机关就是机器，好比说机关枪就是机器枪一样。由此便知道"机关"和"机器"两个名词，是一样的意思。因为"机关"和"机器"的意思相同，所以行政机关就可以说是行政机器。至于行政机器和制造机器，有什么分别呢？制造机器，完全是用物质做成的，譬如用木料、钢铁和皮带种种东西凑合起来，便做成制造机器。行政机器完全是用人组织成的，种种动作都是靠人去活动，不是靠物去活动。所以行政机器和制造机器有大大的分别。最要紧的分别，就是行政机器是靠人的能力去发动的，制造机器是靠物的能力去发动的。

照前几次所讲的民权情形，便知道近来的欧美文化是很发达的，文明是很进步的。分析起来说，他们的物质文明，像制造机器那些东西的进步，是很快的。至于人为机器，像政府机关这些东西的进步，是很慢的。这个理由是在什么地方呢？就是物质机器做成了之后，易于试验，试验之后，不好的易于放弃，不备的易于改良。人为机器成立了之后，很不容易试验，试验之后，很不容易改良。假若是要改良，除非起革命不可。如果不然，要把他当作不好的物质机器看待，变成废铁，那是做不来的。因为这个理由，所以欧美的制造机器进步很快，行政机器进步很慢。譬如民权风潮，在欧美发生了之后，各国都想实行民权。最早的是美国，美国自开国至今有了一百四十多年，开国时所行的民权，和现在所行的差不多相同。现在所用的宪法，就是开国时候的联邦宪法。那种联邦宪法经过了一百多年，根本上没有大更改，至今还是应用他。至于大多数的制造机器，发明的年代也不过一百多年。在一百多年以前的旧机器，现在有没有人去用他呢？从前的旧机器，老早变成了废铁。现在农工商业中所有的机器，没有十年以前的旧东西。因为每过十年，便有此很多的新发明、很多的新改良，没有那一年不是有进步的。说到一百多年以前的行政机关，至今还是应用他。这便是由于用人活动的机关，当中活动的人，固然可以随时改换，但是全体组织不容易根本改造。因为习惯太久，陈陈相因，如果不想革命，要在平时去改造，把旧组织完全废弃，那是做不到的。由于这个道理，欧美的物质机器近来很容易进步，进步是很快的；人为机器向来便难于进步，进步是很慢的。

我在前两次讲演民权，便说欧美对于民权政治至今没有根本办法。他们为什么没有办法呢？就是因为他们把人为的机器，没有精良去试验。说到物质的机器，自最初发明时代以至于现在，不知道古人经过了几千次的试验和几千次的改良，才有今日我们所见的机器。由现在所见的机器回顾到最初发明时代，是什么情形呢？如果大家读过了机器史，便知道有一段很有趣味的故事。譬如就发动机的历史说，在最初发明的时候，只有一个方向的动力，没有和现在一样的两个方向之动力。现在做种种工作的机器，像火车轮船,都是有来回两个方向的动力。那个动力的来源,是把水盛在锅内,再用煤在炉底烧很大的火,把水烧到沸腾,变成蒸汽,到了水变成蒸汽之后,便有很大的膨胀力,用一个汽管,把蒸汽由锅中导入一个机器箱,这个机器箱,中国话叫做"活塞",外国话叫做"比士顿"①。这个活塞就是令机器发动的东西,是机器全体中最要紧的一部分。机器之所以发动,是由于活塞之一端接收了蒸汽以后,由蒸汽之膨胀力,便推动活塞,令活塞前进。蒸汽力在活塞之一端用尽了以后,更由他端注入新蒸汽,再把活塞推回。由是蒸汽推动活塞,来往不息,机器的全体便运动不已。运动的原料从前用水,现在用油,叫做"瓦斯油",就是很容易挥发的油,化为气体去推动活塞。各种机器发动的原料,不管他是用水或者是用油,都是一样的道理。由于活塞的运动,往返不已,便旋转机器,我们要想用来做什么工作,便可以做什么工作。譬如行船拉车,就是走路的机器,一天可以走几千里;就是运输的机器,要运多少货物,便可以载多少货物。到现在看起来,是妙极了的东西。但是推到最初发明的时候,是什么情形呢?最初发明的活塞,构造极简单,只能够在一端接收蒸汽,把活塞推过去,再不能够在他端接收蒸汽,把活塞推回来。所以当初活塞的运动,只有一个前进的方向,再没有回头的方向。因为这个原因,从前用机器做工便有许多的不方便。譬如最初用新发明的机器去弹棉花,每用一架机器,便要用一个小孩子站在机器的旁边,等到活塞前进了之后,小孩子便要用手把活塞棒拉回来,然后才由蒸汽再把活塞推过去。所以一往一返,便要用小孩子来帮助。比较现在的活塞往返自如,不要人帮助,该是何等的不利便呢!后来是怎么样造成现在这样便利的活塞呢?当中所经过的阶级是什么情形呢?当时做那种机器的工程师,毫不知道要怎么样

---

① 英文 pistion 的音译。

才能够把活塞拉回来。至于在那个时候的棉花工厂本不很大,所用的机器力,虽然是只有一个方向,但是在一个工厂之内,只有十多架机器。不过一架机器,要用一个小孩子去帮助,有了十多架机器,便要用十几个小孩子。那些孩子天天去拉那种机器,时时刻刻做一个动作,便觉得很无趣味,很觉得讨厌。因为那些小孩子觉得那种工作讨厌,所以要有工头去监视,那些小孩子才不躲懒。工头一离开了工厂,那些小孩子便不拉机器,便去玩耍。其中有一个很聪明又很懒惰的小孩子,不情愿总是用手去拉那架机器,想用一个方法代手去拉,于是乎用一条绳和一根棍绑在那架机器的上面,令活塞推过去了之后,又可以自动的拉回来。那个小孩子不必动手去拉他,便可以自动的来回,运转不已。由于那一个小孩子的发明,便传到那十几个小孩子的全体。那些全体的小孩子因为都得了棍和绳的帮助,机器都可以自动,所以大家都去玩耍,不管机器的工作。等到工头回厂之后,看见那些小孩子都在玩耍,都没有站在机器旁边去拉回活塞棒,便惊讶起来说:"为什么这些小孩子不拉机器,机器还能够自动的来往,继续做工呢?这些小孩子是玩的什么把戏呢?这真是奇怪的很呀!"工头在当时因为觉得很奇怪,便去考察机器之所以自动来回的原故,更把考察的结果去报告工程师。后来工程师明白那个小孩子的方法是很奇妙的,便照他的方法逐渐改良,做成了今日来回自如的机器。

  民权政治的机器,至今有了一百多年,没有改变。我们拿现在民权政治的机器来看,各国所行的民权,只有一个选举权。这就是人民只有一个发动力,没有两个发动力,只能够把民权推出去,不能够把民权拉回来,这好像始初的发动机一样。但是从前有一个帮助机器的懒小孩子,知道了加一条绳和一根棍,借机器本体的力量,可以令机器自动的来回。至于现在的民权政治中,还没有这种懒小孩子发明那种拉回民权的方法。因为这个原因,所以民权政治的机器用过了一百多年，至今还只有一个选举权。从有了选举权以后，许久都没有别的进步。选举出来的人，究竟是贤与不肖，便没有别的权去管他。像这种情形，就是民权政治的机器不完全。因为这种机器不完全，所以民权政治至今还没有好办法，还没有大进步。我们要这种机器进步，是从什么地方做起呢？照前一次所讲的道理，是要把权和能分清楚。

现在还是用机器来比喻，机器里头各部的权和能，是分得很清楚的。那一部是做工，那一部是发动，都有一定的界限。譬如就船上的机器说，现在最大的船有五六万吨，运动这样大船的机器，所发出来的力量，有超过十万匹马力的机器，只用一个人便可以完全管理。那一个管理的人，要全船怎么样开动，便立刻开动，要全船怎么样停止，便立刻停止。现在机器的进步，到了这种妙境。在最初发明机器的时候，如果一种机器发出来的力量到了几百匹或者几千匹马力，便不敢用他。因为马力太大，便没有人能够管理。通常说机器的大小，都是用马力做标准。一匹马力是多少呢？八个强壮人的力合拢起来，便是一匹马力。如果说一万匹马力，便是有八万个人的力。现在大商船和兵船上的机器所发出的原动力，有从十万匹到二十万匹马力的。像这样大力的机器，是没有别样东西可以抵当得住的。在寻常的机器，一万匹马力便有八万个人的力，若是那么样大力的机器，管理的方法不完全，那么机器全体一经发动之后，便不能收拾，所谓能发不能收。因为这个理由，所以从前发明机器的人去试验机器，常常自己打死自己。由于这种结果，在机器界打死的发明家，世界历史中不知道有了多少。外国有一个名词叫做"化兰京士丁"①，就是能发不能收的机器。到了后来，机器的构造天天改良，天天进步，虽

---

① 英文 Frankenstein 的音译。原是英国作家玛丽·雪莱（M. W. Shelley）小说中一位科学家的名字。

然有十万匹或者二十万匹马力的机器，只用一个人便可以从容去管理，没有一点危险。说到十万匹马力，便是有八十万个人的力，二十万匹马力，便是有一百六十万个人的力，若是专有这样大的人力，是不是容易管理呢？现在军队的力量，到了一两万人，便不容易管理。机器的力量，就是有一百六十万人之多，一个人还可以从容管理。由此便可见近来的机器是很进步的，管理的方法是很完全的。

现在的政治家和法律学者，都以政府为机器，以法律为工具。此刻的民权时代，是以人民为动力。从前的君权时代，是以皇帝为动力，全国的动作是发源于皇帝。在那个时代，政府的力量越大，皇帝越显尊严，有了强有力的政府，皇帝的号令才容易实行。因为皇帝是发动机器的人，所以政府的力越大，皇帝高高在上，便可以为所欲为。譬如修内治、勤远略，整军经武，他要想做什么，便可以做什么。故在君权时代，政府的力越大，对于皇帝只有利而无害。到了民权时代，人民就是政府的原动力，为什么人民不愿意政府的能力太大呢？因为政府的力量过大，人民便不能管理政府，要被政府来压迫。从前被政府的压迫太过，所受的痛苦太多，现在要免去那种压迫的痛苦，所以不能不防止政府的能力。在最初发明机器的时代，一个机器推过去了以后，只用一个小孩子便可以拉回来，由此便知道在那个时候，一个机器的力量是很小的，最大的不过是几匹马力。如果有了一万匹马力以上的机器，当然不是一个小孩子可以拉得回来的。当时因为管理机器的方法不完全，一定要有那样小力的机器，人民才是敢用他。现在是民权初发达的时代，管理政府的方法也是不完全。政府的动力固然是发源于人民，但是人民发出了动力之后，还要随时可以收回来，像那样小力的政府，人民才是敢用他。若是有了几万匹马力的政府，人民不能够管理，便不敢用他。所以现在欧美各国的人民恐怕强有力的政府，好比从前的工厂怕有大马力的机器是一样的道理。当初那种小力的机器，如果不想方法来改良，那种机器一定是永远没有进步，一定是永远还要人去拉。但是后来日日求改良，一直到现在，便可以不必用人力去拉，只要机器的自身便可以来回自动。至于政治的机器，人民总不知道想方法来改良，总是怕政府的能力太大，不能拉回，反常常想方法去防止，所以弄到政治不能发达，民权没有进步。照现在世界的潮流说，民权思想是一天一天的进步，管理民权政治的机器还是丝毫没有进步。所以欧美的民权政治至今没有根本办法，就是这个理由。

照我前一次所讲的根本办法说，权与能要分别清楚。用机器来做比喻，什么是有能力的东西呢？机器的本体，就是有能力的东西，譬如十万匹马力的机器，供给了相当的煤和水之后，便可以发生相当的能力。什么是有权的人呢？管理机器的工程师，就是有权的人。无论机器是有多少马力，只要工程师一动手，要机器开动，便立刻开动，要机器停止，便立刻停止。工程师管理机器，想要怎么样，便可以怎么样。好像轮船火车，一开机器，便可以要轮船火车走得很快，一停机器，马上就可以要他不走。所以机器是很有能的东西，工程师是很有权的人。人民管理政府，如果把权和能分开了，也要像工程师管理机器一样。在民权极盛的时代，管理政府的方法很完全，政府就是有大力，人民只要把自己的意见在国民大会上去发表，对于政府加以攻击，便可以推翻，对于政府加以颂扬，便可以巩固。但是现在的权与能不分，政府过于专横，人民没有方法来管理。不管人民是怎么样攻击，怎么样颂扬，政府总是不理，总是不能发生效力。现在世界上的政治不进步，民权思想很发达，无论那一国的人民，对于政治机关的现状，总是不合他们心理上的用法。

中国此刻正是改革时代，我们对于政治主张实行民权。这种民权思想，是由欧美传进来的。我们近来想学欧美的新思想，造成一个完全的民治国家。最初想造成这种国家的时候，一般革命

民权主义

志士都以为完全仿效欧美，步欧美的后尘，把欧美的东西完全抄过来，中国的民权便算是很发达，便可以算是止境。当初的这种思想，并不是全错，因为中国从前的专制政体过于腐败，我们如果实行改革，打破了专制以后，做建设的事业，能够学到像欧美，就比较上说当然是很好。但是欧美人民对于自己国家社会的现状是不是心满意足呢？如果我们细心考察欧美的政治社会，所谓革命的先进国家，像美国、法国的人民，现在还是主张改良政治，还是想要再来革命。他们革命不过一百多年，为什么还要再来革命呢？由此便可以证明我们从前以为学到了像欧美，便算是止境，那便是不对。由此便知就令是我们学到了像美国、法国一样，法国、美国现在还是要革命，我们到了百十年之后，一定也是免不了再起革命的。因为法国、美国现在的政治机器还是有很多的缺点，还是不能满足人民的欲望，人民还是不能享圆满的幸福。像这样讲来，所以我们现在提倡改革，决不能够说学到了像现在的欧美，便算是止境，便以为心满意足。我们步他们的后尘，岂不是一代更不如一代，还再要起革命吗？若是再起革命，那么此次的革命，岂不是徒劳无功吗？

我们要现在的革命不是徒劳无功，想存一个长治久安之计，所谓一劳永逸，免将来的后患，要怎么样才可以做得到呢？欧美的方法可不可以完全搬到中国来行呢？我们试拿欧美最新的物质文明说，譬如交通上最要紧的东西是铁路，东方国家仿造铁路最早的是日本，中国近来才知道铁路的重要，才知道要建筑铁路。所以中国仿造铁路是在日本之后。但是用中国和日本现在的铁路来比较，中国和日本的火车，大家如果都是坐过了的，便知道日本的铁轨是很窄的，车是很小的；中国的沪宁和京汉铁路，那些铁轨都是很宽的，车是很大的。为什么中国建筑铁路在日本之后，所做的车和轨还是比日本的宽大呢？就是因为中国所学的是欧美的新发明，日本所学的是欧美的旧东西。若是中国建筑铁路，不照欧美的新发明,只学日本的旧东西,可不可以算是满足呢?欧美从前只有那样的窄铁路和小火车,日本最初去学他,便在无形之中上了大当。我们现在建筑铁路,可不可以也学那种不便利的旧东西呢?但是中国近来建筑铁路,不学日本不便利的旧东西,要学欧美很便利的新发明,所以中国现在的铁路好过日本,这所谓是后来者居上。因为这个原故,我们现在改良政治,便不可学欧美从前的旧东西,要把欧美的政治情形考察清楚,看他们政治的进步究竟是到了什么程度,我们要学他们的最新发明,才可以驾乎各国之上。

我们在前一次讲过了,欧美对于民权问题的研究,还没有彻底。因为不彻底,所以人民和政府日日相冲突。因为民权是新力量,政府是旧机器,我们现在要解决民权问题,便要另造一架新机器。造成这种新机器的原理,是要分开权和能,人民是要有权的,机器是要有能的。现在有大能的新机器用人去管理,要开动就开动,要停止就停止。这是由于欧美对于机器,有很完全的发明。但是他们对于政治,还是没有很完全的发明。我们现在要有很完全的改革,无从学起,便要自己想出一个新办法。要我们自己想出一个新办法,可不可以做得到呢?中国人从经过了义和团之后,完全失掉了自信力。一般人的心理总是信仰外国,不敢信仰自己,无论什么事,以为要自己去做成、单独来发明,是不可能的,一定要步欧美的后尘,要仿效欧美的办法。至于在义和团之前,我们的自信力是很丰富的。一般人的心理,都以为中国固有的文明、中国人的思想才力是超过欧美,我们自己要做到什么新发明,都是可能的事。到了现在,便以为是不可能的事。殊不知欧美的文明,只在物质的一方面,不在其他的政治各方面。专就物质文明的科学说,欧美近来本是很发达的。一个人对于一种学问固然是有特长,但是对于其余的各科学问未必都是很精通的,还有许多都是盲然的。他们的物质科学,一百多年以来,发明到

民权主义

了极点，许多新发明真是巧夺天工，是我们梦想不到的。如果说政治学问，他们从前没有想到的，我们现在也想不到，那便是没有理由。欧美的机器近来本有很完全的进步，但是不能说他们的机器是进步，政治也是进步。因为近两百多年以来，欧美的特长只有科学，大科学家对于本行的学问固然是有专长，对于其余的学问，像政治哲学等，未必就有兼长。有一段很好的故事，可以引来证明一证明。

英国从前有一位大科学家，在近来世界上的学问家之中，没有那一个能够驾乎他之上的，是叫做纽顿。纽顿是什么人呢？他是一个很聪明、很有学问的人。他在物理学中，有很多超前绝后的发明，最著名的是"万有引力"。纽顿推出来的"万有引力"，是世界上头一次的发明，是至今科学中的根本原理。近来世界上许多科学原理的新发明，没有那一种能够驾乎"万有引力"学说之上的。纽顿对于科学既是有这样的特别聪明，试看他对于别的事情是不是一样的聪明呢？照我看起来，却有大大的不然。有一件很有趣味的故事，可以证明纽顿做事不是件件事都是很聪明的。纽顿一生除了读书、试验之外，还有一种嗜好，他的嗜好是爱猫。他养了大小不同的两个猫，出入总是跟着他。因为他很爱那两个猫，所以猫要怎样行动，他便怎么样去侍候。譬如他在房内读书、试验，猫要出门，他便停止一切工作，亲自去开门让猫出去；如果猫要进到房内，他又停止一切工作，去打开房门让猫进来。那两个猫终日总是出出入入，弄到纽顿开门关门，是麻烦不堪的。所以有一天纽顿便要想一个方法，让那两个猫自己出入自由，不致扰乱他的工作，总是去开门关门。他所想出来的是什么方法呢？就是把房门开两个孔，一个是很大的，一个是很小的。在纽顿的思想，以为在门上所开的大孔，便可以令大猫出入；在门上所开的小孔，便可以令小猫出入。像这种思想还是大科学家的聪明，这件事实还是大科学家做出来的。照普通的常识讲，开一个大孔，大猫可以出入，小猫也当然是可以出入，那么开一个大孔便够了，又何必要枉费工夫，多开一个小孔呢？在常人都知道，只要开一个孔，大科学家的纽顿偏要开两个孔，这是不是可笑呢？科学家做事，是不是件件事都是很聪明呢？由此便可以证明，科学家不是对于件件事都是很聪明的。科学家有了一艺的专长，未必就有种种学问的兼长。

欧美科学在近几十年以来，本来是进步到了极点，所以做出来的物质机器有往返的两面动力，来回可以自动。但是做成的政治机器，还只有一面的动力，人民对于政府的权力只能够发出去，不能够收回来。我们现在主张民权来改造民国，将来造成的新民国一定是要彻底。要造成彻底的新民国，在欧美的先进国家无从完全仿效，我们自己便要另想一个新办法。这种新办法，欧美还没有完全想到，我们能不能够想到呢？要答复这个问题，自己便不可以轻视自己，所谓妄自菲薄。此刻民权潮流传进中国来了，我们欢迎这种潮流，来改造国家，自己的新办法是不是完全的想到了呢？中国几千年以来都是独立国家，从前政治的发达，向来没有假借过外国材料的。中国在世界之中，文化上是先进的国家，外国的材料，向来无可完全仿效。欧美近来的文化，才比中国进步。我们羡慕他们的新文明，才主张革命。此刻实行革命，当然是要中国驾乎欧美之上，改造成世界上最新、最进步的国家。我们要达到这种目的，实在是有这种资格。不过欧美现在的民权政府，还是不能完全仿效，他们的政府已经成了旧机器，我们要另外造出一架新机器，才可以达到我们的目的。此刻想要造出一架新机器，世界上有没有新材料呢？现在散在各国的新材料是很多的，不过要先定一个根本办法。我在前一次所主张的分开权与能，便是这一种的根本办法。根本办法定了之后，去实行民权，还要分开国家的组织与民权的行使。欧美的根本办法没有想通，不能分开权与能，所以政府能力不能扩充。我们的根本办法已经想通

民权主义

了,更进一步,就是分开政治的机器。要分开政治的机器,先要明白政治的意义。

我在第一讲中,已经把"政治"这个名词下了一个定义,说政是众人之事,治是管理众人之事。现在分开权与能,所造成的政治机器,就是像物质的机器一样,其中有机器本体的力量,有管理机器的力量。现在用新发明来造新国家,就要把这两种力量分别清楚。要怎么样才可以分别清楚呢?根本上还是要再从政治的意义来研究。政是众人之事,集合众人之事的大力量,便叫做政权;政权就可以说是民权。治是管理众人之事,集合管理众人之事的大力量,便叫做治权;治权就可以说是政府权。所以政治之中,包含有两个力量,一个是政权,一个是治权。这两个力量,一个是管理政府的力量,一个是政府自身的力量。这是什么意思呢?好比有十万匹马力的轮船机器,那架机器能够发生十万匹马力来运动轮船,这便是机器本体的力量。这种力量,就好比是政府自身的力量一样,这种自身的力量就是治权。至于这样大的轮船,或者是要前进,或者是要后退,或者是要向左右转,或者是要停止,以及所走的速度或者是要快,或者是要慢,更要有很好的工程师,用很完全的机器,才可以驾驶,才可以管理。有了很完全的驾驶、管理之力量,才可以令那样大力的轮船,要怎么样开动,便是怎么样开动,要怎么停止,便是要怎么样停止。这种开动、停止的力量,便是管理轮船的力量。这种力量,就好比管理政府的力量一样。这种管理的大力量,就是政权。我们造新国家,好比是造新轮船一样,船中所装的机器,如果所发生的马力很小,行船的速度当然是很慢,所载的货物当然很少,所收的利息当然是很微。反过来说,如果所发生的马力很大,行船的速度当然是极快,所载的货物当然是极多,所收的利息也当然是极大。假设有一只大轮船,其中所装的机器可发生十万匹马力,每小时可以走二十海里,来往广州、上海一次,在两个星期之内可以赚

声振神州——孙中山在中山大学及前身院校的演讲

十万块钱。如果是另造一只极大的轮船,其中装一架新机器可以发生一百万匹马力,每小时可以走五十海里,照比例算起来,那么来往广州、上海一次,只要一个星期便可赚一百万块钱。现在世界上最快的大轮船,每小时不过走二三十海里,如果我们所造的新轮船每小时可以走五十海里,世界上便没有别的轮船能够来比赛。我们的轮船就是世界上最快、最大的新轮船。创造国家也是一样的道理。如果在国家之内,所建设的政府,只要他发生很小的力量,是没有力的政府,那么这个政府所做的事业当然是很小,所成就的功效当然是很微。若是要他发生很大的力量,是强有力的政府,那么这个政府,所做的事业当然是很大,所成就的功效也当然是极大。假设在世界上的最大国家之内,建设一个极强有力的政府,那么,这个国家岂不是驾乎各国之上的国家?这个政府岂不是无敌于天下的政府?

欧美到了今日,为什么还是只造有大马力的机器之轮船,不造极强有力的政府之国家呢?因为他们现在的人民,只有方法来管理大马力的机器,没有方法来管理强有力的政府。而且不要小马力的旧船,另外造一只大马力的新船,是很容易的事。至于国家,已经是根深蒂固,有了没有力的旧政府,要另外造成一个强有力的新政府,那是很不容易的事。说到我们中国人口,有了四万万,是世界上人口最多的国家,领土宽阔、物产丰富,都要在美国之上。美国成了现在世界上最富强的国家,没有那一国可以和他并驾齐驱。就天然的富源来比较,中国还应该要驾乎美国之上。但是现在的实情,不但是不能驾乎美国之上,并且不能够和美国相提并论。此中原因,就是我们中国只有天然的资格,缺少人为的工夫,从来没有很好的政府。如果用这种天然的资格,再加以人为的工夫,建设一个很完全、很有力的政府,发生极大力量运动全国,中国便可以和美国马上并驾齐驱。

中国有了强有力的政府之后,我们便不要像欧美的人民,怕政府的力量太大，不能够管理。因为在我们的计划之中，想造成的新国家，是要把国家的政治大权分开成两个。一个是政权，要把这个大权完全交到人民的手内，要人民有充分的政权，可以直接去管理国事。这个政权，便是民权。一个是治权，要把这个大权，完全交到政府的机关之内，要政府有很大的力量治理全国事务。这个治权，便是政府权。人民有了很充分的政权，管理政府的方法很完全，便不怕政府的力量太大，不能够管理。欧美从前不敢造十万匹马力以上的机器，只敢造十万匹马力以下的机器，就是因为机器的构造不完全，管理的方法不周密，所以便怕机器的力量太大，不敢管理。到了现在，机器很进步，机器本体的构造既是很完全，管理机器的方法又是很周密，所以便造极大马力的机器。我们要造政治的机器，要政治的机器进步，也是要跟这一样的路走，要有构造很完全和有大力的政府机关，同时又要有管理这个机关很周密的民权方法。欧美对于政府，因为没有管理很周密的方法，所以他们的政治机关至今还是不发达。我们要不蹈他们的覆辙，根本上要人民对于政府的态度，分开权与能，把政治的大权分开成两个：一个是政府权，一个是人民权。像这样的分开，就是把政府当作机器，把人民当作工程师。人民对于政府的态度，就好比是工程师对于机器一样。

现在机器的构造很进步，不但是有机器知识的人可以来管理，就是没有机器知识的小孩子也是可以来管理。譬如现在所用的电灯，从前发明的时候，是什么情形呢？因为电是和雷一样是很危险的东西，如果管理的方法不好，便打死人。因为这个原故，从前发明电的科学家不知道受过了多少牺牲。因为所受牺牲太多，危险太大，所以发明了电光很久，还不敢拿来做灯用。后来发明了管理电的方法很周密，只要一转接电钮，便可以开闭。这样一转手之劳，是很便利、很安全的。无论是那一种没有电学知识的人，不管他是城市的小孩子，或者是乡下极无知识愚民，都可以用手来转他,所以现在便把极危险的电光拿来做灯用。其他各种机器的进步,也是和这一样的情形。比方最新发明大机器,是飞天的机器,也是一种很危险的东西。最初发明的时候,不知道死了多少人。像从前广东的冯如,他是什么人呢?就是制造飞机的人,就是驾驶飞机跌死了的人。在从前发明飞机的时候,没有人知道用这个机器去飞,所以制造飞机的人又要做飞机师。最初做飞机师的人,一来由于管理这种机器的方法不周密,二来由于向来没有经验,不知道怎么样来用这种机器,所以飞到天空之中,常常跌到地下,死了许多人。因为死了很多的人,所以普通人便不敢去坐飞机。现在管理这种机器的方法很周密,许多人都知道飞到了天空之中,像鸟雀一样,来往上下,非常的便利,非常的安全,所以就是普通人都敢去坐飞机。因为普通人都敢去坐这种机器,所以近来便把他用作交通的机器。好像我们由广东到四川,道路很远,当中又有敌人,水陆路的交通很不便利,便可坐飞机,由天空之中一直飞到四川。

　　现在中国有了民权的思想,但是关于这种思想的机器,世界上还没有发明完全,一般人民都不知道用他。我们先知先觉的人,便应该先来造好这种机器,做一个很便利的放水制,做一个很安全的接电钮,只要普通人一转手之劳,便知道用他,然后才可以把这种思想做成事实。中国人得到民权思想本是在欧美之后,好像筑铁路是在日本之后一样。日本筑铁路虽然是在我们之先,但是所筑的铁路是旧东西,不合时用;我们新筑成的铁路是很合时用的东西。至于我们在欧美之后,要想有什么方法才可以来使用民权呢?这种方法想通了,民权才可以供我们的使用。若是这种方法没有想通,民权便不能供我们的使用。如果一定要去使用,便是很危险,便要打死人。现在世界上有没有这种方法呢?在欧洲有一个瑞士国,已经有了这几部分的方法,已经试验了这几部分的方法,这是彻底的方法,是直接的民权,不过不大完全罢了。

民权主义

至于欧洲的那些大国,就是这不完全的方法,还是没有试验。因为试验这几部分之方法的国家,只有瑞士的一个小国,没有别的大国,所以许多人便怀疑起来,说这几部分的方法,只有在小国能够使用,在大国不能够用。欧洲的大国为什么不用这几部分的方法呢?这个理由,就是像日本已经有了小铁路,再要改造大铁路,便要费很久的时间,花很多的钱,是很不经济的事。因为畏难苟安,注重经济,所以他们的先进国家就是知道了这些新式的发明,还是不采用他。说到我们中国,关于民权的机器,从前没有旧东西,现在很可以采用最近、最好的新发明。

关于民权一方面的方法,世界上有了一些什么最新式的发明呢?第一个是选举权。现在世界上所谓先进的民权国家,普遍的只实行这一个民权。专行这一个民权,在政治之中是不是够用呢?专行这一个民权,好比是最初次的旧机器,只有把机器推到前进的力,没有拉回来的力。现在新式的方法除了选举权之外,第二个就是罢免权。人民有了这个权,便有拉回来的力。这两个权是管理官吏的,人民有了这两个权,对于政府之中的一切官吏,一面可以放出去,又一面可以调回来,来去都可以从人民的自由。这好比是新式的机器,一推一拉,都可以由机器的自动。国家除了官吏之外,还有什么重要东西呢?其次的就是法律。所谓有了治人,还要有治法。人民要有什么权,才可以管理法律呢?如果大家看到了一种法律,以为是很有利于人民的,便要有一种权,自己决定出来,交到政府去执行。关于这种权,叫做创制权,这就是第三个民权。若是大家看到从前的旧法律。以为是很不利于人民的,便要有一种权,自己去修改,修改好了之后,便要政府执行修改的新法律,废止从前的旧法律。关于这种权,叫做复决权,这就是第四个民权。人民有了这四个权,才算是充分的民权;能够实行这四个权,才算是彻底的直接民权。从前没有充分民权的时候,人民选举了官吏、议员之后,便不能够再问,这种民权是间接民权。间接民权就是代议政体，用代议士去管理政府，人民不能直接去管理政府。要人民能够直接管理政府，便要人民能够实行这四个民权。人民能够实行四个民权，才叫做全民政治。全民政治是什么意思呢？就是从前讲过了的，用四万万人来做皇帝。四万万人要怎么样才可以做皇帝呢？就是要有这四个民权来管理国家的大事。所以这四个民权，就是四个放水制，或者是四个接电钮。我们有了放水制，便可以直接管理自来水；有了接电钮，便可以直接管理电灯；有了四个民权，便可以直接管理国家的政治。这四个民权，又叫做政权，就是管理政府的权。

至于政府自己办事的权，又可以说是做工权，就是政府来替人民做工夫的权。人民有了大权，政府能不能够做工夫，要做什么样的工夫，都要随人民的志愿。就是政府有了大权，一经发动做工夫之后，可以发生很大的力量，人民随时要他停止，他便要停止。总而言之，要人民真有直接管理政府之权，便要政府的动作随时受人民的指挥。好像外国的旧兵船，从前如果是装了十二门大炮，便分成六个炮台，要瞄准放炮打什么敌人，都是由许多炮手去分别执行，做指挥的人不能直接管理。现在的新兵船，要测量敌人的远近，在桅顶便有测量机，要瞄准放炮，在指挥官的房中便有电机直接管理。如果遇到了敌人，不必要许多炮手去瞄准放炮，只要做指挥官的人坐在房中，就测量机的报告，按距离的远近拨动电机，要用那一门炮，打那一方的敌人，或者是要十二门炮同时瞄准，同时放炮，都可以如愿，都可以命中。像这样才叫做是直接管理。但是要这样来直接管理，并不是要管理的人自己都来做工夫，不要自己来做工夫的机器，才叫做灵便机器。

人民有了这四个大权来管理政府，要政府去做工夫，在政府之中要用什么方法呢？要政府有很完全的机关，去做很好的工夫，便要用五权宪法。用五权宪法所组织的政府，才是完全政府，才是完全的政府机关。有了这种的政府机关，去替人民做工夫，才可以做很好、很完全的工夫。从前说美国有一位学者，对于政治学理上的最新发明，是说在一国之内，最怕的是有了一个万能政府，人民不能管理；最希望的是要一个万能政府，为人民使用，以谋人民的幸福。有了这种政府，民治才算是最发达。我们现在分开权与能，说人民是工程师，政府是机器，在一方面要政府的机器是万能，无论什么事都可以做；又在他一方面要人民的工程师也有大力量，可以管理万能的机器。那么，在人民和政府的两方面，彼此要有一些什么的大权，才可以彼此平衡呢？在人民一方面的大权，刚才已经讲过了，是要有四个权。这四个权是选举权、罢免权、创制权、复决权。在政府一方面的，是要有五个权，这五个权是行政权、立法权、司法权、考试权、监察权。用人民的四个政权来管理政府的五个治权，那才算是一个完全的民权政治机关。有了这样的政治机关，人民和政府的力量才可以彼此平衡。我们要详细明白这两种大权的关系，可以用一个图来说明：

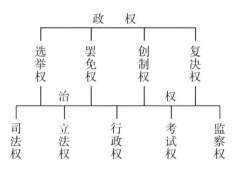

就这个图看，在上面的政权，就是人民权；在下面的治权，就是政府权。人民要怎么样管理政府，就是实行选举权、罢免权、创制权和复决权。政府要怎么样替人民做工夫，就是实行行政权、立法权、司法权、考试权和监察权。有了这九个权，彼此保持平衡，民权问题才算是真解决，政治才算是有轨道。

至于这九个权的材料，并不是今日发明的。譬如就政权说，在瑞士已经实行过了三个权,不过是没有罢官权。在美国的西北几省,现在除采用瑞士的三个政权以外,并加入一个罢免权。至于选举权,更是世界上各国最通行的民权。所以就世界上民权的情形说,瑞士已经实行过了三权,美国有四分之一的省分已经实行过了四权。他们在那几部分的地方实行这四个民权,有了很周密的办法,得了很好的成绩。就是这四个民权,实在是经验中的事实,不是假设来的理想。我们现在来采用,是很稳健的,并没有什么危险。至于说到政府权,从前都是由皇帝一个人垄断,革命之后才分开成三个权,像美国独立之后便实行三权分立,后来得了很好的成绩,各国便都学美国的办法。

不过,外国从前只有三权分立,我们现在为什么要五权分立呢?其余两个权是从什么地方来的呢?这两个权是中国固有的东西。中国古时举行考试和监察的独立制度,也有很好的成绩。像满清的御史、唐朝的谏议大夫,是很好的监察制度。举行这种制度的大权,就是监察权。监察权就是弹劾权。外国现在也有这种权,不过把他放在立法机关之中,不能够独立成一种治权罢了。至于历代举行考试,拔取真才,更是中国几千年的特色。外国学者近来考察中国的制度,便极赞美中国考试的独立制度,也有仿效中国的考试制度去拔取真才。像英国的举行文官考试,便是说从中国仿效过去的。不过英国的考试制度,只考试普通文官,还没有达到中国考试权之独立的真精神。所以就中国政府权的情形讲,只有司法、立法、行政三个权是由皇帝拿在掌握之中,其余监察权和考试权还是独立的。就是中国的专制政府,从前也可以说是三权分立的,和外国从前的专制政府便大不相同。从前外国在专制政府的时候,无论是什么权,都是由皇帝一个人垄断。中国在专制政府的时候,关于考试权和监察权,皇帝还没有垄断。所以分开政府的大权,便可以说外国是三权分立,中国也是三权分立。中国从前实行君权、考试权和监察权的分立,有了几千年。

民权主义

外国实行立法权、司法权和行政权的分立,有了一百多年。不过外国近来实行这种三权分立,还是不大完全。中国从前实行那种三权分立,更是有很大的流弊。我们现在要集合中外的精华,防止一切的流弊,便要采用外国的行政权、立法权、司法权,加入中国的考试权和监察权,连成一个很好的完璧,造成一个五权分立的政府。像这样的政府,才是世界上最完全、最良善的政府。国家有了这样的纯良政府,才可以做到民有、民治、民享的国家。

　　我们在政权一方面主张四权,在治权一方面主张五权。这四权和五权,各有各的统属,各有各的作用,要分别清楚,不可紊乱。现在许多人都不能分别,不但是平常人不能分别,就是专门学者也是一样的不能分别。像近来我会见了一个同志,他是从美国毕业回来的。我问他说:"你对于革命的主义是怎么样呢?"他说:"我是很赞成的。"我又问他说:"你是学什么东西呢?"他说:"我是学政治法律。"我又问他说:"你对于我所主张的民权有什么意见呢?"他说:"五权宪法是很好的东西呀!这是人人都欢迎的呀!"像这位学政治法律的专门学者,所答非所问,便可以知道他把四权和五权还没有分别清楚,对于人民和政府的关系还是很糊涂。殊不知道五权是属于政府的权,就他的作用说,就是机器权。一个极大的机器,发生了极大的马力,要这个机器所做的工夫很有成绩,便要把他分成五个做工的门径。民权就是人民用来直接管理这架大马力的机器之权,所以四个民权,就可以说是机器上的四个节制。有了这四个节制,便可以管理那架机器的动静。政府替人民做事要有五个权,就是要有五种工作,要分成五个门径去做工。人民管理政府的动静要有四个权,就是要有四个节制,要分成四方面来管理政府。政府有了这样的能力,有了这些做工的门径,才可以发出无限的威力,才是万能政府。人民有了这样大的权力,有了这样多的节制,便不怕政府到了万能,没有力量来管理。政府的一动一静,人民随时都是可以指挥的。

像有这种情形,政府的威力便可以发展,人民的权力也可以扩充。有了这种政权和治权,才可以达到美国学者的目的,造成万能政府,为人民谋幸福。中国能够实行这种政权和治权,便可以破天荒在地球上造成一个新世界。

至于民权之实情与民权之行使,当待选举法、罢免法、创制法和复决法规定之后,乃能悉其真相与底蕴。在讲演此民权主义之中,固不能尽述也。阅者欲知此中详细情形,可参考廖仲恺君所译之《全民政治》。

民生主义

民生主义

第一讲

民国十三年八月三日

诸君：

　　今天来讲民生主义。什么叫做民生主义呢？"民生"两个字是中国向来用惯的一个名词，我们常说什么"国计民生"，不过我们所用的这句话恐怕多是信口而出，不求甚解，未见得涵有几多意义的。但是今日科学大明，在科学范围内，拿这个名词来用于社会经济上，就觉得意义无穷了。我今天就拿这个名词来下一个定义，可说民生就是人民的生活——社会的生存、国民的生计、群众的生命便是。我现在就是用"民生"二字，来讲外国近百十年来所发生的一个最大问题，这个问题就是社会问题。故民生主义就是社会主义，又名共产主义，即是大同主义。欲明白这个主义，断非几句定义的话可以讲得清楚的，必须把民生主义的演讲从头听到尾，才可以彻底明白了解的。

　　民生问题，今日成了世界各国的潮流，推到这个问题的来历，发生不过一百几十年。为什么近代发生这个问题呢？简单言之，就是因为这几十年来，各国的物质文明极进步，工商业很发达，人类的生产力忽然增加。着实言之，就是由于发明了机器，世界文明先进的人类便逐渐不用人力来做工，而用天然力来做工，就是用天然的汽力、火力、水力及电力来替代人的气力，用金属的铜、铁来替代人的筋骨。机器发明之后，用一个人管理一副机器，便可以做一百人或一千人的工夫，所以机器的生产力和人工的生产力便有大大的分别。在没有机器以前，一个最勤劳的人最多不过是做两个三个人的工夫。断不能做得十个人以上的工夫。照此推论起来,一个人的生产力,就本领最大、体魄最强和最勤劳的人说,也不过是大过普通人十倍。平常人的生产力,都是相等的,没有什么大差别。至于用机器来做工的生产力,和用人做工的生产力两相比较,便很不相同。用人来做工,就是极有能干而兼勤劳的人,只可以驾乎平常人的十倍;但是用机器来做工,就是用一个很懒惰和很寻常的人去管理,他的生产力也可以驾乎一个人力的几百倍或者是千倍。所以这几十年来机器发明了之后,生产力比较从前就有很大的差别。我们拿眼前可以证明的事业来说一说。比方在广州市街上所见最多的人,莫如运送的苦力,这种苦力就叫做挑夫。这种挑夫的人数,占广州市工人中一大部分。挑夫中之体魄最强壮的人,最重只可以挑二百斤东西,每日不过是走几十里路远,这种挑夫是很不容易得的。寻常的挑夫,挑了几十斤重,走了几十里路远,便觉得很辛苦。如果拿挑夫和运送的机器来比较,是怎么样的情形呢?像广州市黄沙的火车运送货物,一架火车头可以拖二十多架货车,一架货车可以载几百担重的货物;一架货车能够载几百担,二十多架货车便能够载一万担。这一万担货物,用一架火车头去拉,只要一两个人管理火车头的机器,或者要几个人管理货车,一日便可以走几百里。譬如广东的粤汉铁路,由黄沙到韶关约有五百里的路程,像从前专用人力去运送货物,一个人挑一担,一百个人挑一百担,如果有一万担货物,就要有一万个工人。用工人所走的路程计算,一个人一天大概只能够走五十里,五百里的路程就要走十天的时间。所以一万担货物,从前专用人工去运送,就要一万工人,走十天之久。现在用火车去运送,只要八点钟的时间,一直便由黄沙到韶关,所用的工人最多不过是十个人。由此便知道用十个人所做的工,便可以替代一万人,用八点钟便可以替代十天。机器和人工比较的相差,该是有多少呢?用火车来运送的工,不但是用一个人可以

民生主义

替代一千人，用一点钟可以替代一日，是很便利迅速的，就是以运货的工钱来说，一个工人挑一担货物，走五十里路远，每天大约要一元；要用一万工人，挑一万担货物，走十天的路，统共就要十万元。如果用火车来运送，顶多不过是几千元。机器和人工的比较，单拿挑夫来讲便有这样的大差别。其他耕田、织布、做房屋以及种种工作，也是有几百倍或千倍的差别。所以机器发明了之后，世界的生产力便生出一个大变动。这个大变动，就是机器占了人工，有机器的人便把没有机器人的钱都赚去了。再像广州，没有经过鸦片战争以前，是中国独一的通商口岸，中国各省的货物，都是先运来广州，然后再由广州运去外洋；外国的货物也是先运到广州，然后再由广州运进各省。所以中国各省的进出口货物，都是经过湖南、江西，走南雄、乐昌，才到广州。因为这个原因，所以南雄、乐昌到韶关这两条路，在当时沿途的挑夫是很多的，两旁的茶馆饭店也是很热闹的。后来海禁大开，各省的货物或者是由海船运到广东，或者是由上海、天津直接运送到外洋，都不经过南雄、乐昌到韶关的这两条路，所以由南雄、乐昌到韶关两条路的工人，现在都减少了。从前那两条路的繁盛，现在都变成很荒凉了。到了粤汉铁路通了火车之后，可以替代人工，由广州到韶关的挑夫更是绝迹。其他各地、各国的情形都是一样。所以从机器发明了之后，便有许多人一时失业，没有工做，没有饭吃。这种大变动，外国叫做"实业革命"。因为有了这种实业革命，工人便受很大的痛苦。因为要解决这种痛苦，所以近几十年来，便发生社会问题。

这个社会问题，就是今天所讲的民生主义。我今天为什么不学外国直接来讲社会主义，要拿"民生"这个中国古名词来替代社会主义呢？这是很有道理，我们应该要研究的。因为机器发明以后，经过了实业革命，成为社会问题，便发生社会主义，所以社会主义之发生已经有了几十年。但是这几十年中，欧美各国对

声振神州——孙中山在中山大学及前身院校的演讲

于社会主义,还没有找出一个解决方法,现在还是在剧烈战争之中。这种学说和思想现在流入中国来了,中国一班新学者也是拿他来研究。社会主义之中又有叫做共产主义的,因为社会主义现在中国很流行,所以共产主义之名现在中国也是很流行。中国学者拿社会主义和共产主义来研究,想寻出一个解决方法,也是很艰难的。因为外国发明这种学理已经有了几十年,到现在还不能够解决,此时传入中国,我们就想要解决,当然是不容易的。我们要研究这个问题,便要先把他的源委、性质和定义来研究清楚。"共产主义"和"社会主义"两个名词,现在外国是一样并称的。其中办法虽然各有不同,但是通称的名词,都是用"社会主义"。现在中国有人把"社会主义"同"社会学"两个名词作一样的看待,这实在是混乱。这种混乱,不但专是中国人有的,就是外国人也是一样有的。因为"社会"这个名词,在英文是"梳西乙地"①,"社会学"是"梳西柯罗之"②,"社会主义"是"梳西利甚"③。这三个字头一半的英文串字,都是相同的,所以许多人便生出混乱。其实英文中的社会主义"梳西利甚"那个字,是从希腊文变出来的。希腊文社会主义的原意是"同志",就像中国俗话说是"伙计"两个字一样。至于说到社会学说的范围,是研究社会的情状、社会的进化和群众结合的现象;社会主义的范围,是研究社会、经济和人类生活的问题,就是研究人民生计问题。所以我用"民生主义"来替代"社会主义",始意就是在正本清源,要把这个问题的真性质表明清楚,要一般人一听到这个名词之后,便可以了解。

因为社会主义已经发生了几十年,研究这种学理的学者不知道有千百家,所出的书籍也不知道有千百种。其中关于解决社会

---

① 英文 society 的音译。
② 英文 sociology 的音译。
③ 英文 socialism 的音译。

民生主义

问题的学说之多,真是聚讼纷纷。所以外国的俗语说,社会主义有五十七种,究竟不知那一种才是对的。由此便可见普通人对于社会主义无所适从的心理了。欧战发生了之后,社会的进步很快,世界潮流已经到了解决社会问题的时期。凡是从前不理会社会主义的人,在此时也跟上社会主义的路来走。就时势的机会讲,社会党应该可以做很多事,应该可以完全解决社会问题。但是社会党的内部,便生出许多纷争。在各国的社会党,一时风起云涌,发生种种派别,其中最著名的有所谓共产党、国家社会党和社会民主党。各党派之复杂,几乎不只五十七种。所以从前旁观者对于社会党派别复杂的批评,至此时正所谓不幸而言中。至于欧战没有发生以前,世界各国只有赞成社会主义和反对社会主义的两种人。反对的那种人,大多数都是资本家,所以从前只有反对社会主义的资本家同社会党来战争。到欧战发生了之后,反对的人都似降服了,社会党似乎可乘机来解决社会问题。不过当时赞成社会主义的人在事前没有想到好办法,所以社会党内部便临时生出许多纷争。这种纷争,比较从前反对派和赞成派的纷争,更要利害。所以社会问题至今不能解决,我们到了今日还是要来研究。在从前资本家、工人和学者反对社会主义的时候,所有世界各国赞成社会主义的人,不论是本国、外国,都是认为同志。到了近来,不但是德国的社会党反对俄国的社会党,或者是俄国的社会党反对英国、美国的社会党,有国际的纷争,就是一国的社会党内部,也演出种种纷争。所以社会问题愈演愈纷乱,到现在还找不出一个好方法来解决。

今天我所讲的民生主义,究竟和社会主义有没有分别呢?社会主义中的最大问题,就是社会经济问题。这种问题,就是一班人的生活问题。因为机船发明以后,大部分人的工作都是被机器夺去了,一班工人不能够生存,便发生社会问题,所以社会问题之发生,原来是要解决人民的生活问题。故专就这一部分的道理讲，社会问题便是民生问题。所以民生主义，便可说是社会主义的本题。现在各国的社会主义，各有各的主张，所以各国解决社会问题的方法也是各有不同。社会主义到底是民生主义中的一部分呀，或者民生主义是社会主义中的一部分呢？实业革命以后，研究社会问题的人不下千百家。其中研究最透彻和最有心得的，就是大家所知道的马克思。马克思对于社会问题，好像卢骚对于民权问题一样。在一百多年以前，欧美研究民权问题的人，没有那一个不是崇拜卢骚为民权中的圣人，好像中国崇拜孔子一样。现在研究社会问题的人，也没有那一个不是崇拜马克思做社会主义中的圣人。

　　在马克思的学说没有发表以前，世界上讲社会主义的，都是一种陈义甚高的理论，离事实太远。而马克思专从事实与历史方面用功，原原本本把社会问题的经济变迁阐发无遗。所以后来学者把社会主义的人分作两派：一是叫做"乌托邦派"，这个乌托邦和中国黄老所说的"华胥氏之国"意思相同；一是叫做"科学派"，专从科学方法去研究社会问题之解决。至于乌托邦派是专从理想上来把社会来改良成一个安乐的国家，便有这种子虚乌有的寄托。这种寄托是由于人类受了很多痛苦，那些极有道德和悲天悯人的人见了很不忍心，但是又没有力量去改良，所以只好说理想上的空话，作一种寄托。中国俗语说："天生一条虫，地生一片叶；天生一只鸟，地生一条虫。"这几句话的意思，就是说有了虫就有叶来养，有了鸟就有虫来养。但是人类的天然形体不完全，生来没有羽毛，必需衣以御寒，必需食以养生。在太古吃果实的时候，地广人稀，人人都是很容易觅食，不必做很多的工就可以生活。到了渔猎时代，人民就要打鱼猎兽，才可以有鱼肉吃，才可以生活，就是要做工才有饭吃。到了游牧时代，人类要从事畜牧才可以生活，当时人人都是逐水草而居，时常迁徙，所有的工作便是很辛苦勤劳。至于农业时代，人类要树艺五谷才可以生活，彼时人类的生活更是复杂，所有的工作更是辛苦勤劳。到了工商时代，遇事都是用机器，不用人力，人类虽然有力，也没有用处，想去卖工，找不到雇主。在这个时候，便有很多人没有饭吃，甚至于饿死，所受的痛苦不是一言可尽。一般道德家，见得天然界的禽兽，不用受痛苦尚且可以得衣食，人类受了痛苦，反不容易得衣食，这是很可悯的；想要减少这些痛苦，令人人都可以得衣食，便发明了社会主义的学说，来解决这个问题。所以从前一般讲社会主义的人，多半是道德家，就是一般赞成的人，也是很有良心、很有道德的。只有在经济上已经成功、自私自利、不顾群众生活的资本家才去反对，才不理社会问题。这个问题既然是为世界大多数人谋生活的问题，先知先觉的人发明了这个道理之后，自然可以得多数人的同情心来表示赞成。所以这个学说一经出世之后，便组织得有社会党；社会党一经成立之后，团体便一天发达一天，一天加大一天，扩充到各国。但是从前讲社会主义的人，都是乌托邦派，只希望造一个理想上的安乐世界，来消灭人类的痛苦。至于怎么样去消灭的具体方法，他们毫没有想到。

到了马克思出世之后，便用他的聪明才智和学问经验，对于这些问题作一种极透彻的研究，把古人所不知道和所不能解决的，都通通发明出来。他的发明是全凭着经济原理。他照经济原理作透彻的研究之后，便批评从前主张社会主义的人，不过是有个人的道德心和群众的感情作用；其实经济问题，不是道德心和感情作用可以解决得了的，必须把社会的情状和社会的进化，研究清楚了之后，才可以解决。这种解决社会问题的原理，可以说是全凭事实，不尚理想。至于马克思所著的书和所发明的学说，可说是集几千年来人类思想的大成。所以他的学说一出来之后，便举世风从，各国学者都是信仰他，都是跟住他走。好像卢骚发明了民权主义之后，凡是研究民权的人都信仰卢骚一样。从马克思以后，社会主义里头便分为两派：一个是乌托邦派，一个是科学派。

乌托邦派的情形，刚才已经讲过了。至于科学派，是主张用科学的方法来解决社会问题。因为近几十年来，物质文明极发达，科学很昌明，凡事都是要凭科学的道理才可以解决，才可以达到圆满的目的。就是讲到社会问题的解决方法，也是要从科学一方面研究清楚了之后，才可以得出结果。

讲到这里，便要归宿到我的学说"知难行易"。天下事情，如果真是知道了，便容易行得到。比方今天讲堂里很热，我们不用人力，只用电气风扇，便可以解热。这件事如果是古人或者是乡下毫没有知识的人看见了，一定以为是神鬼从中摇动，所谓巧夺天工，对于这种奇怪的风扇一定要祈祷下拜。现在大家虽然不明白电气风扇的详细构造，但是已经明白电磁吸引的道理。因为由电能够吸引风扇，所以风扇能够转动，决不以为是很奇怪的事。难道古人的聪明不及我们吗？推论这个原因，就是由于古人不知道科学，故不能发明风扇，不是古人没有本领，不能用风扇。近来因为知道科学，有了科学家能够发明风扇，所以大家便能够用这种风扇来享清凉。如果古人知道科学，以古人的聪明才智所做出来的东西，或者要比我们做的还要巧妙得多。

讲到社会问题，在马克思以前，以为是一种希望，是做不到的事。到马克思本人，也以为单靠社会主义的理想去研究，还是一种玄想，就令全世界人都赞成，也是做不成功；一定要凭事实，要用科学的方法去研究清楚，才可以做得到。所以他一生研究社会主义，便在科学方法上去做工夫。他研究社会主义的工作，更是很辛苦的。当他亡命在英国的时候，英国是近代世界上顶文明的国家，没有那一国可以驾乎英国之上的，所以英国在当时，关于文化的设备也是很齐备。有一间图书馆，其中所藏的书籍，总有好几百万种，无论关于什么问题的书籍都是很丰富的。马克思便每天在那间图书馆内去研究，用了二三十年的功，费了一生的精力，把关于社会主义的书籍，不管他是古人著作的，或者是时人发表的，都搜集在一处，过细参考比较，想求出一个结果。这种研究社会问题的办法，就是科学方法。故马克思所求出解决社会问题的方法，就是科学的社会主义。由于他这种详细深奥的研究，便求出一个结果，说世界上各种人事的动作，凡是文字记载下来令后人看见的，都可以作为历史。他在这种历史中所发明的最重要之一点，就是说世界一切历史都是集中于物质，物质有变动，世界也随之变动；并说人类行为都是由物质的境遇所决定，故人类文明史，只可说是随物质境遇的变迁史。马克思的这种发明，有人比之牛顿发明天文学之重心学说一样。现在马克思发明物质是历史的重心，因为他的研究透彻，理由充足，所以从前许多反对社会主义的人，后来都变为赞成社会主义。如果是过细研究了马克思学说的人，更是信仰他。

经过欧战以后，世界上差不多没有反对社会主义的人，社会党可以为所欲为，本来可以解决各国的社会问题。当时势力最大的社会党是马克思派，马克思派是科学派，从前的是乌托邦派。在当时各国的社会，秩序一乱，社会党内的科学派和乌托邦派，固然是发生了冲突，就是科学派的社会党，也是互相冲突。因为内部有冲突，所以欧战之后，至今还不能解决社会问题。

至于推到社会党的圣人马克思，以物质为历史的重心，这个道理究竟是怎么样呢？马克思的门徒于一千八百四十八年在比利时开了一个国际社会党大会，定了许多办法。现在各国马克思派的社会党所用的办法，许多还是奉行那年所定的大纲。当欧战发生以后，俄国便拿那种主义去实行。现在俄国已经把那种主义改变了，其中理由到底是怎么样，我们研究俄国的情形不多，不敢判断。但是照俄国人自己说，俄国从前所行的革命办法，并不是马克思主义，是一种战时政策。这种战时政策并不是俄国独行的，就是英国、德国和美国当欧战的时候，把全国的大实业像铁路、轮船和一切大制造厂都收归国有。同是一样的办法，为什么英国、

声振神州——孙中山在中山大学及前身院校的演讲

美国实行出来，就说是战时政策，在俄国实行出来，大家便说是马克思主义呢？理由就是由于俄国革命党是信仰马克思主义，而欲施之实行的原故。照俄国人说，俄国现在的实业和经济还没有大发达，实在够不上实行马克思主义；要像英国、美国之实业经济的那样发达，才可以实行马克思主义。所以在理论一方面讲，马克思的信徒在欧战以后，便大家争论起来。德国、法国和俄国的社会党，本来都是服从马克思主义，成了"国际派"。但是到了争论的时候，彼此互相攻击，互相诋毁，攻击的人总是说被攻击的人不是服从马克思主义。这一派攻击那一派，这一国的社会党攻击那一国的社会党。由于这些攻击诋毁，马克思的学说便发生了问题。就是物质到底是不是历史的重心呢？牛顿考究得太阳在宇宙之间，是我们的中心。照天文学和各种科学去研究，那个道理是很对的。马克思发明物质是历史的重心，到底这种道理是对不对呢？经过欧战后几年的试验以来，便有许多人说是不对。到底什么东西才是历史的重心呢？我们国民党提倡民生主义已经有了二十多年，不讲社会主义，只讲民生主义。社会主义和民生主义的范围是什么关系呢？近来美国有一位马克思的信徒威廉氏，深究马克思的主义，见得自己同门互相纷争，一定是马克思学说还有不充分的地方，所以他便发表意见，说马克思以物质为历史的重心是不对的，社会问题才是历史的重心，而社会问题中又以生存为重心，那才是合理。民生问题就是生存问题，这位美国学者最近发明适与吾党主义若合符节。这种发明就是民生为社会进化的重心，社会进化又为历史的重心，归结到历史的重心是民生，不是物质。我们提倡民生主义二十多年，当初详细研究，反复思维，就是觉得用"民生"这两个字来包括社会问题，较之用"社会"或"共产"等名词为适当，切实而且明了，故采用之。不图欧战发生之后，事理更明，学问更进，而马克思宗徒亦有发明相同之点。此足见吾党之提倡民生生义正合夫进化之原理，非同时

民生主义

髦学者之人云亦云也。

照这位美国学者主张，他说，古今人类的努力，都是求解决自己的生存问题，人类求解决生存问题，才是社会进化的定律，才是历史的重心；马克思的唯物主义，没有发明社会进化的定律，不是历史的重心。我们要明白这两家的学说，究竟那一家的主张是对的，便要详细研究他们的主义和近世社会进化的事实是不是相符合。马克思研究社会问题，是专注重物质的。要讲到物质，自然不能不注重生产；没有过量的生产，自然不至有实业革命。所以生产是近世经济上的头一件事。要知道近世的经济情形，便先要知道近世的生产情形。近世的生产情形是怎么样呢？生产的东西都是用工人和机器，由资本家与机器合作，再利用工人，才得近世的大生产。至于这种大生产所得的利益，资本家独得大分，工人分得少分。所以工人和资本家的利益常常相冲突，冲突之后，不能解决，便生出阶级战争。照马克思的观察，阶级战争不是实业革命之后所独有的，凡是过去的历史都是阶级战争史。古时有主人和奴〈隶〉的战争，有地主和农奴的战争，有贵族和平民的战争，简而言之，有种种压迫者和被压迫者的战争。到了社会革命完全成功，这两个互相战争的阶级才可以一齐消灭。由此便可知马克思认定要有阶级战争，社会才有进化，阶级战争是社会进化的原动力。这是以阶级战争为因，社会进化为果。我们要知道这种因果的道理是不是社会进化的定律，便要考察近来社会进化的事实。

近几十年来社会是很进化的，各种社会进化的事实更是很复杂的。就是讲到经济一方面的事实，也不是一言可尽。但是用概括的方法来讲，欧美近年来之经济进化可以分作四种：第一是社会与工业之改良，第二是运输与交通事业收归公有，第三是直接征税，第四是分配之社会化。这四种社会经济事业，都是用改良的方法进化出来的。从今以往，更是日日改良，日日进步的。这四种社会经济事业是些什么详细情形呢？

譬如就第一种，就是要用政府的力量改良工人的教育，保护工人的卫生，改良工厂和机器，以求极安全和极舒服的工作。能够这样改良，工人便有做工的大能力，便极愿意去做工，生产的效力便是很大。这种社会进化事业，在德国施行最早，并且最有成效。近来英国、美国也是一样的仿行，也是一样的有成效。

就第二种的情形说，就是要把电车、火车、轮船以及一切邮政、电政、交通的大事业，都由政府办理。用政府的大力量去办理那些大事业，然后运输才是很迅速，交通才是很灵便。运输迅速，交通灵便，然后各处的原料才是很容易运到工厂内去用，工厂内制造的出品才是很容易运到市场去卖，便不至多费时间，令原料与出品在中道停滞，受极大的损失。如果不用政府办，要用私人办，不是私人的财力不足，就是垄断的阻力极大。归结到运输一定是不迅速，交通一定是不灵便，令全国的各种经济事业都要在无形之中受很大的损失。这种事业的利弊，在德国明白最早，所以他们的各种大运输交通事业老早就是由国家经营。就是美国私有的大运输交通事业，在欧战期内也是收归政府办理。

至于第三种直接征税，也是最近进化出来的社会经济方法。行这种方法，就是累进税率，多征资本家的所得税和遗产税。行这种税法，就可以令国家的财源多是直接由资本家而来。资本家的入息极多，国家直接征税，所谓多取之而不为虐。从前的旧税法只是钱粮和关税两种。行那种税法，就是国家的财源完全取之于一般贫民，资本家对于国家只享权利，毫不尽义务，那是很不公平的。德国、英国老早发现这种不公平的事实，所以他们老早便行直接征税的方法。德国政府的岁入，由所得税和遗产税而来的，占全国收入的百分之六十至百分之八十。英国政府关于这种收入，在欧战开始的时候也到百分之五十八。美国实行这种税法较为落后，在十年之前才有这种法律，自有了这种法律以后，国

민生主义

家的收入便年年大形增加。在一千九百一十八年，专就所得税一项的收入而论，便约有美金四十万万。欧美各国近来实行直接征税，增加了大财源，所以更有财力来改良种种社会事业。

第四种分配之社会化，更是欧美社会最近的进化事业。人类自发明了金钱，有了买卖制度以后，一切日常消耗货物多是由商人间接买来的。商人用极低的价钱，从出产者买得货物，再卖到消耗者，一转手之劳便赚许多佣钱。这种货物分配制度，可以说是买卖制度，也可以说是商人分配制度。消耗者在这种商人分配制度之下，无形之中受很大的损失。近来研究得这种制度可以改良，可以不必由商人分配，可以由社会组织团体来分配，或者是由政府来分配。譬如英国所发明的消费合作社，就是由社会组织团体来分配货物。欧美各国最新的市政府，供给水电、煤气以及面包、牛奶、牛油等食物，就是用政府来分配货物。像用这种分配的新方法，便可以省去商人所赚的佣钱，免去消耗者所受的损失。就这种新分配方法的原理讲，就可以说是分配之社会化，就是行社会主义来分配货物。

以上所讲的社会与工业之改良、运输与交通收归公有、直接征税与分配之社会化，这四种社会经济进化，便打破种种旧制度，发生种种新制度。社会上因为常常发生新制度，所以常常有进化。

至于这种社会进化，是由于什么原因呢？社会上何以要起这种变化呢？如果照马克思的学说来判断，自然不能不说是由于阶级战争。社会上之所以要起阶级战争的原故，自然不能不说是资本家压制工人，资本家和工人的利益总是相冲突，不能调和，所以便起战争。社会上因为有这种战争，所以才有进化。但是照欧美近几十年来社会上进化的事实看，最好的是分配之社会化，消灭商人的垄断，多征资本家的所得税和遗产税，增加国家的财富，更用这种财富来把运输和交通收归公有，以及改良工人的教育、卫生和工厂的设备，来增加社会上的生产力。因为社会上的生产很大,一切生产都是很丰富,资本家固然是发大财,工人也可以多得工钱。像这样看来,资本家改良工人的生活,增加工人的生产力,工人有了大生产力,便为资本家多生产,在资本家一方面可以多得出产,在工人一方面也可以多得工钱,这是资本家和工人的利益相调和,不是相冲突。社会之所以有进化,是由于社会上大多数的经济利益相调和,不是由于社会上大多的经济利益有冲突。社会上大多数的经济利益相调和,就是为大多数谋利益。大多数有利益,社会才有进步。社会上大多数的经济利益之所以要调和的原因,就是因为要解决人类的生存问题。古今一切人类之所以要努力,就是因为要求生存;人类因为要有不间断的生存,所以社会才有不停止的进化。所以社会进化的定律,是人类求生存。人类求生存,才是社会进化的原因。阶级战争不是社会进化的原因,阶级战争是社会当进化的时候所发生的一种病症。这种病症的原因,是人类不能生存。因为人类不能生存,所以这种病症的结果便起战争。马克思研究社会问题所有的心得,只见到社会进化的毛病,没有见到社会进化的原理,所以马克思只可说是一个社会病理家,不能说是一个社会生理家。

再照马克思阶级战争的学说讲,他说资本家的盈余价值都是从工人的劳动中剥夺来的。把一切生产的功劳,完全归之于工人的劳动,而忽略社会上其他各种有用分子的劳动。譬如中国最新的工业是上海、南通州和天津、汉口各处所办的纱厂布厂。那些纱厂布厂当欧战期内纺纱织布是很赚钱的,各厂每年所剩的盈余价值少的有几十万,多的有几百万。试问这样多的盈余价值,是属于何人的功劳呢?是不是仅仅由于纱厂布厂内纺纱织布的那些工人的劳动呢?就纺纱织布而论,我们便要想想布和纱的原料,由此我们便要推及于棉花。因为要研究棉花的来源,我们便要推到种种农业问题。要详细讲到棉花的农业问题,便不能不推及到研究好棉花种子和怎么种植棉花的那些农学家。当未下棉种之初,便不能不用各种工具和机器去耕耘土地，及下棉种之后，又不能不用肥料去培养结棉花的枝干。我们一想到那些器械和肥料，便不能不归功到那些器械和肥料的制造家和发明家。棉花收成之后，再要运到工厂内来纺纱织布。布和纱制成之后，再运到各处市场去卖，自然要想到那些运输的轮船火车。要研究到轮船火车之何以能够运动，首先便要归功到那些蒸汽和电气的发明家。要研究到构造轮船火车是些什么材料，自然不能不归功于金属的采矿家、制造家和木料的种植家。就是布和纱制成之后，社会上除了工人之外，假若其余各界的人民都不穿那种布、用那种纱，布和纱当然不能畅销。布和纱没有大销路，纱厂布厂的资本家怎么样可以多赚钱，可以多取盈余价值？就这种种情形设想，试问那些纱厂布厂的资本家所取得的盈余价值究竟是属于谁的呢？试问纱厂布厂内的工人，怎么能够说专以他们的劳动便可以生出那些布和纱的盈余价值呢？不徒是纱布工业盈余价值的情形是这样，就是各种工业盈余价值的情形都是一样。由此可见，所有工业生产的盈余价值，不专是工厂内工人劳动的结果，凡是社会上各种有用、有能力的份子，无论是直接、间接，在生产方面或者是在消费方面，都有多少贡献。这种有用有能力的份子，在社会上要占大多数。如果专讲工人，就是在工业极发达的美国，工人的数目也不过是二千多万，只占全美国人口五分之一。至于其他工业不发达的国家，像我们中国做工的人数，更是很少。像这样讲，就令在一个工业极发达的国家，全国的经济利益不相调和，发生冲突，要起战争，也不是一个工人阶级和一个资本阶级的战争，是全体社会大多数有用、有能力的份子和一个资本阶级的战争。这些社会上大多数有用、有能力的份子，因为都要求生存，免去经济上的战争，所以才用公家来分配货物，多征资本家的所得税、遗产税，来发达全国的运输和交通事业，以及改良工人的生活和工厂的工作，做种种大多数的经济利益相调和的事业。欧美各国从这种种经济利益相调和的事业发达以后,社会便极有进化,大多数便很享幸福。所以马克思研究社会问题,只求得社会上一部分的毛病,没有发明社会进化的定律。这位美国学者所发明的人类求生存才是社会进化的定律,才是历史的重心。人类求生存是什么问题呢?就是民生问题。所以民生问题才可说是社会进化的原动力。我们能够明白社会进化的原动力,再来解决社会问题,那才容易。

马克思认定阶级战争才是社会进化的原因,这便是倒果为因。因为马克思的学说颠倒因果,本源不清楚,所以从他的学说出世之后,各国社会上所发生的事实,便与他的学说不合,有的时候并且相反。譬如他的门徒在一千八百四十八年开过一次国际共产大会,发表了种种主张,这次所组织的国际共产党,在普法战争的时候,就被消灭了。后来又成立第二次的国际共产党。第二次国际共产党和第一次国际共产党不同的地方,是第一次国际共产党要完全本阶级战争的原理,用革命手段来解决社会问题,主张不与资本家调和,所谓不妥协。至于党员加入国会去活动是共产党所不许可的,以为这不是科学的方法。但是后来德国的共产党通同走到国会去活动,延到今日,英国工党又在君主立宪政府之下组织内阁。照这些事件来看,世界上所发生许多的政治经济变动,都不是第一次国际共产党所定的办法。因为第一次国际共产党和第二次国际共产党的主张太不相同,所以后来马克思党徒的纷争更是利害,这都是马克思在当时所没有料到的。由于这些不能料到的事情,便知道我的学说是知难行易。马克思主张用科学来解决社会问题,他致力最大的地方,在第一次国际共产党没有成立以前,用很多工夫把从前的历史和当时的事实都研究得很清楚。由于他研究从前的历史和当时的事实所有的心得,便下一个判断,说将来资本制度一定要消灭。他以为资本发达的时候,资本家之中彼此因为利害的关系,大资本家一定吞灭小资本家。弄到结果，社会上便只有两种人：一种是极富的资本家，一种是极穷的工人。到资本发达到了极点的时候，自己便更行破裂，成一个资本国家，再由社会主义顺着自然去解决，成一个自由社会式的国家。依他的判断，资本发达到极点的国家，现在应该到消灭的时期，应该要起革命。但是从他至今有了七十多年，我们所见欧美各国的事实和他的判断刚刚是相反。当马克思的时代，英国工人要求八点钟的工作时间，用罢工的手段向资本家要挟。马克思便批评以为这是一种梦想，资本家一定是不许可的，要得到八点钟的工作时间，必须用革命手段才可以做得到。到了后来，英国工人八点钟的要求，不但是居然成为事实，并且由英国国家定为一种通行的法律，令所有全国的大工厂、银行、铁路中的工人都是作工八点钟。其他许多事实，在马克思当时自以为是料到了的，后来都是不相符合，令马克思自己也说"所料不中"。别的事实不说，只就资本一项来讲，在马克思的眼光，以为资本发达了之后，便要互相吞并，自行消灭。但是到今日，各国的资本家不但不消灭，并且更加发达，没有止境，便可以证明马克思的学理了。

我们再来讲德国社会问题的情形。德国当俾士麦执政的时代，用国家力量去救济工人的痛苦，作工时间是由国家规定了八点钟；青年和妇女作工的年龄与时间，国家定了种种限制；工人的养老费和保险费，国家也有种种规定，要全国的资本家担任去实行。当时虽然有许多资本家反对，但是俾士麦是一位铁血宰相，他便有铁血的手腕去强制执行。当实行的时候，许多人以为国家保护工人的办法改良，作工的时间减少，这是一定于工人有利、于资本家有损的。再照比例的理想来推，从前十六点钟工作的生产力，自然要比八点钟的生产力大得多。但是行了之后的结果是怎么样呢？事实上八点钟的工作，比较十六点钟的工作，还要生产得多。这个理由，就是因为工人一天作八点钟的工作，他的精神体魄不至用尽，在卫生上自然是健康得多。因为工人的精神体魄健康，管理工厂内的机器自然是很周到，机器便很少损坏。机器很少损坏，便不至于停工修理，便可以继续的生产，生产自然是加多。如果工人一天作十六点钟的工，他们的精神体魄便弄到很衰弱，管理机器不能周到，机器便时常损坏，要停工修理，不能继续生产，生产力自然要减少。如果大家不信，我可举一个比喻，请诸君各人自己去试验。比方一个人一日要读十五六点钟的书，弄到精神疲倦，就是勉强读得多，也不容易记清楚。如果一日只读八点钟的书，其余的时间，便去休息游戏，保养精神，我想读过了的书，一定是很容易记得，很容易了解。讲到时间的关系，马克思在当时所想到了的，以为作工八点钟，生产力一定要减少。后来德国实行时间减少政策，生产力反为加多，驾乎各国之上。于是英国、美国便奇怪起来，以作工时间减少，工人保护费加多，生产应该要减少，何以德国行这种政策，生产力反加多呢？因为奇怪，便去考察德国的情形，后来英国、美国也明白这个道理，便仿效德国的办法。马克思在当时总是不明白这个道理，所以他便断错了。

再照马克思的研究，他说资本家要能够多得盈余价值，必须有三个条件：一是减少工人的工钱，二是延长工人作工的时间，三是抬高出品的价格。这三个条件是不是合理，我们可以用近来极赚钱的工业来证明。大家知道美国有一个福特汽车厂，那个厂极大，汽车的出品极多，在世界各国都是很销行的，该厂内每年所赚的钱有过万万。至于那个厂内制造和营业的情形是怎么样呢？不管是制造厂或者是办事房，所有一切机器陈设都是很完备，都是很精致，很适合工人的卫生。工人在厂内做事，最劳动的工作，最久不过是做八点钟，至于工钱，虽极不关重要的工夫，每日工钱都有美金五元，合中国钱便有十元；稍为重要的职员，每日所得的薪水，更不止此数。厂内除了给工人的工钱薪水以外，还设得有种种游戏场，供工人的娱乐；有医药卫生室，调治工人的疾病；开设得有学校，教育新到的工人和工人的子弟；并代全厂的工人保人寿险，工人死亡之后，遗族可以得保险费，又可以得抚恤金。说到这个厂所制出来汽车的价格，这是大家买过汽车的人都是很知道的，凡是普通汽车要值五千元的，福特汽车最多不过是值一千五百元。这种汽车价值虽然是很便宜，机器还是很坚固，最好的是能够走山路，虽使用极久，还不至于坏。因为这个车厂的汽车有这样的价廉物美，所以风行全球。因为这种汽车销路极广，所以这个厂便发大财。我们用这个发财车厂所持的工业经济原理，来和马克思盈余价值的理论相比较，至少有三个条件恰恰是相反。就是马克思所说的是资本家要延长工人作工的时间，福特车厂所实行的是缩短工人作工的时间；马克思所说的是资本家要减少工人的工钱，福特车厂所实行的是增加工人的工钱；马克思所说的是资本家要抬高出品的价格，福特车厂所实行的是减低出品的价格。像这些相反的道理，从前马克思都是不明白，所以他从前的主张便大错特错。马克思研究社会问题，用功几十年，所知道的都是已往的事实。至于后来的事实，他一点都没有料到。所以他的信徒要变更他的学说，再推到马克思社会主义的目的，根本上主张要推倒资本家。究竟资本家应该不应该推倒，还要后来详细研究才能够清楚。由此更可见，知是很艰难的，行是很容易的。

马克思盈余价值的精华，是说资本家所得的钱是剥夺工人的盈余。由此便推到资本家生产要靠工人，工人生产要靠物质，物质买卖要靠商人。凡是一种生产，资本家同商人总是从中取利，剥夺工人的血汗钱。由此便知资本家和商人，都是有害于工人，有害于世界的，都应该要消灭。不过马克思的判断，以为要资本家先消灭，商人才能够消灭。现在世界，天天进步，日日改良，如前所讲之分配社会化就是新发明，这种发明叫做合作社。这种合作社是由许多工人联合起来组织的。工人所需要的衣服饮食，如果要向商人间接买来，商人便从中取利，赚很多的钱，工人所得的物品一定是要费很多的钱。工人因为想用贱价去得好物品，所以他们便自行凑合，开一间店子，店子内所卖的货物都是工人所需要的。所以工人常年需要货物，都是向自己所开的店子内去买，供给既便利，价值又便宜。到了每年年底，店中所得的盈利，便依顾主消费的多少分派利息。这种店子分利，因为是根据于顾主消费的比例，所以就叫做消费合作社。现在英国许多银行和生产的工厂，都是由这种消费合作社去办理。由于这种合作社之发生，便消灭了许多商店，所以从前视此种合作社为不关重要的商店，现在便看作极有效力的组织。英国因为这种组织很发达，所以国内的大商家现在都变成生产家。就是像美国的三达火油公司，在中国虽然是一家卖油的商店，在美国便是制造火油的生产家。其他英国的各种大商家，现在都有变成生产家的趋势。用这种合作社来解决社会问题，虽然是旁枝的事情，但是马克思当时的判断，以为要资本家先消灭，商人才可以消灭，现在合作社发生，商人便先消灭。马克思的判断和这种事实又是不相符合。马克思的判断既然是和事实不对，可见我的学说"知难行易"是的确不能磨灭的。

再照马克思的学理说，世界上的大工业要靠生产，生产又要靠资本家。这几句话的意思，就是有了好生产和大资本家，工业便可以发展，便可以赚钱。就我们中国工业的情形来证明，是怎么样呢？中国最大的工业是汉冶萍公司，汉冶萍公司是专制造钢铁的大工厂。这个公司内最大的资本家，从前是盛宣怀。这个工厂每年所出的钢铁，在平常的时候，或者是运到美洲舍路埠①去卖，或者是运到澳洲去卖，当欧战的时候，都是运到日本去卖。

---

① 今译"西雅图"。

民生主义

钢铁本来是中国的大宗进口货，中国既是有了汉冶萍可以制造钢铁，为什么还要买外国的钢铁呢？因为中国市面所需要的钢铁都是极好的建筑钢、枪炮钢和工具钢；汉冶萍所制造的，只是钢轨和生铁，不合市面的用途，所以市面要买外来的进口货，不买汉冶萍的钢铁。至于美国每年所出的钢有四千万吨，铁有四五千万吨，中国只有汉冶萍，每年出铁二十万吨，出钢十几万吨。中国所出这样少数的钢铁，为什么还要运到美国去卖呢？美国出那样多的钢铁，为什么还可以消受中国的钢铁呢？就是因为汉冶萍没有好炼钢厂，所出的生铁，要经过许多方法的制造，才可以有用，在中国不合用途，所以要运到外国去卖。美国有极多的制钢厂，只要有便宜铁，不管他是那里来的，便可以消纳，便可以制造好钢来赚钱。所以本国虽然出很多的钢铁，就是中国运去的便宜铁，还可以买汉冶萍公司所出的钢铁。因为是运到外国去卖，所以在欧战的时候，对于工人减时间，加工价，还是很赚钱，现在是亏本，许多工人失业。照马克思的学理讲，汉冶萍公司既是有钢铁的好出产，又有大资本，应该要赚钱，可以大发展，为什么总是要亏本呢？由汉冶萍这一个公司的情形来考究，实业的中心是在什么地方呢？就是在消费的社会，不是专靠生产的资本。汉冶萍虽然有大资本，但是生产的钢铁，在中国没有消费的社会，所以不能发展，总是不能赚钱。因为实业的中心要靠消费的社会，所以近来世界上的大工业，都是照消费者的需要来制造物品。近来有知识的工人，也是帮助消费者。消费是什么问题呢？就是解决众人的生存的问题，也就是民生问题。所以工业实在是要靠民生。民生就是政治的中心，就是经济的中心和种种历史活动的中心，好像天空以内的重心一样。

　　从前的社会主义错认物质是历史的中心，所以有了种种纷乱。这好像从前的天文学，错认地球是宇宙的中心，所以计算历数，每三年便有一个月的大差；后来改正太阳是宇宙的中心，每三年后的历数,才只有一日之差一样。我们现在要解除社会问题中的纷乱,便要改正这种错误,再不可说物质问题是历史的中心,要把历史上的政治、社会、经济种种中心都归之于民生问题,以民生为社会历史的中心。先把中心的民生问题研究清楚了,然后对于社会问题才有解决的办法。

民生主义

第二讲

民国十三年八月十日

　　民生主义这个问题，如果要从学理上详细来讲，就是讲十天或二十天也讲不完全。况且这种学理，现在还是没有定论的。所以单就学理来讲，不但是虚耗很多时间，恐怕讲演理论，越讲越难明白。所以我今天先把学理暂且放下不说，专拿办法来讲。

　　民生主义的办法，国民党在党纲里头老早是确定了。国民党对于民生主义定了两个办法：第一个是平均地权，第二个是节制资本。只要照这两个办法，便可以解决中国的民生问题。至于世界各国，因为情形各不相同，资本发达的程度也是各不相同，所以解决民生问题的办法，各国也是不能相同。我们中国学者近来从欧美得到了这种学问，许多人以为解决中国民生问题，也要仿效欧美的办法。殊不知欧美社会党解决社会问题的办法，至今还是纷纷其说，莫衷一是。

　　照马克思派的办法，主张解决社会问题，要平民和生产家即农工专制，用革命手段来解决一切政治、经济问题，这种是激烈派。还有一派社会党，主张和平办法，用政治运动和妥协的手段去解决。这两派在欧美常常大冲突，各行其是。用革命手段来解决政治经济问题的办法，俄国革命时候已经采用过了。不过俄国革命六年以来，我们所看见的，是他们用革命手段，只解决政治问题。用革命手段解决政治问题，在俄国可算是完全成功。但是说到用革命手段来解决经济问题，在俄国还不能说是成功。俄国近日改变一种新经济政策，还是在试验之中。由此便知纯用革命手段不能完全解决经济问题。因为这个原因，欧美许多学者便不赞成俄国专用革命的手段去解决经济问题的方法，主张要用政治运动去解决这种问题。行政治运动去解决政治经济问题，不是一日可以做得到的，所以这派人都主张缓进。这派主张缓进的人，就是妥协家同和平派。他们所想得的方法，以为英美资本发达的国家，不能用马克思那种方法立时来解决社会问题，要用和平的方法才可以完全解决。这种方法就是前一次已经讲过了的四种方法：第一是社会与工业之改良；第二运输与交通事业收归公有；第三直接征税，就是收所得税；第四为分配之社会化，就是合作社。这四种方法都是和马克思的办法不同，要主张行这种方法，来改良经济问题，就是反对马克思用革命手段来解决经济问题。欧美各国已经陆续实行这四种方法，不过还没有完全达到所期望的目的。但是大家都以为用这四种方法，社会问题便可以解决。所以英美便有许多社会党很赞成这四种方法。这四种方法都是和平手段，所以他们便很反对马克思革命手段。俄国当初革命的时候，本来想要解决社会问题，政治问题还在其次。但是革命的结果，政治问题得了解决，社会问题不能解决，和所希望的恰恰是相反。由于这种事实，反对马克思的一派便说："俄国行马克思办法，经过这次试验，已经是办不通，归于失败。"至于马克思的党徒便答复说："俄国行革命手段来解决社会问题，不是失败，是由于俄国的工商业还没有发达到英美那种程度，俄国的经济组织还没有成熟，所以不能行马克思的方法。如果在工商业极发达、经济组织很成熟的国家，一定可以行马克思的办法。所以马克思的方法若是在英美那种国家去实行，一定是能够成功的，社会问题一定是可以根本解决的。"照这两派学说比较起来，用马克思的方法，所谓是快刀斩乱麻的手段；反对马克思的方法，是和平手段。我们要解决社会问题，究竟是用快刀斩乱麻的手段好呀，还是用和平手段，像上面所讲的四种政策好呢？这两派的办法，都是社

民生主义

会党所主张的和资本家相反对的。

现在欧美的工商业进步到很快,资本发达到极高,资本家专制到了极点,一般人民都不能忍受。社会党想为人民解除这种专制的痛苦,去解决社会问题,无论是采用和平的办法或者是激烈的办法,都被资本家反对。到底欧美将来解决社会问题,是采用什么方法,现在还是看不出,还是料不到。不过主张和平办法的人,受了资本家很多的反对、种种的激烈〔刺激〕,以为用和平手段来改良社会,于人类极有利益,于资本家毫无损害,尚且不能实行,便有许多人渐渐变更素来的主张,去赞成激烈的办法,也一定要用革命手段来解决社会问题。照马克思的党徒说:"如果英国工人真能够觉悟,团结一致,实行马克思的办法,来解决社会问题,在英国是一定可以成功的。美国的资本发达和英国相同,假若美国工人能行马克思主义,也可以达到目的。"但是现在英美各国的资本家专制到万分,总是设法反对解决社会问题的进行,保守他们自己的权利。现在资本家保守权利的情形,好像从前专制皇帝要保守他们的皇位一样。专制皇帝因为要保守他们的皇位,恐怕反对党来摇动,便用很专制的威权、极残忍的手段来打消他们的反对党。现在资本家要保守自己的私利,也是用种种专制的方法来反对社会党,横行无道。欧美社会党,将来为势所迫,或者都要采用马克思的办法来解决经济问题,也是未可定的。

共产这种制度,在原人时代已经是实行了。究竟到什么时代才打破呢?依我的观察,是在金钱发生之后。大家有了金钱,便可以自由买卖,不必以货易货;由交易变成买卖,到那个时候,共产制度便渐渐消灭了。由于有了金钱,可以自由买卖,便逐渐生出大商家。当时工业还没有发达,商人便是资本家。后来工业发达,靠机器来生产,有机器的人便成为资本家。所以从前的资本家是有金钱,现在的资本家是有机器。由此可见,古代以货易货,所谓"日中为市"、"交易而退,各得其所"的时候,还没有金钱，一切交换，都不是买卖制度，彼此有无相通，还是共产时代。后来有了货币，金钱发生，便以金钱易货，便生出买卖制度，当时有金钱的商人便成为资本家。到近世发明了机器，一切货物都靠机器来生产，有机器的人更驾乎有金钱的人之上。所以由于金钱发生，便打破了共产；由于机器发明，便打破了商家。现在资本家有了机器，靠工人来生产，掠夺工人的血汗，生出贫富极相悬殊的两个阶级。这两个阶级常常相冲突，便发生阶级战争。一般悲天悯人的道德家，不忍见工人的痛苦，要想方法来解除这种战争，减少工人的痛苦，是用什么方法呢？就是想把古代的共产制度恢复起来。因为从前人类顶快活的时代，是最初脱离禽兽时代所成的共产社会。当时人类的竞争，只有和天斗，或者是和兽斗。后来工业发达，机器创出，便人与人斗。从前人类战胜了天同兽之后，不久有金钱发生，近来又有机器创出，那些极聪明的人把世界的物质都垄断起来，图他个人的私利，要一般人都做他的奴隶，于是变成人与人争的极剧烈时代。这种争斗要到什么时候才可以解决呢？必要再回复到一种新共产时代，才可以解决。所谓人与人争，究竟是争什么呢？就是争面包，争饭碗。到了共产时代，大家都有面包和饭吃，便不至于争，便可以免去人同人争。所以共产主义就是最高的理想来解决社会问题的。我们国民党所提倡的民生主义，不但是最高的理想，并且是社会的原动力，是一切历史活动的重心。民生主义能够实行，社会问题才可以解决。社会问题能够解决，人类才可以享很大的幸福。我今天来分别共产主义和民生主义，可以说共产主义是民生的理想，民生主义是共产的实行，所以两种主义没有什么分别，要分别的还是在方法。

我们国民党在中国所占的地位、所处的时机，要解决民生问题，应该用什么方法呢？这个方法，不是一种玄妙理想，不是一种空洞学问，是一种事实。这种事实不但是外国所独有的，就是中国也是有的。我们要拿事实做材料，才能够定出方法；如果单拿学理来定方法，这个方法是靠不住的。这个理由，就是因为学理有真的有假的，要经过试验才晓得是对与不对。好像科学上发明一种学理，究竟是对与不对，一定要做成事实，能够实行，才可以说是真学理。科学上最初发明的许多学理，一百种之中有九十九种是不能够实行的，能够实行的学理不过是百分之一。如果通通照学理去定办法，一定是不行的。所以我们解决社会问题，一定是要根据事实，不能单凭学理。

　　在中国的这种事实是什么呢？就是大家所受贫穷的痛苦。中国人大家都是贫，并没有大富的特殊阶级，只有一般普通的贫。中国人所谓"贫富不均"，不过在贫的阶级之中，分出大贫与小贫。其实中国的顶大资本家，和外国资本家比较，不过是一个小贫，其他的穷人都可说是大贫。中国的大资本家在世界上既然是不过一个贫人，可见中国人通通是贫，并没有大富，只有大贫、小贫的分别。我们要把这个分别弄到大家平均，都没有大贫，要用什么方法呢？大概社会变化和资本发达的程序，最初是由地主，然后由地主到商人，再由商人才到资本家。地主之产生，是由于封建制度。欧洲现在还没有脱离封建制度。中国自秦以后，封建制度便已经打破了。当封建制度的时候，有地的贵族便是富人，没有地的人便是贫民。中国到今日脱离封建制度虽然有了二千多年，但是因为工商业没有发达，今日的社会情形，还是和二千多年以前的社会情形一样。中国到今日，虽然没有大地主，还有小地主。在这种小地主时代，大多数地方还是相安无事，没有人和地主为难。

　　不过，近来欧美的经济潮流一天一天的侵进来了，各种制度都是在变动，所受的头一个最大的影响，就是土地问题。比方现在广州市的土地在开辟了马路之后，长堤的地价，和二十年以前的地价相差是有多少呢？又像上海黄浦滩的地价，比较八十年前

声振神州——孙中山在中山大学及前身院校的演讲

的地价，相差又是有多少呢？大概可说相差一万倍。就是从前的土地，大概一块钱可以买一方丈，现在的一方丈便要卖一万块钱。好像上海黄浦滩的土地现在每亩要值几十万，广州长堤的土地现在每亩要值十几万。所以中国土地，先受欧美经济的影响，地主便变成了富翁，和欧美的资本家一样了。经济发达，土地受影响的这种变动，不独中国为然，从前各国也有这种事实。不过各国初时不大注意，没有去理会，后来变动越大才去理会，便不容易改动，所谓积重难返了。我们国民党对于中国这种地价的影响，思患预防，所以要想方法来解决。

讲到土地问题，在欧美社会主义的书中，常说得有很多有趣味的故事。像澳洲有一处地方，在没有成立市场以前，地价是很平的。有一次政府要拍卖一块土地，这块土地在当时是很荒芜的，都是作垃圾堆之用，没有别的用处，一班人都不愿意出高价去买。忽然有一个醉汉闯入拍卖场来。当时拍卖官正在叫卖价，众人所还的价，有一百元的，有二百元的，有还到二百五十元的。到了还到二百五十元的时候，便没人再加高价。拍卖官就问有没有加到三百元的？当时那个醉汉，醉到很糊涂，便一口答应说："我出价三百元。"他还价之后，拍卖官便照他的姓名定下那块地皮。地既卖定，众人散去，他也走了。到第二天，拍卖官开出账单，向他要地价的钱。他记不起昨天醉后所做的事情，便不承认那一笔账。后来回忆他醉中所做的事，就大生悔恨。但对于政府，既不能赖账，只可费了许多筹画，尽其所有，才凑够三百元来给拍卖官。他得了那块地皮之后，许久也没有能力去理会。相隔十多年，那块地皮的周围都建了高楼大厦，地价都是高到非常。有人向他买那块地皮，还他数百万的价钱，他还不放手。他只是把那块地分租与人，自己总是收地租。更到后来，这块地便涨价到几千万，这个醉汉便变成澳洲第一个富家翁。推到这位澳洲几千万元财产的大富翁，还是由三百元的地皮来的。

民生主义

讲到这种事实，在变成富翁的地主，当然是很快乐，但是考究这位富翁原来只用三百元买得那块地皮，后来并没有加工改良，毫没有理会，只是睡觉，便坐享其成，得了几千万元。这几千万元是谁人的呢？依我看来，是大家的。因为社会上大家要用那处地方来做工商事业的中心点，便去把他改良，那块地方的地价才逐渐增加到很高。好像我们现在用上海地方做中国中部工商业的中心点，所以上海的地价比从前要增涨几万倍。又像我们用广州做中国南部工商业的中心点，广州的地价也比从前要增涨几万倍。上海的人口不过一百多万，广州的人口也是一百多万，如果上海的人完全迁出上海，广州的人完全迁出广州，或者另外发生天灾人祸，令上海的人或广州的人都消灭，试问上海、广州的地价还值不值现在这样高的价钱呢？由此可见，土地价值之能够增加的理由，是由于众人的功劳、众人的力量；地主对于地价涨跌的功劳，是没有一点关系的。所以外国学者认地主由地价增高所获的利益，名之为"不劳而获"的利，比较工商业的制造家，要劳心劳力，买贱卖贵，费许多打算、许多经营才能够得到的利益，便大不相同。工商业家垄断物质的价值来赚钱，我们已经觉得是不公平；但是工商业家还要劳心劳力，地主只要坐守其成，毫不用心力，便可以得很大的利益。但是地价是由什么方法才能够增涨呢？是由于众人改良那块土地，争用那块土地，地价才是增涨。地价一增涨，在那块地方之百货的价钱都随之而涨。所以就可以说，众人在那块地方经营工商业所赚的钱，在间接无形之中都是被地主抢去了。

至于中国社会问题，现在到了什么情形呢？一般研究社会问题和提倡解决社会问题的人，所有的这种思想学说，都是从欧美得来的。所以讲到解决社会问题的办法，除了欧美各国所主张的和平办法和马克思的激烈办法以外，也没有别的新发明。此刻讲社会主义，极时髦的人是赞成马克思的办法。所以一讲到社会问题，多数的青年便赞成共产党，要拿马克思主义在中国来实行。到底赞成马克思主义的那般青年志士，用心是什么样呢？他们的用心是很好的。他们的主张是要从根本上解决，以为政治、社会问题要正本清源，非从根本上解决不可。所以他们便极力组织共产党，在中国来活动。

我们国民党的旧同志，现在对于共产党生出许多误会，以为国民党提倡三民主义，是与共产主义不相容的。不知道我们一般同志，在二十年前，都是赞成三民主义互相结合。在没有革命以前，大多数人的观念只知道有民族主义，譬如当时参加同盟会的同志，各人的目的都是在排满。在进会的时候，我要他们宣誓，本是赞成三民主义，但是他们本人的心理，许多都是注意民族主义，要推翻清朝，以为只要推翻满清之后，就是中国人来做皇帝，他们也是欢迎的。就他们宣誓的目的，本是要实行三民主义，同时又赞成中国人来做皇帝，这不是反对民权主义吗？就是极有思想的同志，赞成三民主义，明白三民主义是三个不同的东西，想用革命手段来实行主义，在当时以为只要能够排满，民族主义能够达到目的，民权主义和民生主义便自然跟住做去，没有别样枝节。所以他们对于民权主义和民生主义，在当时都没有过细研究。在那个时候，他们既是不过细研究，所以对于民权主义固然是不明白，对于民生主义更是莫名其妙。革命成功以后，成立民国，采用共和制度，此时大家的思想，对于何以要成立民国，都是不求甚解。就是到现在，真是心悦诚服实行民权、赞成共和的同志，还是很少。大家为什么当初又来赞成民国，不去反对共和呢？这个顶大的原因，是由于排满成功以后，各省同志，由革命所发生的新军人，或者满清投降革命党的旧军人，都是各据一方，成了一个军阀，做了一个地方的小皇帝，想用那处地盘做根本，再行扩充。像拿到了广东地盘的军人，便想把广东的地盘去扩充；拿到云南、湖南地盘的军人，便想把云南、湖南的地盘去扩充；拿

民生主义

到了山东、直隶的军人，也想把山东、直隶的地盘去扩充。扩充到极大的时候，羽毛丰满了之后，他们便拿自己的力量来统一中国，才明目张胆来推翻共和。这种由革命所成的军阀，或由满清投降到民国的军阀，在当时都是怀抱这种心事。他们以为自己一时的力量不能统一中国，又不愿意别人来统一中国，大家立心便沉机观变，留以有待。所以这种军阀，在当时既不明白共和，又来赞成民国，实在是想做皇帝；不过拿赞成民国的话来做门面，等待他们的地盘扩充到极大之后，时机一到，便来反对民国，解决国家问题。因为这个原因，所以当初的民国还能够成立。在这十三年之中的民国，便有许多人想来推翻，但是他们的力量都不甚大，所以民国的名义还能够苟延残喘，继续到现在。由此便可见当时同盟会人的心理，对于民权主义便有许多都是模棱两可，对于民生主义更是毫无心得。

　　现在再来详细剖解。革命成功之后，改大清帝国为中华民国，我们国民党至今还是尊重民国。一般革命同志对于国民党的三民主义，是什么情形呢？民国政治上经过这十三年的变动和十三年的经验，现在各位同志对于民族、民权那个主义，都是很明白的，但是对于民生主义的心理，好像革命以后，革命党有兵权的人对于民权主义一样无所可否，都是不明白的。为什么我敢说我们革命同志对于民生主义还没有明白呢？就是由于这次国民党改组，许多同志因为反对共产党，便居然说共产主义和三民主义不同，在中国只要行三民主义便够了，共产主义是决不能容纳的。然则民生主义到底是什么东西呢？我在前一次讲演有一点发明，是说社会的文明发达、经济组织的改良和道德进步，都是以什么为重心呢？就是以民生为重心。民生就是社会一切活动中的原动力。因为民生不遂，所以社会的文明不能发达，经济组织不能改良，和道德退步，以及发生种种不平的事情。像阶级战争和工人痛苦，那些种种压迫，都是由于民生不遂的问题没有解决。所以社会中的各种变态都是果,民生问题才是因。照这样判断,民生主义究竟是什么东西呢?民生主义就是共产主义,就是社会主义。所以我们对于共产主义,不但不能说是和民生主义相冲突,并且是一个好朋友,主张民生主义的人应该要细心去研究的。

共产主义既是民生主义的好朋友,为什么国民党员要去反对共产党员呢?这个原因,或者是由于共产党员也有不明白共产主义为何物,而尝有反对三民主义之言论,所以激成国民党之反感。但是这种无知妄作的党员,不得归咎于全党及其党中之主义,只可说是他们个人的行为。所以我们决不能够以共产党员个人不好的行为,便拿他们来做标准去反对共产党。既是不能以个人的行为便反对全体主义,那么,我们同志中何以发生这种问题呢?原因就是由于不明白民生主义是什么东西。殊不知民生主义就是共产主义,这种共产主义的制度,就是先才讲过并不是由马克思发明出来的。照生物进化家说,人类是由禽兽进化而来的。先由兽类进化之后,便逐渐成为部落。在那个时候,人类的生活便与兽类的生活不同。人类最先所成的社会,就是一个共产社会。所以原人时代,已经是共产时代。那个原人时代的情形究竟是怎么样,我们可以考察现在非洲和南洋群岛的土人生番毫未有受过文明感化的社会,是什么制度。那些土人生番的社会制度,通通是共产。由于现在那些没有受过文明感化的社会都是共产,可见我们祖先的社会,一定也是共产的。

近来欧美经济的潮流侵入中国,最先所受的影响,就是土地。许多人把土地当作赌具,做投机事业,俗语说是炒地皮。原来有许多地皮毫不值钱,要到了十年二十年之后,才可以值高价钱的。但是因为有投机的人从中操纵,便把那块地价预先抬高。这种地价的昂贵,更是不平均。

由于土地问题所生的弊病,欧美还没有完善方法来解决。我们要解决这个问题,便要趁现在的时候。如果等到工商业发达以

民生主义

后,更是没有方法可以解决。中国现在受欧美的影响,社会忽生大变动,不但是渐渐成为贫富不齐,就是同是有土地的人,也生出不齐。比方甲有一亩地是在上海黄浦滩,乙有一亩地是在上海乡下。乙的土地,如果是自己耕种,或者每年可以得一二十元;如果租与别人,最多不过得五元至十元。但是甲在上海的土地,每亩可租得一万几千元。由此便可见上海的土地可以得几千倍,乡下的土地只能够得一倍。同是有一亩土地,便生出这样大的不平。我们国民党的民生主义,目的就是要把社会上的财源弄到平均,所以民生主义就是社会主义,也就是共产主义,不过办法各有不同。我们的头一个办法,是解决土地问题。

解决土地问题的办法,各国不同,而且各国有很多繁难的地方,现在我们所用的办法,是很简单、很容易的,这个办法就是平均地权。讲到解决土地问题,平均地权,一般地主自然是害怕,好像讲到社会主义,一般资本家都是害怕,要起来反对一样。所以说解决土地问题,如果我们的地主是像欧洲那种大地主,已经养成了很大的势力,便很不容易做到。不过中国今日没有那种大地主,一般小地主的权力还不甚大,现在就来解决,还容易做到。如果现在失去了这个机会,将来更是不能解决。讲到了这个问题,地主固然要生一种害怕的心理,但是照我们国民党的办法,现在的地主还是很可以安心的。

这种办法是什么呢?就是政府照地价收税和照地价收买。究竟地价是什么样定法呢?依我的主张,地价应该由地主自己去定。比方广州长堤的地价,有值十万元一亩的,有值一万元一亩的,都是由地主自己报告到政府。至于各国土地的税法,大概都是值百抽一,地价值一百元的抽税一元,值十万元的便抽一千元,这是各国通行的地价税。我们现在所定的办法,也是照这种税率来抽税。地价都是由地主报告到政府,政府照他所报的地价来抽税。许多人以为地价由地主任意报告,他们以多报少,政府岂不是要

声振神州——孙中山在中山大学及前身院校的演讲

吃亏么？譬如地主把十万元的地皮，到政府只报告一万元。照十万元的地价，政府应该抽税一千元；照地主所报一万元的地价来抽税，政府只抽得一百元，在抽税机关一方面，自然要吃亏九百元。但是政府如果定了两种条例，一方面照价抽税，一方面又可以照价收买，那么地主把十万元的地皮只报一万元，他骗了政府九百元的税，自然是占便宜；如果政府照一万元的价钱去收买那块地皮，他便要失去九万元的地，这就是大大的吃亏。所以照我的办法，地主如果以多报少，他一定怕政府要照价收买，吃地价的亏；如果以少报多，他又怕政府要照价抽税，吃重税的亏。在利害两方面互相比较，他一定不情愿多报，也不情愿少报，要定一个折中的价值，把实在的市价报告到政府。地主既是报折中的市价，那么政府和地主自然是两不吃亏。

地价定了之后，我们更有一种法律的规定。这种规定是什么呢？就是从定价那年以后，那块地皮的价格再行涨高，各国都是要另外加税。但是我们的办法，就要以后所加之价完全归为公有。因为地价涨高，是由于社会改良和工商业进步。中国的工商业几千年都没有大进步，所以土地价值常常经过许多年代都没有大改变。如果一有进步，一经改良，像现在的新都市一样，日日有变动，那种地价便要增加几千倍，或者是几万倍了。推到这种进步和改良的功劳，还是由众人的力量经营而来的。所以由这种改良和进步之后所涨高的地价，应该归之大众，不应该归之私人所有。比方有一个地主，现在报一块地价是一万元，到几十年之后，那块地价涨到一百万元，这个所涨高的九十九万元，照我们的办法都收归众人公有，以酬众人改良那块地皮周围的社会和发达那块地皮周围的工商业之功劳。这种把以后涨高的地价收归众人公有的办法，才是国民党所主张的平均地权，才是民生主义。这种民生主义就是共产主义，所以国民党员既是赞成了三民主义，便不应该反对共产主义。因为三民主义之中的民生主义，大目的就是要众人能够共产。不过我们所主张的共产，是共将来，不是共现在。这种将来的共产，是很公道的办法，以前有了产业的人，决不至吃亏，和欧美所谓收归国有，把人民已有了的产业都抢去政府里头，是大不相同。地主真是明白了我们平均地权办法的道理，便不至害怕。因为照我们的办法，把现在的所定的地价还是归地主私有。土地问题能够解决，民生问题便可以解决一半了。

文明城市实行地价税，一般贫民可以减少负担，并有种种利益。像现在的广州市，如果是照地价收税，政府每年便有一宗很大的收入，政府有了大宗的收入，行政经费便有着落，便可以整理地方。一切杂税固然是可以豁免，就是人民所用的自来水和电灯费用，都可由政府来负担，不必由人民自己去负担。其他马路的修理费和警察的给养费，政府也可向地税项下拨用，不必另外向人民来抽警捐和修路费。但是广州现在涨高的地价，都是归地主私人所有，不是归公家所有，政府没有大宗收入，所以一切费用便不能不向一般普通人民来抽种种杂捐。一般普通人民负担的杂捐太重，总是要纳税，所以便很穷，所以中国的穷人便很多。这种穷人负担太重的原故，就是由于政府抽税不公道，地权不平均，土地问题没有解决。如果地价税完全实行，土地问题可以解决，一般贫民便没有这种痛苦。

外国的地价虽然是涨得很高，地主的收入固然是很多，但是他们科学进步、机器发达，有机器的资本家便有极大的生产，这种资本家所有极大生产的收入，比较地主的收入更要多得利害。中国现在最大收入的资本家只是地主，并无拥有机器的大资本家。所以我们此时来平均地权，节制资本，解决土地问题，便是一件很容易的事。

讲到照价抽税、照价收买，就有一重要事件要分别清楚，就是地价是单指素地来讲，不算人工之改良及地面之建筑。比方有一块地价值是一万元，而地面的楼宇是一百万元，那么照价抽税，照值百抽一来算,只能抽一百元。如果照价收买,就要给一万元地价之外,另要补回楼宇之价一百万元了。其他之地,若有种树、筑堤、开渠各种人工之改良者,亦要照此类推。

我们在中国要解决民生问题,想一劳永逸,单靠节制资本的办法是不足的。现在外国所行的所得税,就是节制资本之一法。但是他们的民生问题究竟解决了没有呢?中国不能和外国比,单行节制资本是不足的。因为外国富,中国贫,外国生产过剩,中国生产不足,所以中国不单是节制私人资本,还是要发达国家资本。我们的国家现在四分五裂,要发达资本,究竟是从那一条路走,现在似乎看不出、料不到。不过这种四分五裂是暂时的局面,将来一定是要统一的。统一之后,要解决民生问题,一定要发达资本,振兴实业。振兴实业的方法很多:第一是交通事业,像铁路、运河,都要兴大规模的建筑;第二是矿产,中国矿产极其丰富,货藏于地,实在可惜,一定是要开辟的;第三是工业,中国的工业,非要赶快振兴不可。中国工人虽多,但是没有机器,不能和外国竞争。全国所用的货物,都是靠外国制造输运而来,所以利权总是外溢。我们要挽回这种利权,便要赶快用国家的力量来振兴工业,用机器来生产,令全国的工人都有工做。到全国的工人都有工做,都能够用机器生产,那便是一种很大的新财源。如果不用国家的力量来经营,任由中国私人或者外国商人来经营,将来的结果也不过是私人的资本发达,也要生出大富阶级的不平均。所以我们讲到民生主义,虽然是很崇拜马克思的学问,但是不能用马克思的办法到中国来实行。这个理由很容易明白,就是俄国实行马克思的办法,革命以后行到今日,对于经济问题还是要改用新经济政策。俄国之所以要改用新经济政策,就是由于他们的社会经济程度还比不上英国、美国那样的发达,还是不够实行马克思的办法。俄国的社会经济程度,尚且比不上英国、美国,我们中国的社会经济程度怎么能够比得上呢?又怎么能够行马克思的办法呢？所以照马克思的党徒，用马克思的办法来解决中国的社会问题，是不可能的。

我记得三十多年前，我在广州做学生的时候，西关的富家子弟一到冬天便穿起皮衣。广州冬天的天气本来不大冷，可以用不着皮衣的，但是那些富家子弟，每年到冬天，总是要穿皮衣，表示他们的豪富。在天气初冷的时候，便穿小毛；稍为再冷，便穿大毛；在深冬的时候，无论是什么天气，他们都是穿大毛。有一天他们都是穿了大毛皮衣到一个会场，天气忽然变暖，他们便说道："现在这样的天气，如果不翻北风，便会坏人民了。"照这样说法，以"不翻北风便坏人民"，在他们的心理，以为社会上大家都是有皮衣穿，所以不翻北风，大家便要受热，是于大家卫生有害的。其实社会上那里个个人有皮衣穿呢？广州人民在冬天，有的穿棉衣，有的是穿夹衣，甚至于有许多人只是穿单衣，那里还怕"不翻北风"呢？现在一般青年学者信仰马克思主义，一讲到社会主义，便主张用马克思的办法来解决中国社会经济问题，这就是无异"不翻北风就坏人民"一样的口调。不知中国今是患贫，不是患不均。在不均的社会，当然可用马克思的办法，提倡阶级战争去打平他，但在中国实业尚未发达的时候，马克思的阶级战争，无产专制便用不着。所以我们今日师马克思之意则可，用马克思之法则不可。我们主张解决民生问题的方法，不是先提出一种毫不合时用的剧烈办法，再等到实业发达以求适用，是要用一种思患预防的办法来阻止私人的大资本，防备将来社会贫富不平均的大毛病。这种办法才是正当解决今日中国社会问题的方法，不是先穿起大毛皮衣，再来希望翻北风的方法。

我先才讲过，中国今日单是节制资本，仍恐不足以解决民生问题，必要加以制造国家资本，方可解决之。何谓制造国家资本呢？就是发展国家实业是也。其计划已详于《建国方略》第二卷之《物质建设》，又名曰《实业计划》，此书已言制造国家资本之大要。前言商业时代之资本为金钱，工业时代之资本为机器，故当由国家经营，设备种种之生产机器为国家所有。好像欧战时候各国所行的战时政策，把大实业和工厂都收归国有一样，不过他们试行这种政策不久便停止罢了。中国本来没有大资本家，如果由国家管理资本，发达资本，所得的利益归人民大家所有，照这样的办法，和资本家不相冲突，是很容易做得到的。

照美国发达资本的门径，第一是铁路，第二是工业，第三是矿产。要发达这三种大实业，照我们中国现在的资本、学问和经验，都是做不来的，便不能不靠外国已成的资本。我们要拿外国已成的资本，来造成中国将来的共产世界。能够这样做去，才是事半功倍。如果要等待我们自己有了资本之后才去发展实业，那便是很迂缓了。中国现在没有机器，交通上不过是六七千英里的铁路，要能够敷用，应该要十倍现在的长度，至少要有六七万英里才能敷用。所以不能不借助外资来发展交通运输事业，又不能不借用外国有学问经验的人材来经营这些实业。至于说到矿产，我们尚未开辟。中国的人民比美国多，土地比美国大，美国每年产煤有六万万吨、钢铁有九千万吨。中国每年所产的煤铁不及美国千分之一，所以要赶快开采矿产，也应该借用外资。其他建造轮船、发展航业和建设种种工业的大规模工厂，都是非借助外国资本不可。如果交通、矿产和工业的三种大实业都是很发达，这三种收入每年都是很大的。假若是由国家经营，所得的利益归大家共享，那么全国人民使得享资本的利，不致受资本的害，像外国现在的情形一样。外国因为大资本是归私人所有，便受资本的害，大多数人民都是很痛苦，所以发生阶级战争，来解除这种痛苦。

我们要解决中国的社会问题，和外国是有相同的目标。这个目标，就是要全国人民都可以得安乐，都不致受财产分配不均的

民生主义

痛苦。要不受这种痛苦的意思,就是要共产。所以我们不能说共产主义与民生主义不同。我们三民主义的意思,就是民有、民治、民享。这个民有、民治、民享的意思,就是国家是人民所共有,政治是人民所共管,利益是人民所共享。照这样的说法,人民对于国家,不只是共产,一切事权都是要共的。这才是真正的民生主义,就是孔子所希望之大同世界。

声振神州——孙中山在中山大学及前身院校的演讲

第三讲

民国十三年八月十七日

今天所讲的是吃饭问题。大家听到讲吃饭问题，以为吃饭是天天做惯了的事。常常有人说，天下无论什么事都没有容易过吃饭的。可见吃饭是一件很容易的事，是一件常常做惯了的事。为什么一件很容易又是做惯了的事还有问题呢？殊不知道吃饭问题就是顶重要的民生问题，如果吃饭问题不能够解决，民生主义便没有方法解决。所以民生主义的第一个问题，便是吃饭问题。古人说："国以民为本，民以食为天。"可见吃饭问题是很重要的。

未经欧战以前，各国政治家总没有留意到吃饭问题。在这个十年之中，我们留心欧战的人，研究到德国为什么失败呢？正当欧战剧烈的时候，德国都是打胜仗，凡是两军交锋，无论是陆军的步队、炮队和骑兵队，海军的驱逐舰、潜水艇和一切战斗舰，空中的飞机、飞艇，都是德国战胜，自始至终，德国没有打过败仗。但是欧战结果，德国终归于大败，这是为什么原因呢？德国之所以失败，就是为吃饭问题。因为德国的海口都被联军封锁，国内粮食逐渐缺乏，全国人民和兵士都没有饭吃，甚至于饿死，不能支持到底，所以终归失败。可见吃饭问题，是关系国家之生死存亡的。

近来有饭吃的国家，第一个是美国，美国每年运送许多粮食去接济欧洲。其次是俄国，俄国地广人稀，全国出产的粮食也是很多。其他像澳洲、加拿大和南美洲阿根廷那些国家，都是靠粮食做国家的富源，每年常有很多粮食运到外国去卖，补助各国粮食之不足。不过当欧战时候,平时许多供运输的轮船,都是被国家收管,作军事的转运,至于商船是非常缺乏。所以澳洲和加拿大、阿根廷那些地方多余的粮食,便不能运到欧洲,欧洲的国家便没有饭吃。中国当欧战的时候,幸而没有水旱天灾,农民得到了好收成,所以中国没有受到饥荒。如果在当时遇着像今年的水灾,农民没有收成,中国一定也是没有饭吃。当时中国能够逃过这种灾害,不至没有饭吃,真是一种天幸了。现在世界各国有几个是有饭吃的,有许多国是没有饭吃的。像西方三岛的英国,一年之中所出的粮食只够三个月吃,有九个月所吃的粮食都是靠外国运进去的。所以当欧战正剧烈的时候,德国的潜水艇把英国的海口封锁了,英国便几乎没有饭吃。东方三岛的日本国,每年也是不够饭吃,不过日本所受粮食缺乏的忧愁,没有像英国那些利害。日本本国的粮食,一年之中可以供给十一个月,不够的约有一个月。德国的粮食,一年之中可以供给十个月,还相差约两个月。其他欧洲各小国的粮食,有许多都是不够的。德国的粮食在平时已经是不够,当欧战时候,许多农民都是去当兵士,生产减少,粮食更是不够。所以大战四年,归到结果,便是失败。由此可见,全国的吃饭问题是很重要的。

如果是一个人没有饭吃,便容易解决;一家没有饭吃,也很容易解决。至于要全国人民都有饭吃,像要中国四万万人都是足食,提到这个问题,便是很重要,便不容易解决。到底中国的粮食是够不够呢?中国人有没有饭吃呢?像广东地方每年进口的粮食要值七千万元,如果在一个月之内外间没有米运进来,广东便马上闹饥荒,可见广东是不够饭吃的。这是就广东一省而言,其他有许多省分,都是有和广东相同的情形。至于中国土地的面积是比美国大得多,人口比美国多三四倍,如果就吃饭这个问题,用中国和美国来讨论,中国自然比不上美国。但是和欧洲各国来比较,德国是不够吃饭的,故欧战开始之后两三年国内便有饥荒。

法国是够吃饭的，故平时不靠外国运进粮食，还可足食。用中国和法国来比较，法国的人口是四千万，中国的人口是四万万；法国土地的面积为中国土地面积的二十分之一。所以中国的人口比法国是多十倍，中国的土地是比法国大二十倍。法国四千万人口，因为能够改良农业，所以得中国二十分之一的土地，还能够有饭吃。中国土地的面积比法国大二十倍，如果能够仿效法国来经营农业，增加出产，所生产的粮食，至少要比法国多二十倍。法国现在可以养四千万人，我们中国至少也应该可以养八万万人。全国人口不但是不怕饥荒，并且可以得粮食的剩余，可以供给他国。但是中国现在正是民穷财尽，吃饭问题的情形到底是怎么样呢？全国人口现在都是不够饭吃，每年饿死的人数大概过千万，这还是平时估算的数目。如果遇着了水旱天灾的时候，饿死的人数更是不止千万了。照外国确实的调查，今年中国的人数只有三万万一千万。中国的人数在十年以前是四万万，现在只有三万万一千万，这十年之中便少了九千万，这是一件很可怕的事，是应该要研究的一个大问题。中国人口在这十年之中所以少了九千万的原故，简而言之，就是由于没有饭吃。

　　中国之所以没有饭吃，原因是很多的，其中最大的原因，就是农业不进步，其次就是由于受外国经济的压迫。在从前讲民族问题的时候，我曾说外国用经济势力来压迫中国，每年掠夺中国的利权，现在有十二万万元。就是中国因为受外国经济的压迫，每年要损失十二万万元。中国把这十二万万元，是用什么方法贡献到外国呢？是不是把十二万万元的金钱运送到外国呢？这十二万万元的损失，不是完全用金钱，有一部分是用粮食。中国粮食供给本国已经是不足，为什么还有粮食运送到外国去呢？从什么地方可以看得出来呢？照前几天外国的报告，中国出口货中，以鸡蛋一项，除了制成蛋白质者不算，只就有壳的鸡蛋而论，每年运进美国的便有十万万个，运进日本及英国的也是很多。大家如

民生主义

果是到过了南京的，一抵下关，便见有一所很宏伟的建筑。那所建筑是外国人所办的制肉厂，把中国的猪、鸡、鹅、鸭各种家畜，都在那个制肉厂内制成肉类，运送到外国。再像中国北方的大小麦和黄豆，每年运出口的也是不少。前三年中国北方本是大旱，沿京汉、京奉铁路一带饿死的人民本是很多，但是当时牛庄、大连还有很多的麦、豆运出外国，这是什么原故呢？就是由于受外国经济的压迫。因为受了外国经济的压迫，没有金钱送到外国，所以宁可自己饿死，还要把粮食送到外国去。这就是中国的吃饭问题还不能够解决。

现在我们讲民生主义，就是要四万万人都有饭吃，并且要有很便宜的饭吃，要全国的个个人都有便宜饭吃，那才算是解决了民生问题。要能够解决这个问题，究竟是从什么地方来研究起呢？吃饭本来是很容易的事，大家天天都是睡觉吃饭，以为没有什么问题。中国的穷人常有一句俗话说："天天开门七件事，柴米油盐酱醋茶。"可见吃饭是有问题的。我们要解决这个问题，便要详细来研究。

我们人类究竟是吃一些什么东西才可以生存呢？人类所吃的东西有许多是很重要的材料，我们每每是忽略了。其实我们每天所靠来养生活的粮食，分类说起来，最重要的有四种。第一种是吃空气。浅白言之，就是吃风。我讲到吃风，大家以为是笑话。俗语说"你去吃风"，是一句轻薄人的话，殊不知道吃风比较吃饭还要重要得多。第二种是吃水。第三种是吃动物，就是吃肉。第四种是吃植物，就是吃五谷果蔬。这个风、水、动、植四种东西，就是人类的四种重要粮食。现在分开来讲。第一种吃风，大家不可以为是笑话。如果大家不相信吃风是一件最重要的事，大家不妨把鼻孔、口腔都闭住起来，一分钟不吃风，试问要受什么样的感觉呢？可不可以忍受呢？我们吃风每分钟是十六次，就是每分钟要吃十六餐。每天吃饭最多不过是三餐，像广东人吃饭，连消夜算起来，也不过每天吃四餐；至于一般穷人吃饭，大概都是两餐；没有饭吃的人，就是一餐也可以度生活。至于吃风，每日就要吃二万三千零四十餐，少了一餐便觉得不舒服。如果数分钟不吃，必定要死。可见风是人类养生第一种重要的物质。第二种是吃水。我们单独靠吃饭不吃水，是不能够养生的。一个人没有饭吃，还可以支持过五六天，不至于死；但是没有水吃，便不能支持过五天。一个人有五天不吃水，便要死。第三种是吃植物，植物是人类养生之最要紧的粮食。人类谋生的方法很进步之后，才知道吃植物，中国是文化很老的国家，所以中国人多是吃植物。至于野蛮人多是吃动物，所以动物也是人类的一种粮食。风、水、动、植这四种物质，都是人类养生的材料。不过风和水是随地皆有的，有人居住的地方，无论是在河边或者是在陆地，不是有河水，便有泉水，或者是井水，或者是雨水，到处皆有水，风更是无处不有。所以风和水虽然是很重要的材料、很急需的物质，但是因为取之无尽、用之不竭，是天给与人类，不另烦人力的，所谓是一种天赐。因为这个情形，风和水这两种物质不成问题。但是动植物质便成为问题。原始时代的人类和现在的野蛮人都是在渔猎时代，谋生的方法只是打鱼猎兽，捉水陆的动物做食料。后来文明进步，到了农业时代便知道种五谷，便靠植物来养生。中国有了四千多年的文明，我们食饭的文化是比欧美进步得多，所以我们的粮食多是靠植物。植物虽然是靠土地来生长，但是更要费许多功夫，经过许多生产方法才可以得到。所以要解决植物的粮食问题，便先要研究生产问题。

  中国自古以来都是以农立国，所以农业就是生产粮食的一件大工业。我们要把植物的生产增加，有什么方法可以达到目的呢？中国的农业，从来都是靠人工生产，这种人工生产在中国是很进步的，所收获的各种出品都是很优美的，所以各国学者都极力赞许中国的农业。中国的粮食生产既然是靠农民，中国的农民又是

民生主义

很辛苦勤劳，所以中国要增加粮食的生产，便要在政治、法律上制出种种规定来保护农民。中国的人口，农民是占大多数，至少有八九成，但是他们由很辛苦勤劳得来的粮食，被地主夺去大半，自己得到手的几乎不能够自养，这是很不公平的。我们要增加粮食生产，便要规定法律，对于农民的权利有一种鼓励，有一种保障，让农民自己可以多得收成。我们要怎么样能够保障农民的权利，要怎么样令农民自己才可以多得收成，那便是关于平均地权问题。前几天，我们国民党在这个高师学校开了一个农民联欢大会，做农民的运动，不过是想解决这个问题的起点。至于将来民生主义真是达到目的，农民问题真是完全解决，是要"耕者有其田"，那才算是我们对于农民问题的最终结果。中国现在的农民，究竟是怎么样的情形呢？中国现在虽然是没有大地主，但是一般农民有九成都是没有田的。他们所耕的田，大都是属于地主的。有田的人自己多不去耕。照道理来讲，农民应该是为自己耕田，耕出来的农品要归自己所有。现在的农民都不是耕自己的田，都是替地主来耕田，所生产的农品大半是被地主夺去了。这是一个很重大的问题，我们应该马上用政治和法律来解决。如果不能够解决这个问题，民生问题便无从解决。农民耕田所得的粮食，据最近我们在乡下的调查，十分之六是归地主，农民自己所得到的不过十分之四，这是很不公平的。若是长此以往，到了农民有知识，还有谁人再情愿辛辛苦苦去耕田呢？假若耕田所得的粮食完全归到农民，农民一定是更高兴去耕田的。大家都高兴去耕田，便可以多得生产。但是现在的多数生产都是归于地主，农民不过得回四成。农民在一年之中，辛辛苦苦所收获的粮食，结果还是要多数归到地主，所以许多农民便不高兴去耕田，许多田地便渐成荒芜，不能生产了。

我们对于农业生产，除了上说之农民解放问题以外，还有七个加增生产的方法研究：第一是机器问题，第二是肥料问题，第三是换种问题,第四是除害问题,第五是制造问题,第六是运送问题,第七是防灾问题。

第一个方法就是机器问题。中国几千年来耕田都是用人工,没有用过机器。如果用机器来耕田,生产上最少可以加多一倍,费用可减轻十倍或百倍。向来用人工生产,可以养四万万人,若是用机器生产,便可以养八万万人。所以我们对于粮食生产的方法,若用机器来代人工,则中国现在有许多荒田不能耕种,因为地势太高,没有水灌溉,用机器抽水,把低地的水抽到高地,高地有水灌溉,便可以开辟来耕种。已开辟的良田,因为没有旱灾,更可以加多生产。那些向来不能耕种的荒地,既是都能够耕种,粮食的生产自然是大大增加了。现在许多耕田抽水的机器,都是靠外国输运进来的,如果大家都用机器,需要增加,更要我们自己可以制造机器,挽回外溢的利权。

第二个方法就是肥料问题。中国向来所用的肥料,都是人与动物的粪料和各种腐败的植物,没有用过化学肥料的。近来才渐渐用智利硝做肥料,像广东河南①有许多地方,近来都是用智利硝来种甘蔗。甘蔗因为得了智利硝的肥料,生长的速度便加快一倍,长出来的甘蔗也加大几倍;凡是没有用过智利硝做肥料的甘蔗,不但是长得很慢,并且长得很小。但是智利硝是由南美洲智利国运来的,成本很高,卖价很贵,只有种甘蔗的人才能够买用,其他普通的农业都用不起。除了智利硝之外,海中各种甲壳动物的磷质和矿山岩石中的铗质,也是很好的肥料。如果硝质、磷质和铁质三种东西再混合起来,更是一种很好的肥料,栽培什么植物都很容易生长,生产也可以大大的增加。比方耕一亩田,不用肥料的可以收五箩谷,如果用了肥料,便可以收多二三倍。所以要增加农业的生产,便要用肥料;要用肥料,我们便要研究科学,

---

① 此处指珠江南岸。

民生主义

用化学的方法来制造肥料。

制造肥料的原料，中国到处都有，像智利硝那一种原料，中国老早便用来造火药。世界向来所用的肥料，都是由南美洲智利国所产。近来科学发达，发明了一种新方法，到处可以用电来造硝，所以现在各国便不靠智利运进来的天然硝，多是用电去制造人工硝。这种人工硝和天然硝的功用相同，而且成本又极便宜，所以各国便乐于用这种肥料。但是电又是用什么造成的呢？普通价钱极贵的电，都是用蒸汽力造成的；至于近来极便宜的电，完全是用水力造成的。近来外国利用瀑布和河滩的水力运动发电机，发生很大的电力，再用电力来制造人工硝。瀑布和河滩的天然力是不用费钱的，所以发生电力的价钱是很便宜。电力既然是很便宜，所以由此制造出来的人工硝也是很便宜。

这种瀑布和河滩，在中国是很多的。像西江到梧州以上，便有许多河滩。将近南宁的地方有一个伏波滩，这个滩的水力是非常之大，对于来往船只是很阻碍、危险的。如果把滩水蓄起来，发生电力，另外开一条航路给船舶往来，岂不是两得其利吗？照那个滩的水力计算，有人说可以发生一百万匹马力的电。其他像广西的抚河、红河也有很多河滩，也可以利用来发生电力。再像广东北部之翁江，据工程师的测量说，可以发生数万匹马力的电力。用这个电力来供给广州各城市的电灯和各工厂中的电机之用，甚至于把粤汉铁路照外国最新的方法完全电化，都可以足用。又像扬子江上游夔峡的水力，更是很大。有人考察由宜昌到万县一带的水力，可以发生三千余万匹马力的电力。像这样大的电力，比现在各国所发生的电力都要大得多，不但是可以供给全国火车、电车和各种工厂之用，并且可以用来制造大宗的肥料。又像黄河的龙门，也可以生几千万匹马力的电力。由此可见，中国的天然富源是很大的。如果把扬子江和黄河的水力用新方法来发生电力，大约可以发生一万万匹马力。一匹马力是等于八个强壮人的力，有一万万匹马力便是有八万万人的力。一个人力的工作，照现在各国普通的规定，每天是八点钟。如果用人力作工多过了八点钟，便于工人的卫生有碍，生产也因之减少。这个理由，在前一回已经是讲过了。用人力作工，每天不过八点钟，但是马力作工，每天可以作足二十四点钟。照这样计算，一匹马力的工作，在一日夜之中，便是等于二十四个人的工作。如果能够利用扬子江和黄河的水力，发生一万万匹马力的电力，那便是有二十四万万个工人来作工。到了那个时候，无论是行驶火车、汽车，制造肥料和种种工厂的工作，都可以供给。韩愈说，"工之家一，而用器之家六"，国家便一天穷一天。中国四万万人到底有多少人作工呢？中国年轻的小孩和老年的人，固然是不作工，就是许多少年强壮的人，像收田租的地主，也是靠别人作工来养他们。所以中国人大多数都是不作工，都是分利，不是生利，所以中国便很穷。如果能够利用扬子江和黄河的水力发生一万万匹马力，有了一万万匹马力，就是有二十四万万个人力，拿这么大的电力，来替我们作工，那便有很大的生产，中国一定是可以变贫为富的。所以对于农业生产，要能够改良人工，利用机器，更用电力来制造肥料，农业生产自然是可以增加。

第三个方法就是换种问题。像一块地方，今年种这种植物，明年改种别种植物，或者同是一样的植物，在今年是种广东的种子，明年是种湖南的种子，后年便种四川的种子。用这样交换种子的方法，有什么好处呢？就是土壤可以交替休息，生产力便可以增〈加〉。而种子落在新土壤，生于新空气，强壮必加，结实必伙，所以能换种，则生产增加。

第四个方法是除物害问题。农业上还有两种物害：一是植物的害，一是动物的害。像稻田本来是要种谷，但是当种谷的时候，常常生许多秕和野草。那些草和秕比禾生长得快，一面阻止禾的生长，一面吸收田中的肥料，于禾稻是很有害的。农民就用科学的道理，研究怎么样治疗那些秕草，以去植物之灾害；同时又要研究怎么样去利用那些秕草，来增加五谷的结实。至于动物的害是些什么呢？害植物的动物很多，最普通的是蝗虫和其他各种害虫。当植物的成熟时候，如果遇着了害虫，便被虫食坏了，没有收成。像今年广东的荔枝，因为结果的时候遇着了毛虫，把那些荔枝花都食去了，所以今年荔枝的出产是非常之少。其他害植物之虫是很多的，国家要用专门家对于那些害虫来详细研究，想方法来消除。像美国现在把这种事当作是一个大问题，国家每年耗费许多金钱来研究消除害虫的方法，美国农业的收入，每年才可以增加几万万元。现在南京虽然是设了一个昆虫局来研究消除这种灾害，但是规模太小，没有大功效。我们要用国家的大力量，仿美国的办法来消除害虫，然后全国农业的灾害才可以减少，全国的生产才可以增加。

第五个方法就是制造问题。粮食要留存得长久，要运送到远方，就必须要经过一度之制造方可。我国最普通的制造方法就有两种：一是晒干，一是醃鹹。好像菜干、鱼干、肉干、咸菜、咸鱼、咸肉等便是。近来外国制造新法，就有将食物煮熟或烘熟，入落罐内而封存之，存留无论怎么长久，到时开食，其味如新。这是制造食物之最好方法。无论什么鱼肉、果蔬、饼食，皆可制为罐头，分配全国或卖出外洋。

第六个方法就是运送问题。粮食到了有余的时候，我们还要彼此调剂，拿此地的有余去补彼地的不足。像东三省和北方是有豆有麦没有米，南方各省是有米没有豆和麦，我们就要把北方、东三省多余的豆、麦拿来供给南方，更要把南方多余的米拿去供给北方和东三省。要这样能够调剂粮食，便要靠运输。现在中国最大的问题就在运输，因为运输不方便，所以生出许多耗费。现在中国许多地方，运送货物都是靠挑夫。一个挑夫的力量，顶强壮的每日只能够挑一百斤，走一百里路远，所需要的工钱总要费一元。这种耗费,不但是空花金钱,并且空费时间,中国财富的大部分于无形中便在运输这一方面消耗去了。讲到中国农业问题,如果真是能够做到上面所说的五种改良方法,令生产加多,但是运输不灵,又要成什么景象呢?像前几年我遇着了一位云南土司,他是有很多土地的,每年收入很多租谷。他告诉我说:"每年总要烧去几千担谷。"我说:"谷是很重要的粮食,为什么要把他来烧去呢?"他说:"每年收入的谷太多,自己吃不完,在附近的人民都是足食,又无商贩来买,转运的方法,只能够挑几十里路远,又不能够运去远方去卖。因为不能运到远地去卖,所以每年总是新谷压旧谷,又没有多的仓库可以储蓄,等到新谷上了市,人民总是爱吃新谷,不爱吃旧谷,所以旧谷便没有用处。因为没有用处,所以每年收到新谷的时候,只好烧去旧谷,腾出空仓来储新谷。"这种烧谷的理由,就是由于生产过剩、运输不灵的原故。中国向来最大的耗费,就是在挑夫。像广州这个地方,从前也有很多挑夫,现在城内开了马路,有了手车,许多事便可以不用挑夫。一架手车可以抵得几个挑夫,可以省几个挑夫的钱。一架自动车更可以抵得十几个挑夫,可以省十几个挑夫的钱。有手车和自动车来运送货物,不但是减少耗费,并可省少时间。至于西关没有马路的地方,还是要用挑夫来搬运。若是在乡下,要把一百斤东西运到几十里路远,更是不可不用挑夫,甚至于有钱的人走路,都是用轿夫。中国从前因为这种运输方法不完全,所以就是极重要的粮食还是运输不通。因为粮食运输不通,所以吃饭问题便不能解决。

中国古时运送粮食最好的方法,是靠水道及运河。有一条运河是很长的,由杭州起,经过苏州、镇江、扬州、山东、天津以至北通州,差不多是到北京,有三千多里路远,实为世界第一长之运河。这种水运是很利便的,如果加多近来的大轮船和电船,自然更加利便。不过近来对于这条运河,都是不大理会。我们要

民生主义

解决将来的吃饭问题，可以运输粮食，便要恢复运河制度。已经有了的运河，便要修理；没有开辟运河的地方，更要推广去开辟。在海上运输，更是要用大轮船，因为水运是世界上运输最便宜的方法。其次便宜的方法就是铁路。如果中国十八行省和新疆、满洲、青海、西藏、内外蒙古都修筑了铁路，到处联络起了，中国粮食便可以四处交通，各处的人民便有便宜饭吃。所以铁路也是解决吃饭问题的一个好方法。但是铁路只可以到繁盛的地方才能够赚钱，如果到穷乡僻壤的地方去经过，便没有什么货物可以运输，也没有很多的人民来往。在铁路一方面，不但是不能够赚钱，反要亏本了。所以在穷乡僻壤的地方便不能够筑铁路，只能够筑车路。有了车路，便可以行驶自动车。在大城市有铁路，在小村落有车路，把路线联络得很完全，于是在大城市运粮食，便可以用大火车，在小村落运粮食，便可以用自动车。像广东的粤汉铁路，由黄沙到韶关，铁路两旁的乡村是很多的。如果这些乡村都是开了车路，和粤汉铁路都是联络起来，不但是粤汉铁路可以赚许多钱，就是各乡村的交通也是很方便。假若到两旁的各乡村也要筑许多支铁路，用火车去运送，不用自动车去输送，那就一定亏本。所以现在外国乡下就是已经筑成了铁路，火车可以通行，但是因为没有多生意，便不用火车，还是改用自动车。因为每开一次火车要烧许多煤，所费成本太大，不容易赚钱；每开一次自动车，所费的成本很少，很容易赚钱，这是近来办交通事业的人不可不知道的。又像由广州到澳门，向来都是靠轮船，近来有人要筹办广澳铁路。但是由广州到澳门不过二百多里路程远，如果筑了铁路，每天来往行车能开三次，还不能够赚钱，至于每天只开车两次，那便要亏本了。而且为节省经费，每天少开几次车，对于交通还是不大方便。所以由广州到澳门，最好是筑车路，行驶自动车。因为筑车路比筑铁路的成本是轻得多，而且火车开行一次，一个火车头最少要拖七八架车，才不致亏本，所费的人工和煤炭的消耗是很多的。如果乘客太少,便不能够赚钱。不比在车路行驶自动车,随便可以开多少架车,乘客多的时候便可开一架大车,更多的时候可多开两三架大车,乘客少的时候可以开一架小车。随时有客到,便可以随时开车。不比火车开车的时候有一定,如果不照开车的一定时候,便有撞车的危险。所以由广州到澳门筑车路和筑铁路比较起来,筑车路是便宜得多。有了车路之后,更有穷乡僻壤是自动车不能到的地方,才用挑夫。由此可见,我们要解决运输粮食的问题,第一是运河,第二是铁路,第三是车路,第四是挑夫。要把这四个方法做到圆满的解决,我们四万万人才有很便宜的饭吃。

第七个方法就是防天灾问题。像今年广东水灾,在这十几天之内,便可以收头次谷,但是头次谷将成熟的时候,便完全被水淹没了。一亩田的谷最少可以值十元,现在被水淹浸了,便是损失了十元。今年广东全省受水灾的田,该是有多少亩呢?大概总有几百万亩,这种损失便是几千万元。所以要完全解决吃饭问题,防灾便是一个很重大的问题。关于这种水灾,是怎样去防呢?现在广东防水灾的方法,设得有治河处,已经在各江两岸低处地方修筑了许多高堤。那种筑堤的工程都是很坚固的,所以每次遇到大水,便可以抵御,便不至让大水泛滥到两岸的田中。我去年在东江打仗,看见那些高堤都是筑得很坚固,可以防水患,不至被水冲破。这种筑堤来防水灾的方法,是一种治标的方法,只可以说是防水灾的方法之一半,还不是完全治标的方法。完全治标的方法,除了筑高堤之外,还要把河道和海口一带来浚深,把沿途的淤积沙泥都要除去。海口没有淤积来阻碍河水,河道又很深,河水便容易流通。有了大水的时候,便不至泛滥到各地,水灾便可以减少。所以空河道和筑高堤两种工程要同时办理,才是完全治标方法。

至于防水灾的治本方法是怎么样呢?近来的水灾为什么是一

民生主义

年多过一年呢？古时的水灾为什么是很少呢？这个原因，就是由于古代有很多森林，现在人民采伐木料过多，采伐之后又不行补种，所以森林便很少。许多山岭都是童山，一遇了大雨，山上没有森林来吸收雨水和阻止雨水，山上的水便马上流到河里去，河水便马上泛涨起来，即成水灾。所以要防水灾，种植森林是很有关系的，多种森林便是防水灾的治本方法。有了森林，遇到大雨的时候，林木的枝叶可以吸收空中的水，林木的根株可以吸收地下的水，如果有极隆密的森林，便可以吸收很大量的水。这些大水都是由森林蓄积起来，然后慢慢流到河中，不是马上直接流到河中，便不至于成灾。所以防水灾的治本方法，还是森林。所以对于吃饭问题，要能够防水灾，便先要造森林，有了森林，便可以免去全国的水祸。我们讲到了种植全国森林的问题，归到结果，还是要靠国家来经营；要国家来经营，这个问题才容易成功。今年中国南北各省都有很大的水灾。由于这次大水灾，全国的损失总在几万万元。现在已经是民穷财尽，再加以这样的大损失，眼前的吃饭问题便不容易解决。

　　水灾之外，还有旱灾，旱灾问题是用什么方法解决呢？像俄国在这次大革命之后，有两三年的旱灾。因为那次大旱灾，人民饿死了甚多，俄国的革命几乎要失败，可见旱灾也很利害的。这种旱灾，从前以为是天数，不能够挽救；现在科学昌明，无论是什么天灾，都有方法可以救。不过，这种防旱灾的方法，要用全国大力量通盘计划来防止。这种方法是什么呢？治本方法也是种植森林。有了森林，天气中的水量便可以调和，便可以常常下雨，旱灾便可以减少。至于地势极高和水源很少的地方，我们更要用机器抽水，来救济高地的水荒。这种防止旱灾的方法，好像是筑堤防水灾，同是一样的治标方法。有了这种的治标方法，一时候的水旱天灾都可以挽救。所以我们研究到防止水灾与旱灾的根本方法,都是要造森林,要造全国大规模的森林。至于水旱两灾的治标方法,都是要用机器来抽水和建筑高堤与浚深河道。这种治标与治本两个方法能够完全做到,水灾〔旱〕天灾可以免,那么粮食之生产便不致有损失之患了。

中国如果能解放农民和实行以上这七个增加生产力方法,那么吃饭问题到底是解决了没有呢?就是以上种种的生产问题能够得到了圆满解决的时候,吃饭问题还是没有完全解决。大家都知道欧美是以工商立国,不知道这些工商政府对于农业上也是有很多的研究。像美国对于农业的改良和研究,便是无微不至,不但对于本国的农业有很详细的研究,并且常常派专门家到中国内地并满洲、蒙古各处来考察研究,把中国农业工作的方法和一切种子,都带回美国去参考应用。美国近来是很注重农业的国家,所有关于农业运输的铁路、防灾的方法和种种科学的设备,都是很完全的。但是美国的吃饭问题,到底是解决了没有呢?依我看起来,美国的吃饭问题还是没有解决。美国每年运输很多粮食到外国去发卖,粮食是很丰足的,为什么吃饭问题还没有解决呢?这个原因,就是由于美国的农业,还是在资本家之手,美国还是私人资本制度。在那些私人资本制度之下,生产的方法太发达,分配的方法便完全不管,所以民生问题便不能够解决。

我们要完全解决民生问题,不但是要解决生产的问题,就是分配的问题也是要同时注重的。分配公平方法,在私人资本制度之下是不能够实行的,因为在私人资本制度之下,种种生产的方法,都是向往一个目标来进行。这种目标是什么呢?就是赚钱。因为粮食的生产是以赚钱做目标,所以粮食在本国没有高价的时候,便运到外国去卖,要赚多钱。因为私人要赚多钱,就是本国有饥荒,人民没有粮食,要饿死很多人,那些资本家也是不去理会。像这样的分配方法,专是以赚钱为目标,民生问题便不能够完全解决。我们要实行民生主义，还要注重分配问题。我们所注重的分配方法，目标不是在赚钱，是要供给大家公众来使用。中国的粮食现在本来是不够，但是每年还有数十万万个鸡蛋和谷米、大豆运到日本和欧美各国去。这种现象是和印度一样的。印度不但是粮食不够，且每年都是有饥荒，但是每年运到欧洲的粮食数目，印度还占了第三个重要位置。这是什么原因呢？这个原因就是由于印度受到欧洲经济的压迫，印度尚在资本制度时代，粮食生产的目标是在赚钱。因为生产的目标是在赚钱，印度每年虽是有饥荒，那般生产的资本家知道拿粮食来救济饥民是不能够赚钱的，要把他运到欧洲各国去发卖，便很可以赚钱，所以那些资本家宁可任本地的饥民饿死，也要把粮食运到欧洲各国去卖。我们的民生主义，目的是在打破资本制度。中国现在已经是不够饭吃，每年还要运送很多的粮食到外国去卖，就是因为一般资本家要赚钱。如果实行民生主义，便要生产粮食的目标不在赚钱，要在给养人民。我们要达到这个目的，便要把每年生产有余的粮食都储蓄起来，不但是今年的粮食很足，就是明年、后年的粮食都是很足。等到三年之后的粮食都是很充足，然后才可以运到外国去卖；如果在三年之后还是不大充足，便不准运出外国去卖。要能够照这样做去，来实行民生主义，以养民为目标，不以赚钱为目标，中国的粮食才能够很充足。

所以，民生主义和资本主义根本上不同的地方，就是资本主义是以赚钱为目的，民生主义是以养民为目的。有了这种以养民为目的的好主义，从前不好的资本制度便可以打破。但是，我们实行民生主义来解决中国的吃饭问题，对于资本制度，只可以逐渐改良，不能够马上推翻。我们的目的，本是要中国的粮食很充足，等到中国粮食充足了之后，更进一步便容易把粮食的价值弄到很便宜。现在中国正是米珠薪桂，这个米珠薪桂的原因，就是由于中国的粮食被外国夺去了一部分，进出口货的价值不能相抵，受外国的经济压迫，没有别的货物可以相消，只有拿人民要吃的粮食来作抵。因为这个道理，所以现在中国有很多人没有饭吃；因为没有饭吃，所以已生的人民要死亡，未生的人民要减少。全国人口逐渐减少，由四万万减到三万万一千万，就是由于吃饭问题没有解决，民生主义没有实行。

对于吃饭的分配问题，到底要怎么样呢？吃饭就是民生的第一个需要。民生的需要，从前经济学家都是衣、食、住三种。照我的研究，应该有四种，于衣、食、住之外，还有一种就是行。行也是一种很重的需要。行就是走路。我们要解决民生问题，不但是要把这四种需要弄到很便宜，并且要全国的人民都能够享受。所以我们要实行三民主义来造成一个新世界，就要大家对于这四种需要都不可短少，一定要国家来担负这种责任。如果国家把这四种需要供给不足，无论何人都可以来向国家要求。国家对于人民的需要固然是要负责任，至于人民对于国家又是怎么样呢？人民对于国家应该要尽一定的义务，像做农的要生粮食，做工的要制器具，做商的要通有无，做士的要尽才智。大家都能各尽各的义务，大家自然可以得衣、食、住、行的四种需要。我们研究民生主义，就要解决这四种需要的问题。

今天先讲吃饭问题，第一步是解决生产问题，生产问题解决之后，便在粮食的分配问题。要解决这个问题，便要每年储蓄，要全国人民有三年之粮食，等到有了三年之粮食以后，才能够把盈余的粮食运到外国去卖。这种储蓄粮食的方法，就是古时的义仓制度。不过这种义仓制度，近来已经是打破了。再加以欧美的经济压迫，中国就变成民穷财尽。所以这是解决民生问题最着急的时候，如果不趁这个时候来解决民生问题，将来再去解决便是更难了。我们国民党主张三民主义来立国，现在讲到民生主义，

 民生主义

不但是要注重研究学理,还要注重实行事实。在事实上,头一个最重要的问题,就是吃饭。我们要解决这个吃饭问题,是先要粮食的生产很充足,次要粮食的分配很平均。粮食的生产和分配都解决了,还要人民大家都尽义务。人民对于国家能够大家尽义务,自然可以得到家给人足,吃饭问题才算是真解决。吃饭问题能够先解决,其余的别种问题也就可以随之而决。

声振神州——孙中山在中山大学及前身院校的演讲

第四讲

民国十三年八月二十四日

今天所讲的是穿衣问题。在民生主义里头，第一个重要问题是吃饭，第二个重要问题是穿衣。所以在吃饭问题之后，便来讲穿衣问题。

我们试拿进化的眼光来观察宇宙间的万物，便见得无论什么动物、植物都是要吃饭的，都是要靠养料才能够生存，没有养料便要死亡。所以吃饭问题，不但是在动物方面是很重要，就是在植物那方面也是一样的重要。至于穿衣问题，宇宙万物之中，只是人类才有衣穿，而且只是文明的人类才是有衣穿。他种动物植物都没有衣穿，就是野蛮人类也是没有衣穿。所以吃饭是民生的第一个重要问题，穿衣就是民生的第二个重要问题。现在非洲和南洋各处的野蛮人都是没有衣穿，可见我们古代的祖宗也是没有衣穿，由此更可见，穿衣是随文明进化而来，文明愈进步，穿衣问题就愈复杂。原人时代的人类所穿的衣服是"天衣"。什么叫做天衣呢？像飞禽走兽，有天生的羽毛来保护身体，那种羽毛便是禽兽的天然衣服，那种羽毛是天然生成的，所以叫做天衣。原人时代的人类，身上也生长得有许多毛，那些毛便是人类的天衣。后来人类文明进化，到了游牧时代，晓得打鱼猎兽，便拿兽皮做衣。有了兽皮来做衣，身上生长的毛渐渐失了功用，便逐渐脱落。人类文明愈进步，衣服愈完备，身上的毛愈少。所以文明愈进步的人类，身上的毛便是很少；野蛮人和进化不久的人，身上的毛才是很多。拿中国人和欧洲人来比较，欧洲人身上的毛都是比中国人多，这个原因，就是欧洲人在天然进化的程度还不及中国人。由此可见，衣的原始，最初是人类身上天然生长的毛。后来人类进化，便打死猛兽，拿兽肉来吃，拿兽皮来穿，兽皮便是始初人类的衣。有一句俗语说："食肉寝皮。"这是一句很古的话。这句话的意思，本是骂人做兽类，但由此便可证明古代人类打死兽类之后，便拿他的肉来做饭吃，拿他的皮来做衣穿。后来人类渐多，兽类渐少，单用兽皮便不够衣穿，便要想出别种材料来做衣服，便发明了别种衣服的材料。什么是做衣服的材料呢？我前一回讲过，吃饭的普通材料，是靠动物的肉和植物的果实。穿衣的材料和吃饭的材料是同一来源的。吃饭材料要靠动物和植物，穿衣材料也是一样的要靠动物和植物。除了动物和植物以外，吃饭穿衣便没有别的大来源。

我们现在要解决穿衣问题，究竟要达到什么程度呢？穿衣是人类的一种生活需要。人类生活的程度，在文明进化之中可以分作三级。第一级是需要。人生不得需要，固然不能生活，就是所得的需要不满足，也是不能充分生活，可说是半死半活，所以第一级的需要，是人类的生活不可少的。人类得了第一级需要生活之外，更进一步便是第二级，这一级叫做安适。人类在这一级的生活，不是为求生活的需要，是于需要之外更求安乐，更求舒服。所以在这一级的生活程度，可以说是安适。得了充分安适之后，再更进一步，便想奢侈。比方拿穿衣来讲，古代时候的衣服，所谓是夏葛冬裘，便算了满足需要。但是到了安适程度，不只是夏葛冬裘，仅求需要，更要适体，穿到很舒服。安适程度达到了之后，于适体之外，还要再进一步，又求美术的雅观，夏葛要弄到轻绡幼绢，冬裘要取到海虎貂鼠。这样穿衣由需要一进而求安适，由安适再进而求雅观，便好像是吃饭问题，最初只求清菜淡饭的饱食，后来由饱食便进而求有酒有肉的肥甘美味，更进而求山珍海味。好像现在广东的酒席，飞禽走兽、燕窝鱼翅，无奇不有，无美不具,穷奢极欲,这就是到了极奢侈的程度。我们现在要解决民生问题,并不是要解决安适问题,也不是要解决奢侈问题,只要解决需要问题。这个需要问题,就是要全国四万万人都可以得衣食的需要,要四万万人都是丰衣足食。

我在前一回讲过,中国人口的数目是由四万万减到三万万一千万。我们现在对于这三万万一千万人的穿衣问题,要从生产上和制造上通盘计划,研究一种方法来解决。如果现在没有方法来解决,这三万万一千万人恐怕在一两年之后还要减少几千万。今年的调查已经只有三万万一千万,再过几年,更是不足。现在只算三万万人,我们对于这三万万人便要统筹一个大计划,来解决这些人数的穿衣问题。要求解决这种问题的方法,首先当要研究是材料的生产。就穿衣问题来讲,穿衣需要的原料是靠动物和植物。动物和植物的原料一共有四种。这四种原料,有两种是从动物得来的,有两种是从植物得来的。这四种原料之中,第一种是丝,第二种是麻,第三种是棉,第四种是毛。棉和麻是从植物得来的原料,丝和毛是从动物得来的原料。丝是由于一种虫叫做蚕吐出来的,毛是由于羊和骆驼及他种兽类生出来的。丝、毛、棉、麻这四种物件,就是人生穿衣所需要的原料。

现在先就丝来讲。丝是穿衣的一种好材料,这种材料是中国最先发明的。中国人在极古的时候便穿丝。现在欧美列强的文化虽然是比我们进步得多,但是中国发明丝的那个时候,欧美各国还是在野蛮时代,还是茹毛饮血。不但是没有丝穿,且没有衣穿;不但是没有衣穿,并且身上还有许多毛,是穿着天衣,是一种野蛮人。到近两三百年来,他们的文化才是比我们进步,才晓得用丝来做好衣服的原料。他们用丝不只是用来做需要品,多是用来做奢侈品。中国发明丝来做衣服的原料,虽然有了几千年,但是我们三万万人的穿衣问题,还不是在乎丝的问题。我们穿衣的需要品并不是丝,全国人还有许多用不到丝的。我们每年所产的丝,大多数都是运到外国，供外国做奢侈品。在中国最初和外国通商的时候，出口货物之中第一大宗便是丝。当时中国出口的丝很多，外国进口的货物很少。中国出口的货物和外国进口的货物价值比较，不但是可以相抵，而且还要超过进口货。中国出口货物除了丝之外，第二宗便是茶。丝、茶这两种货物，在从前外国都没有这种出产，所以便成为中国最大宗的出口货。外国人没有茶以前，他们都是喝酒，后来得了中国的茶，便喝茶来代酒，以后喝茶成为习惯，茶便成了一种需要品。因为从前丝和茶，只有中国才有这种出产，外国没有这种货物，当时中国人对于外国货物的需要也不十分大，外国出产的货物又不很多，所以通商几十年，和外国交换货物，我们出口丝、茶的价值，便可以和外国进口货物的价值相抵消，这就是出口货和进口货的价值两相平均。但是近来外国进口的货物天天加多，中国出口的丝、茶天天减少，进出口货物的价值便不能相抵消。中国所产的丝近来被外国学去了，像欧洲的法兰西和意大利现在就出产许多丝。他们对于养蚕、纺丝和制丝的种种方法，都有很详细的研究、很多的发明、很好的改良。日本的丝业，不但是仿效中国的方法，而且采用欧洲各国的新发明，所以日本丝的性质便是很进步，出产要比中国多，品质又要比中国好。由于这几个原因，中国的丝、茶在国际贸易上，便没有多人买，便被外国的丝、茶夺去了。现在出口的数量，更是日日减少。中国丝、茶的出口既是减少，又没有别的货物可以运去外国来抵消外国进口货的价值，所以每年便要由通商贸易上进贡于各国者约五万万元大洋，这就是受了外国经济的压迫。中国受外国的经济压迫愈利害，民生问题愈不能够解决。中国丝在国际贸易上，完全被外国丝夺去了。品质没有外国丝的那么好，价值也没有外国丝那么高。但是因为要换外国的棉布、棉纱来做我们的需要品，所以自己便不能够拿丝来用，要运去外国换更便宜的洋布和洋纱。

至于讲到丝的工业，从前发明的生产和制造方法，都是很好的，但是一成不易，总不知道改良。后来外国学了去，加以近来科学昌明，更用科学方法来改良，所以制出的丝便驾乎中国之上，便侵占中国蚕丝的工业。我们考究中国丝业之所以失败的原因，是在乎生产方法不好。中国所养的蚕很多都是有病的，一万条蚕虫里头，大半都是结果不良，半途死去；就是幸而不死，这些病蚕所结的茧、所出的丝，也是品质不佳，色泽不好。而且缫丝的方法不完全，断口太多，不合外国织绸机器之用。由于这些原因，中国丝便渐渐失败，便不能敌外国丝。在几十年以前，外国养蚕的方法也是和中国一样。中国农民养蚕，有时成绩很优，有时完全失败。这样结果，一时好一时不好，农民没有别的方法去研究，便归之于命运。养蚕的收成不好，便说是"命运不佳"。外国初养蚕的时候，也有许多病蚕，遇着失败没有方法去挽救，也是安于命运。后来科学家发明生物学，把一切生物留心考察，不但是眼所能看得见的生物要详细考究，就是眼看不见、要用几千倍显微镜才能看见的生物，也要过细去考究。由于这样考究，法国有一位科学家叫做柏斯多，便得了一个新发明。这个发明就是：一切动物的病，无论是人的病或是蚕的病，都是由于一种微生物而起。生了这种微生物，如果不能够除去，受病的动物便要死。他用了很多功夫，经过了许多研究，把微生物考究得很清楚，发明了去那种微生物来治疗蚕病的方法，传到法国、意国的养蚕家。法国、意国人民得了这个方法，知道医蚕病，于是病蚕便少了很多。到缫丝的时候，成绩便很好，丝业便很进步。后来日本学了这个方法，他们的丝业也是逐渐进步。中国的农家一向是守旧，不想考究新法，所以我们的丝业便一天一天的退步。现在上海的丝商设立了一间生丝检查所，去考究丝质，想用方法来改良。广东岭南大学也有用科学方法来改良蚕种，把蚕种改良了之后，所得丝的收成是很多，所出丝的品质也是很好。但是这样用科学方法去改良蚕种，还只是少数人才知道，大多数的养蚕家还没有知道。中国要改良丝业来增加生产，便要一般养蚕家都学外国的科学方法，把蚕种和桑叶都来改良，蚕种和桑叶改良之后，更要把纺织的方法过细考究，把丝的种类、品质和色泽都分别改良，中国的丝业便可以逐渐进步，才可以和外国丝去竞争。如果中国的桑叶、蚕种和丝质没有改良，还是老守旧法，中国的丝业不止是失败，恐怕要归天然的淘汰，处于完全消灭。现在中国自己大多数都不用丝，要把丝运出口去换外国的洋布、洋纱，如果中国的丝质不好，外国不用中国丝，中国丝便没有销路，不但是失了一宗大富源，而且因为没有出口的丝去换外国洋布、洋纱，中国便没有穿衣的材料。所以中国要一般人有穿衣的材料，来解决穿衣问题，便要保守固有的工业，改良蚕种、桑叶，改良纺织的方法。至于中国丝织的绫罗绸缎，从前都是很好，是外国所不及的，现在外国用机器纺织所制出的丝织品，比中国更好得多。近来中国富家所用顶华美的丝织品，都是从外国来的，可见我们中国的国粹工业，现在已经是失败了。我们要解决丝业问题，不但是要改良桑叶、蚕种，改良养蚕和纺丝方法来造成很好的丝，还要学外国用机器来织造绸缎，才可以造成顶华美的丝织品，来供大众使用。等到大众需要充足之后，才把有余的丝织品运去外国去换别种货物。

　　穿衣所需要的材料，除了丝之外，第二种便是麻。麻也是中国最先发明的，中国古代时候便已经发明了用麻制布的方法，到今日大家还是沿用那种旧方法。中国的农工业总是没有进步，所以制麻工业，近来也被外国夺去了。近日外国用新机器来制麻，把麻制成麻纱，这种用机器制出来的麻纱，所有的光泽都和丝差不多。外国更把麻和丝混合起来织成种种东西，他们人民都是很乐用的。这种用麻、丝混合织成的各种用品，近来输入中国很多，中国人也是很欢迎，由此便夺了中国的制麻工业。中国各省产麻很多，由麻制出来的东西，只供夏天衣服之用，只可以用一季。

我们要改良制麻工业，便要根本上从农业起，要怎么样种植，要怎么样施用肥料，要怎么样制造细麻线，都要过细去研究，麻业才可以进步，制得的出品才是很便宜。中国制麻工业完全是靠手工，没有用机器来制造。用手工制麻，不但是费许多工夫，制出的麻布不佳，就是成本也是很贵。我们要改良麻业，造出好麻，一定要用一种大计划。这种计划，是先从农业起首来研究，自种植起以至于制造麻布，每步工夫都要采用科学的新方法。要能够这样改良，我们才可以得到好麻，才可以制出很便宜的衣料。

丝、麻这两种东西，用来做穿衣的材料，是中国首先发明的。但是现在穿衣的材料，不只是用丝麻，大多数是用棉，现在渐渐用毛。棉、毛这两种材料，现在都是人人穿衣所需要的。中国本来没有棉，此种吉贝棉是由印度传进来的。中国得了印度的棉花种子，各处种植起来，便晓得纺纱织布，成了一种棉花工业。近来外国的洋布输入中国，外国洋布比中国的土布好，价钱又便宜，中国人便爱穿洋布，不爱穿土布，中国的土布工业便被洋布打销了。所以中国穿衣的需要材料便不得不靠外国，就是有些土布小工业，也是要用洋纱来织布。由此可见中国的棉业，根本上被外国夺去了。中国自输入印度棉种之后，各处都是种得很多，每年棉花的出产也是很多。世界产棉的国家，第一个是美国，其次是印度，中国产棉花是世界上的第三等国。中国所产的棉虽然是不少，天然品质也是很好，但是工业不进步，所以自己不能够用这种棉花来制成好棉布、棉纱，只可将棉花运到外国去卖。中国出口的棉花，大多数是运到日本，其余运到欧美各国。日本和欧美各国来买中国棉花，是要拿来和本国的棉花混合，才能够织成好布，所以日本大阪各纺纱织布厂所用的原料，不只一半是中国的棉花。他们拿中国的棉花织成布之后，再把布又运到中国来赚钱。本来中国的工人是顶多的，工钱也是比各国要便宜的，中国自己有棉花，又有贱价的工人，为什么还要把棉花运到日本去织布呢？

民生主义

为什么自己不来织布呢？日本的工人不多，工价又贵，为什么能够买中国棉花，织成洋布，运回中国来赚钱呢？推究这个原因，就是由于中国的工业不进步，不能够制造便宜布；日本的工业很进步，能够制造很便宜的布。

所以要解决穿衣问题，便要解决农业和工业的两个问题。如果农业和工业两个问题不能够解决，不能够增加生产，便没有便宜衣穿。中国自己既是不能织造便宜布，便要靠外国运布进来。外国运布来中国，他们不是来尽义务，也不是来进贡，他们运货进来是要赚钱的，要用一块钱的货，换两块中国钱。中国的钱被外国赚去了，就是要受外国的经济压迫。追究所以受这种压迫的原因，还是由于工业不发达。因为工业不发达，所以中国的棉花，都要运去外国，外国的粗棉布还要买进来。中国人天天〈穿〉的衣服都是靠外国运进来，便要出很高的代价。这种很高的代价，便是要把很贵重的金银、粮食运到外国去抵偿。这样情形，便很像破落户的败家子孙，自己不知道生产，不能够谋衣食，便要把祖宗留传下的珍宝玩器那些好东西卖去换衣食一样。这就是中国受外国经济压迫的现状。

我从前在民族主义中已经是讲过了，中国受外国经济的压迫，每年要被外国夺去十二万万至十五万万元。这个十五万万元的损失之中，顶大的就是由于进口货同出口货不相比对。照这两三年海关册的报告，出口货比进口货要少三万万余两。这种两数是海关秤，这种海关秤的三万万余两，要折合上海大洋便有五万万元，若果折合广东毫银便有六万万元，这就是出口货同进口货不能相抵消的价值。进口货究竟是些什么东西呢？顶大的是洋纱、洋布。这种洋纱、洋布都是棉花织成的，所以中国每年进口的损失，大多数是由于棉货。据海关册的报告，这种进口棉货的价值，每年要有二万万海关两，折合上海大洋便有三万万元，这就是中国用外国的棉布，每年要值三万万元。拿中国近来人口的数目比较起来,就是每一个人要用一块钱来穿洋布。由此可见,现在中国民生的第二个需要都是用外国材料。中国本来有棉花,工人很多,工钱又贱,但是不知道振兴工业来挽回利权,所以就是穿衣便不能不用洋布,便不能不把许多钱都送到外国人。要送钱到外国人,就是受外国的经济压迫,没有方法来解决。我们直接穿衣的民生问题,更是不能解决。大家要挽回利权,先解决穿衣问题,便要减少洋纱、洋布的进口。要解决这个问题,有什么好方法呢?

当欧战的时候,欧美各国没有洋布运进中国,到中国的洋布,都是从日本运来的。日本在那个时候,供给欧洲协约国的种种军用品,比较运洋布来中国还要赚钱得多,所以日本的大工厂都是制造军用品去供给协约国,只有少数工厂才制造洋纱、洋布运到中国来卖。中国市面上的布便不够人民穿,布价便是非常之贵。当时中国的商人要做投机事业,便发起设立许多纱厂、布厂,自己把棉花来纺成洋纱,更用洋纱织成洋布。后来上海设立几十家工厂,都是很赚钱,一块钱的资本差不多要赚三四块钱,有几倍的利息。一般资本家见得这样的大利,大家更想发大财,便更投许多资本去开纱厂、布厂,所以当时在上海的纱厂、布厂真是极一时之盛。那些开纱厂、布厂新发财的资本家,许多都称为棉花大王。但是到现在,又是怎么样情形呢?从前有几千万的富翁,现在都是亏大本,变成了穷人。从前所开的纱厂、布厂,现在因为亏了本,大多数都是停了工。如果再不停工,还更要亏本,甚至于要完全破产。

这是什么原因呢?一般人以为外国的洋布、洋纱之所以能够运到中国来的原故,是由于用机器来纺纱织布。这种用机器来纺纱织布,比较用手工来纺纱织布,所得的品质是好得多,成本是轻得多。所以外国在中国买了棉花,运回本国织成洋布之后,再运来中国,这样往返曲折,还能够赚钱。推究他们能够赚钱的原因,是由于用机器。由于他们都是用机器,所以中国一般资本家都是学他们，也是用机器来织布纺纱，开了许多新式的大纱厂、大布厂，所投的资本大的有千万，小的也有百几十万。那些纱厂和布厂在欧战的时候本赚了许多钱，但是现在都是亏本，大多数都是停工，从前的棉花大王现在多变成了穷措大。推到我们现在的纱厂和布厂，也是用机器，同是一样的用机器，为什么他们外国人用机器织布纺纱便赚钱，我们中国人用机器织布纺纱便要亏本呢？而且外国织布的棉花还是从中国买回去的，外国买到棉花运回本国去，要花一笔运费；织成洋布之后，再运来中国，又要花一笔运费。一往一返，要花多两笔运费。再者，外国工人的工钱又比中国高得多，中国用本地的土产来制造货物，所用的机器和外国相同，而且工钱又便宜，照道理是应该中国的纱厂、布厂能够赚钱，外国的纱厂、布厂要亏本。为什么所得的结果恰恰是相反呢？

　　这个原因，就是中国的棉业受了外国政治的压迫。外国压迫中国，不但是专用经济力。经济力是一种天然力量，就是中国所说的"王道"。到了经济力有时而穷，不能达到目的的时候，便用政治来压迫。这种政治力，就是中国所说的"霸道"。当从前中国用手工和外国用机器竞争的时代，中国的工业归于失败，那还是纯粹经济问题；到了欧战以后，中国所开的纱厂、布厂，也学外国用机器去和他们竞争，弄到结果是中国失败，这便不是经济问题，是政治问题。外国用政治力来压迫中国，是些什么方法呢？从前中国满清政府和外国战争，中国失败之后，外国便强迫中国立了许多不平等的条约，外国至今都是用那些条约来束缚中国。中国因为受了那些条约的束缚，所以无论什么事都是失败。中国和外国如果在政治上是站在平等的地位，在经济一方面可以自由去和外国竞争的，中国还可以支持，或不至于失败。但是外国一用到政治力，要拿政治力量来做经济力量的后盾，中国便没有方法可以抵抗、可以竞争。

外国束缚中国的条约，对于棉业问题是有什么关系呢？现在外国运洋纱到中国，在进口的时候，海关都是要行值百抽五的关税；进口之后，通过中国内地各处，再要行值百抽二·五①的厘金。统计起来，外国的洋纱、洋布，只要纳百分之七·五的厘税，便可以流通中国各处，畅行无阻。至于中国纱厂、布厂织成的洋布，又是怎么样呢？在满清的时候，中国人都是做梦，糊糊涂涂，也是听外国人主持。凡是中国在上海等处各工厂所出的布匹，都要和外国的洋布一样，要行值百抽五的关税；经过内地各处的时候，又不能和外国洋布一样只纳一次厘金，凡是经过一处地方便要更纳一次厘金，经过几处地方便要纳几次厘金。讲到中国土布纳海关税，是和外国洋布一样，纳厘金又要比外国洋布多几次，所以中国土布的价钱便变成非常之高。土布的价钱太高，便不能流通各省，所以就是由机器织成的布，还是不能够和外国布来竞争。外国拿条约来束缚中国的海关、厘金，厘金厂对于外国货不能随便加税，对于中国货可以任意加税。好像广东的海关，不是中国人管理，是外国人管理，我们对于外国货物，便不能自由加税。中国货物经过海关，都由外国人任意抽税，通过各关卡，更要纳许多次数厘金。外国货物纳过一次税之后，便通行无阻。这就是中外货物税率不平均。因为中外货物的税率不平均，所以中国的土布便归失败。

　　至于欧美平等的独立国家，彼此的关税都是自由，都没有条约的束缚，各国政府都是可以自由加税。这种加税的变更，是看本国和外国的经济状态来定税率的高下。如果外国有很多货物运进来，侵夺本国的货物，马上便可以加极重的税来压制外国货。压制外国货，就是保护本国货。这种税法，就叫做"保护税法"。譬如中国有货运到日本，日本对于中国货物最少也要抽值百分之

---

① 即"百分之二点五"。

三十的税；他们本国的货物，便不抽税。所以日本货物原来成本是一百元的，因为不纳税，仍是一百元，日本货物如果卖一百二十元，便有二十元的利。中国货运到日本去，若卖了一百二十元，便要亏十元的血本。由此日本便可以抵制中国货，可以保护本国货。这种保护本国货物的发达，抵制外国货物的进口，是各国相同的经济政策。

我们要解决民生问题，保护本国工业不为外国侵夺，便先要有政治力量，自己能够来保护工业。中国现在受条约的束缚，失了政治的主权，不但是不能保护本国工业，反要保护外国工业。这是由于外国资本发达，机器进步，经济方面已经是占了优胜；在经济力量之外，背后还有政治力量来做后援。所以中国的纱厂、布厂，当欧战时候，没有欧美的洋布、洋纱来竞争，才可以赚钱；欧战之后，他们的洋布、洋纱，都是进中国来竞争，我们便要亏本。讲到穿衣问题里头，最大的是棉业问题。我们现在对于棉业问题没有方法来解决。中国棉业还是在幼稚时代，机器没有外国的那样精良，工厂的训练和组织又没有外国的那么完备，所以中国的棉业就是不抽厘金、关税，也是很难和外国竞争。如果要和外国竞争，便要学欧美各国的那种政策。

欧美各国对于这种政策是怎么样呢？在几十年以前，英国的工业是占世界上第一个地位，世界所需要的货物都靠英国来供给。当时美国还是在农业时代，所有的小工业完全被英国压迫，不能够发达。后来美国采用保护政策，实行保护税法，凡是由英国运到美国的货物，便要行值百抽五十或者值百抽一百的重税。因此英国货物的成本便变成极大，便不能够和美国货物去竞争，所以许多货物便不能运去美国。美国本国的工业便由此发达，现在是驾乎英国之上。德国在数十年之前也是农业国，人民所需要的货物也是要靠英国运进去，要受英国的压迫。后来行了保护政策，德国的工业也就逐渐发达，近来更驾乎各国之上。由此可见，我们要发达中国的工业,便应该仿效德国、美国的保护政策,来抵制外国的洋货,保护本国的土货。

现在欧美列强都是把中国当做殖民地的市场,中国的主权和金融都是在他们掌握之中。我们要解决民生问题,如果专从经济范围来着手,一定是解决不通的。要民生问题能够解决得通,便要先从政治上来着手,打破一切不平等的条约,收回外人管理的海关,我们才可以自由加税,实行保护政策。能够实行保护政策,外国货物不能侵入,本国的工业自然可以发达。中国要提倡土货、抵制洋货,从前不知道运动了好几次,但是全国运动不能一致,没有成功;就令全国的运动能够一致,也不容易成功。这个原因,就是由于国家的政治力量太薄弱,自己不能管理海关。外国人管理海关,我们便不能够自由增减税率。不能够自由增减税率,没有方法令洋布的价贵,土布的价贱,所以现在的洋布便是便宜过土布。洋布便宜过土布,无论是国民怎么样提倡爱国,也不能够永久不穿洋布来穿土布。如果一定要国民永久不穿洋布来穿土布,那便是和个人的经济原则相反,那便行不通。比方一家每年要用三十元的洋布,如果抵制洋布,改用土布,土布的价贵,每年便不止费三十元,要费五六十元,这就是由于用土布每年便要多费二三十元。这二三十元的耗费,或者一时为爱国心所激动,宁可愿意牺牲,但是这样的感情冲动,是和经济原则相反,决计不能够持久。我们要合乎经济原则,可以持久,便要先打破不平等的条约,自己能够管理海关,可以自由增减税率,令中国货和外国货的价钱平等。譬如一家每年穿洋布要费三十元,穿土布也只费三十元,那才是正当办法,那才可以持久。我们如果能够更进一步,能令洋布贵过土布,令穿外国洋布的人一年要费三十元,穿本国土布的人一年只费二十元,那便可以战胜外国的洋布工业,本国的土布工业便可以大发达。由此可见,我们讲民生主义,要解决穿衣问题,要全国穿土布,不准外国洋布进口,便要国家有

民生主义

政治权力,穿衣问题才可以解决。

讲到民生主义的穿衣问题,现在最重要的材料,就是丝、麻、棉、毛四种。这四种材料之中的毛,中国也是出产好多,品质也是比外国好。不过中国的这种工业不发达,自己不制造,便年年运到外国去卖。外国收中国的毛,制成绒呢,又再运回中国来卖,赚中国的钱。如果我们恢复主权,用国家的力量来经营毛业,也可以和棉业同时来发达。毛工业能够发达,中国人在冬天所需要的绒呢,便可以不用外国货。有盈余的时候,更可以像丝一样,推广到外国去销行。现在中国的制毛工业不发达,所以只有用带皮的毛;脱皮的散毛在中国便没有用处,便被外国用贱价收买,织成绒呢和各种毡料,运回中国来赚我们的钱。由此可见,中国的棉业和毛业同是受外国政治、经济的压迫。所以我们要解决穿衣问题,便要用全国的大力量统筹计划,先恢复政治的主权,用国家的力量来经营丝、麻、棉、毛的农业和工业,更要收回海关来保护这四种农业和工业,加重原料之出口税及加重洋货之入口税,我国之纺织工业必可立时发达,而穿衣材料之问题方能解决。

衣服的材料问题可以解决,我们便可来讲穿衣之本题。穿衣之起源,前已讲过,就系用来御寒,所以穿衣之作用,第一就系用来保护身体。但是后来文明渐进,就拿来彰身,所以第二之作用就系要来好看,叫做壮观瞻。在野蛮时代的人无衣来彰身,就有腾图其体的,就是用颜色涂画其身,即古人所谓"文身"是也。至今文明虽进,而穿衣作用仍以彰身为重,而御寒保体的作用反多忽略了。近代穷奢斗侈,不独材料时时要花样翻新,就衣裳之款式,亦年年有宽狭不同。而习俗之好尚,又多有视人衣饰以为优劣之别,所以有"衣冠文物"就是文化进步之别称。迨后君权发达,则又以衣服为等级之区别,所以第三个作用,衣服即为阶级之符号。至今民权发达,阶级削平,而共和国家之陆海军,亦不能除去以衣饰为等级之习尚。照以上这三个衣服之作用,一护体、二彰身、三等差之外,我们今天以穿衣为人民之需要,则在此时阶级平等、劳工神圣之潮流,为民众打算穿衣之需要,则又要加多一个作用,这个作用,就是要方便。故讲到今日民众需要之衣服之完全作用,必要能护体、能美观,又能方便,不碍于作工,乃为完美之衣服。

国家为实行民生主义,当本此三穿衣之作用,来开设大规模之裁缝厂,于各地就民数之多少、寒暑之节候,来制造需要之衣服,以供给人民之用。务使人人都得到需要衣服,不致一人有所缺乏,此就是三民主义国民之政府对于人民穿衣需要之义务。而人民对于国家,又当然要尽足国民之义务,否则失去国民之资格。凡失去国民之资格者,就是失去主人之资格。此等游惰之流氓,就是国家人群之蟊贼,政府必当执行法律以强迫之,必使此等流氓渐变为神圣之劳工,得以同享国民之权利。如此,流氓尽绝,人人皆为生产之分子,则必丰衣足食,家给人足,而民生问题便可以解决矣。

附录

附录

在广州岭南学堂的演说

民国元年五月七日

仆今日得贵校诸君开会欢迎,不胜欣谢!

诸君在此,莘莘济济,有缘同学,今我见之,顿触少年时事。忆吾幼年,从学村塾,仅识之无。不数年得至檀香山,就傅西校,见其教法之善,远胜吾乡。故每课暇,辄与同国同学诸人,相谈衷曲,而改良祖国,拯救同群之愿,于是乎生。当时所怀,一若必使我国人人皆免苦难,皆享福乐而后快者。又数年即回祖国,就学于本城之博济医院,与贵校廖得山同学。仅一年,又转香港推〔雅〕利士医院,凡五年,以医亦救人苦难术。然继思医术救人,所济有限,其他慈善亦然。若夫最大权力者,无如政治。政治之势力,可为大善,亦能为大恶。吾国人民之艰苦,皆不良之政治为之,若欲救国救人,非锄去此恶劣政府必不可,而革命思潮遂时时涌现于心中。惜当时附和者少,前后数年,得同心同行者不过十人。得此十人,即日日筹划,日日进行。甲午中东之役后,政学各界人人愤恚。弟等趁此潮流,遂谋举事于广州,失败后居外经营,屡蹶屡起,直至去年八月在武汉起事,不半载而大功告成。此固天之不欲绝吾中国也。然则,功既成矣,吾从前之志愿,岂遂达乎?非也,千未得一也。今日所成,只推倒一恶劣政府之障碍物而已。以后建设,万端待理。〈负责〉何人?则学生是也。

凡国强弱,以学生程度为差。仆从前以致力革命,无暇向学读书。行医日只一两时,而事革命者实七八时,而学业遂荒。沿至于今，岁不我与。今见学生，令人健羡，益见非学问无以建设也。譬诸除道，仆则披荆斩棘也，诸君则驾梁砌石者也。是诸君责任，尤重于仆也。肩责之道若何，无他，勉术学问，琢磨道德，以引进人群，愚者明之，弱者强之，苦者乐之而已。物竞争存之义，已成旧说，今则人类进化，非相匡相助，无以自存。倘诸君如有志而力行之，则仆之初志赖诸君而达，共和新国亦赖诸君而成。是则仆所厚望于诸君者。

附录

在广州岭南学生欢迎会的演说

民国十二年十二月二十一日

诸君：

兄弟今日得来此地，对岭南大学学生会，有机会和诸君相见，我是很喜欢的。因为诸君是中华民国后起之秀，将来继续建设民国的责任，我对于诸君是很有希望的。中华民国自开创以至今日，已经有了十二年。这十二年内，无日不是在纷乱之中。从前有南北的分裂，现在有各省和各部分的分裂，干戈相见，糜烂不堪。这个原因是承满清政府之后，对于旧国家破坏的事业，还未成功，所以新国家便无从建设。将来破坏成功之后，继续建设成一个新民国，还要希望后起的诸君，担负那个大责任。

今天对诸君，如果专讲国家大事，那么，千头万绪，不是一两点钟可以说得完的。惟就我今天到岭南大学来，看见这个学校之内，规模宏大，条理整齐，便生有很大的感触。现在就拿这个感触，和诸君谈谈。岭南大学是在广东省，诸君在此用功，知道这个学校的规模宏大，条理整齐，教育良善，和其余的学校比较起来，不但是在广东可以说是第一，就是在中国西南各省，也可算是独一无二。为什么广东只有一个好岭南大学，没有别的好学校呢？就是西南各省，也没有第二个学校和岭南大学一样呢？因为这个大学是美国人经营的，诸君在此所受的教育，是美国的教育；诸君住在这个学校之内，和在美国本国的学校没有分别。我们推测为什么美国有这样好的学校，中国没有呢？中国何以不能自己创办呢？因为欧美的文明，近二百多年来非常发达，美国近几十年来尤其进步。他们国内的情形,不但是教育办得好,就是工业、商业和一切社会事业,都比中国进步的多。中国的一切事业,到了今日,可说是腐败到了极点。腐败的原因,是在人民过于堕落,就历史上陈迹看起来,中国向来是不是都不如外国呢?从前有几朝,中国都是比外国好的,所以这个堕落的现象,不过是近来才有的。再就中国现在青年受教育的情形说,全国之内到处用兵,普通人民救死之不暇,有几多人还能够有力量送子弟去读书呢?就是青年在学校读书的,又有几多人能够像诸君有这样好的机会,在这样好的学校,受高等外国教育呢?单就广东的户口讲,人数号称三千万,如果提十分之一,也有三百万青年,应该像诸君都有受这种教育的机会。而现在只有诸君的一千几百人,才有这个机会。诸君想想,自己的机会,该是何等好呢?现在民国,人民受教育,是大家都要有平等机会的。就今日情形看来,他们不能受高等教育的,是没有平等的机会。诸君现在受这样高等教育,是诸君机会比他们好。诸君现在所享的幸福,比他们也好。将来学成之后,应该有一种贡献,改良社会,让他们以后能够得到平等的机会才对。

诸君现在受教育的时候,预想将来学成之后,有一种贡献到社会上,究竟应该做些什么事呢?诸君现在还未毕业,知识不大发达,学问没有成就,自然不能责备诸君一定要做些什么事,但是在没有做事之先,应该有什么预备呢?应该要注意些什么事呢?依我看来,在这个时期之内,第一件是要立志。立志是读书人最要紧的一件事。中国人读书的思想,都以为士为四民之首,比农、工、商贾几种人都要高一些。二三十年以前的学生,他们有一种立志,就是在闭户自读的时候,总想入学、中举、点翰林,以后还要做大官。我今天希望诸君的,不是那种旧思想的立志,是比那入学、中举、点翰林、做大官的志还要更大。中国几千年以来,有志的人本不少,但是他们那种立志的旧思想,专注重发达个人,为个人谋幸福，和近代的思想大不相合。近代人类立志的思想，是注重发达人群，为大家谋幸福。用事实说，我们中国青年应该有的志愿，是在什么地方呢？是要把中华民国重新建设起来，让将来民国的文明，和各国并驾齐驱。我们现在的文明，都是从外国输入进来的，全靠外人提倡，这是几千年以来从古没有的大耻辱。如果我们立志，改良国家，万众一心，协力奋斗做去，还是可以追踪欧美。若是不然，中国便事事落人尾后，永远不能自己发达，永远没有进步。推其极端，中国便非沦于灭亡不可。所以现在的青年，便应该以国家为己任，把建设将来社会事业的责任担负起来。这种志愿究竟是如何立法呢？我读古今中外的历史，知道世界极有名的人，不全是从政治事业一方面做成功的。有在政权上一时极有势力的人，后来并不知名的；有极知名的人，完全是在政治范围之外的。简单的说，古今人物之名望的高大，不是在他所做的官大，是在他所做的事业成功。如果一件事业能够成功，便能够享大名。所以我劝诸君立志，是要做大事，不可要做大官。

　　什么是叫做大事呢？大概的说，无论那一件事，只要从头至尾，彻底做成功，便是大事。譬如从前有个法国人叫做柏斯多，专用心力考察普通人眼所不能见的东西，那种东西极微秒〔渺〕，极无用处，为通常人目力之所不及。在普通人看起来，必以为算不得一回什么事，何以枉费工夫去研究他呢？但是柏斯多把他的构造性质和对于别种东西的关系，自头至尾研究出来，成一种有系统的结果，把这种东西便叫做微生物。由研究这种微生物，便发明微生物对于各种动植物的妨害极大，必须要把他扑灭才好。现在世界人类受知道扑灭这种微生物的益处，不知道有多少。譬如从前的人，不知道蚕有受病的，所以常常有许多蚕吐丝不多，所获的利益极微。现在知道蚕也有受病的，蚕受了病，便不能吐丝；考察他受病的原因，是由于有一种微生物，消灭这种微生物，便可医好蚕的病,乃可多吐丝。现在广东每年所出丝加多几千万,但许多还有不知道医蚕病的,如果都知道消灭害蚕的微生物,更可增加无限的收入,那种利益该是何等大呢!现在全世界上由于知道消灭害蚕的微生物,所得的总利益,又是何等大呢!但是当柏斯多立志研究微生物的时候,他也不知道有这样大的利益。用这件故事证明的意思,便是说微生物本是极微秒〔渺〕、极小的东西。但是,研究他关系于动植物的利害,有一种具体结果,贡献到人类,便是一件很大的事。柏斯多立志研究的东西,虽然说是很小,但是他彻底得了结果,便是成了大事,所以他在历史上便享大名。我们中国从前的人,都不知道像柏斯多这样的立志,只知道立志要入学、中举、点状元、做宰相,并且还有要做皇帝的。譬如秦始皇出游的时候,刘邦、项羽都看见了,便各自叹气,表示自己的志愿。项羽说:"彼可取而代之。"刘邦说:"大丈夫当如是也。"他两个人的口气虽然不同,但是他们的志愿毫没有分别。换句话说,都是想做皇帝。这种思想,久而久之,便传播到普通人群中,所以从此以后,中国人都想做皇帝,便不想做别的事。自民国成立以来,不是像袁世凯想做皇帝,便是像一般军阀想做督军、巡阅使,那也是错了。因为要达到那种地位是很不容易的,障碍物是很多的。因为他们立志一定要达到那种地位,所以弄到杀人放火,残贼人类,亦所不惜。诸君想想,那志愿是好是不好呢?一定是不好的,所以我们必须要消灭那种志愿。至于学生立志,注重之点,万不可想要达到什么地位,必须要想做成一件什么事。因为地位是关系于个人的。达到了什么地位,只能为个人谋幸福。事业是关系于群众的,做成了什么事,便能为大家谋幸福。近代人类的思想,是注重谋大家的幸福,我从前已经说过了。大家又知道,许多做大事成功的人,不尽是在学校读过了书的,也有向来没有进过学校,能够做成大事业的。不过那种人是天生的长处。普通人要所做的事不错,必要取法古人的长处才好。所以我们要进学校读书，取古今中外人的知识才学，来帮助我做一件大事，然后那件大事，便容易成功。

诸君又勿谓现在进农科，学耕田的学问，将来学成之后，只是一个农夫。不知道耕田也是一件大事，从前后稷教民稼穑，树艺五谷。因为稼穑是一件很有益于人民的事，他不怕劳动，去教导百姓。后来百姓感恩戴德，他便做了皇帝。说起出身来，后稷还是一个耕田佬呀！那个耕田佬也做过了皇帝呀！古时做过皇帝的人，该有多少呢？现在世人都把他们的姓名忘记了，只有后稷做过耕田佬，所以世人至今还不忘记他。现在科学进步，外国新发明的农科器具，比旧时好的多，事半功倍，只用一人之耕，可得几千人之食。诸君现在学农科的，学到成功之后，就是像外国的农夫，能够一人耕而有几千人之食，也不可以为到了止境。必要再用更新的科学道理，改良耕田的方法，以至用一人耕，能够有几万人食，或几百万人食，那才算是有志之士。总而言之，诸君现在学校求学，无论是那一门科学，像文学、理化学、农学，只要是自己性之所近，便拿那一门来反复研究。把其余关系于那一门的科学，也去过细参考，借用他们的道理和方法，来帮助那一门科学的发展，彻底考察，以求一个成功的结果。那么，就是像中国的后稷教民耕田，法国柏斯多发明微生物对于动植物的利害，都是功德无量的大事。

我再举一件故事说。从前有个英国人叫做达尔文，他始初专拿蚂蚁和许多小虫来玩，后来便考察一切动物，过细推测，便推出进化的道理。现在扩充这个道理，不但是一切动物变化的道理包括在内，就是社会、政治、教育、伦理等种种哲理，都不能逃出他的范围之外。所以达尔文的功劳，比世界上许多皇帝的功劳还要大些。世界上的皇帝该有多少呢？诸君多有不知道他们姓名的，现在诸君总没有一个人不知道达尔文的。所以达尔文的功，实在是驾乎皇帝之上。由这样讲来，无论什么事，只要能够彻底做成功，便算是大事。所以由考察微生物得来的道理是大事，由玩蚂蚁得来的道理，也是大事。不过我们读书的时候，必须用自己的本能做去才好。什么是本能呢？就是自己喜欢要做的事。就自己喜欢所做的事彻底做去，以求最后的成功，中途不要喜新厌旧，见异思迁，那便是立志。立志不可有今日立一种什么志，明日便要到一个什么地位。从前做皇帝的思想，是过去的陈迹，要根本的打破他。立志是拿一件事，彻底做成功，为世界上的新发明。如果有了新发明，世界上的地位多得很，诸君不愁不能自占一席。

我们立志，还要合乎中国国情。像四十多年前，中国派许多学生到外国去留学，尤其以派到美国的为最早。他们到了美国之后，不管中国为什么要派留学生，学成了以后，究竟于中国有什么用处，以为到了美国，只要学成美国人一样便够了。所以他们在外国的时候，便自称为什么"佐治"、"维廉"、"查理"，连中国的姓名也不要。回国之后，不徒是和中国的饮食起居，不能合宜，就是中国的话也不会讲。所以住不许久，便厌弃中国，仍然回到美国。当中也有立志稍为高尚一点的，回到美国之后，仍然有继续研究学问的。不过那一种学生，对于中国的饮食起居和人情物理，一点儿也不知，所有的思想行为和美国人丝毫没有分别。所以他们不能说是中国人，只可说是美国人。至于下一等的，回到美国，便每日游手好闲，无所事事。因为不是学生，取消了官费或家庭接济，弄到后来，甚至个人的生活都不能维持，于是为非作歹，无所不做，便完全变成一种无赖的地痞。以中国的留学生，不回来做中国的国民，偏要去做美国的地痞，那是有什么好处呢？甚至有在美国的时候，连中国人住的地方，都不敢去；逢人说起国籍来，总不承认是中国人。试问这种学生，究竟是何居心呢？这种学生，可以说是无志，只知道学人，不知道学成了想自己来做事。

诸君现在岭南大学，受美国人的教育多，受中国人的教育少。环顾学校之内，四围有花草树木的风景，洋房马路的建筑，这一种繁华文明的气象，比较学校以外，像大塘、康乐等处的荒野景象，真是有天壤之别呀。我们中国人现在的痛苦，每日生活，至少总有三万万人，朝不保夕，愁了早餐愁晚餐，所以中国是世界上最穷弱的国家。诸君享这样的安乐幸福，想到国民同胞的痛苦，应该有一种恻隐怜爱之心。孟子所说："无恻隐之心，非人也。"这是诸君所固有的良知。诸君应该立志，想一种什么方法来救贫救弱，这种志愿，是人人应该要立的。要大家担负救贫救弱的责任，去超渡同胞。如果大家都有这种志愿，将来的中国，便可转弱为强，化贫为富。

许多外国留学生回来，都说外国现在有这样文明的原故，是由于他们有一种特长。说这样话的人，是自己甘居下流，没有读过中国历史，不知道中国几千年都是文物之邦，从前总是富强，现在才是贫弱。就这项观念，和外国比较起来，现在的中国，不但是最贫弱的国家，并且是最愚蠢的国家。事事都要派人到外国去学，这还不是件耻辱的大事吗？中国派学生到外国去留学，最先的是到美国，次是到欧洲各国，最多的是在日本。极盛的时候，人数有三万多。因为世界上无论那一国，没有在同时候派往到一国的学生，有这样多的人数。我当时便很以为奇怪，因为这个问题，遂考查以往的历史，于无意中查得唐朝建都西安的时候，京城内的外国留学生，也同时有三万多人。这三万多人中，日本派了一万多人，其余有波斯人、罗马人、印度人、阿拉伯人及其他欧洲人。由此可见唐朝的时候，世界上以中国人为最有智识，所以各国都派人到中国来留学。日本人学了之后，把自己国内的制度都改成中国制度，就是现在的宫室、衣服和一切典章、文物、制度，和中国的还没有分别，那都是唐朝的旧制度。那时候中国的领土，差不多统一亚洲大陆，西边到了里海。由这样讲来，我们的祖宗是很富强的。为什么现在贫弱一至于此呢？为什么没有方法变成像外国一样的富强呢？推究这个原因，是由于现在的人不能振作。不能振作便是堕落，堕落是很不好的性质，我们必要消灭他才好。至于说到中国人固有的聪明才智，现在留学美国的学生，都是和美国人同班，在全美国之内，无论那个学校内的那一班学生，每学期成绩平均的分数，中国的学生，都是比美国的学生还要更好些，这是美国人共同承认的。用历史证明，中国是富强的时候多，贫弱的时候少；用民族的性格证明，中国人实在是比外国人优。弄到现在国势像这样的衰微，自然不能不归咎于我们的堕落，因为堕落所以便不能振作。

怎么样去图国家的富强？我们要图国家富强，必须要自己振作精神，大家团结起来，公〔共〕同向前去奋斗。万不可自私自利，只知道要自己到什么地位，不知道国家到什么地位。我们有了这项志气，便是国民志气。中国二百多年以前，亡国过一次，被满洲人征服了，统治二百多年，事事压制，摧残民气，弄到全国人民俯首下心，不敢振作。我们近来堕落的原因，根本上就在乎此。十二年以前，我们革命党才把满人的政府推翻，不受满人的束缚，但是还受许多外国人的束缚。因为当满清政府的末年，他们知道自己不能有为，恐怕天下失到汉人的手内，所以他们主张"宁赠朋友，不送家奴"，把中国的领土主权，都送到许多外国人。我们汉族光复之后，本可以成独立国，但是因为满清政府送领土、主权到外国人手内的契约，还没有拿回来，所以至今还不能独立。大家知道高丽亡到日本，安南亡到法国。高丽、安南都是亡国，高丽人、安南人都是很痛苦的。我们中国的地位是怎么样呢？简直比高丽、安南的地位还要低。因为高丽只做日本的奴隶，安南只做法国的奴隶。他们虽然亡了国，但只做一国的奴隶。我们领土主权的契约，现在都押在各国人的手内，被各国人所束缚，我们此刻实在是做各国人的奴隶。请问诸君，是做一人的奴隶痛苦些呀，还是做众人的奴隶痛苦些呢？当然是做众人的奴隶痛苦些。因为做一人的奴隶，只要摇尾乞怜，顺承意旨，便可得主人的欢心。做众人的奴隶，便有俗话说"顺得姑来失嫂意"的困难。你们看如何应付一切呢？所以我们的地位，比高丽人的、安南人的还要低。如果高丽、安南有了水旱天灾，日本、法国去救济他们，视为义务上应该做的。好像从前美国南方几省，蓄黑奴的制度，黑奴有应该受主人衣、食、居三种的好处。现在中国如果有了水旱天灾，外国人捐到二三百万，他们不以为是应尽的义务，还以为是极大的慈善。日本、法国待高丽、安南，他们不以为是慈善呀。所以我们现在做许多外国人的奴隶，只有奉承他们的义务，不能享他们的权利。

现在白鹅潭到了十几只外国兵船，他们的来意，完全是对于我们示威的。这种大耻辱，我们祖宗向来没有受过的。今日兵临城下，诸君是学者，为四民之首，是先觉先知，担负国家责任，应该有一种什么办法，可以雪此大耻辱呢？可以挽救中国呢？诸君现在求学时代，应该从学问着手，拿学问来救中国。究竟要用什么方法呢？诸君现在学美国的学问，考美国历史。美国之所以兴，是由于革命而来。美国当脱离英国的时候，人民只有四百万，土地只有十三省，完全为荒野之地。就人数说，不过中国现在的百分之一。中国现在有四万万人，土地有二十二行省，物产非常丰富。如果能步美国革命的后尘，美国用那样小的根本，尚能成今日的大功业。中国人多物富，将来的结果，当然比美国更好。美国用百分之一的人数，开辟荒土，弄到国家富强，经过了一百多年。用比例的通理说来，我们用百倍的人数，整顿已经开辟的土地，要国家富强，只要十年。我们要达到这个目的，就要诸君立国家的大志，学美国从前革命时候的人一样，大家同心协力去奋斗。但是诸君学美国，切不可像从前的美国留学生，只要自己变成美国人，不管国家，必须利用美国的学问，把中国化成美国。

因为国家的大事,不是一个人单独能够做成功的,必须要有很多的人才,大家同心做去,那才容易。要有很多的人才,那么,造就人才的好学校,不可只有一个岭南大学。广东省必要几十个岭南大学,中国必要几百个岭南大学,造成几十万或几百万好学生,那才于中国有大利益。如果只要自己学成美国人,便心满意足,不管国家是怎样,我们走到外国,他们还是笑我们是卑劣的中国人呀。因为专就个人而论,中国人面黄,美国人面白,无论诸君怎么学法,我们的面怎么样可以变颜色呢?诸君又再有什么方法去学呢?我们要好,须要全国的人大众都好,只要把国家变成富强,是世界上的头等国,那么,我们面色虽然是黄的,走到外国,自己承认是中国人,还不失为头等国民的尊荣。

诸君今天欢迎我来演讲,我贡献诸君的,就是要诸君立志,要有国民的大志气,专心做一件事,帮助国家变成富强。这个要中国富强的事务,就是诸君的责任;要诸君担负这个责任,便是我的希望。

在岭南大学黄花岗纪念会的演说

民国十三年五月二日

学生诸君：

诸君今晚在岭南大学盛设筵席，开黄花岗的纪念会。我对于诸君是有无穷希望的。诸君现在求学时代，便知道纪念黄花岗的七十二烈士，此时的志向，当然是很远大。推到将来毕业之后，替国家做事，建功立业，前程更当然是无可限量。何以由于这个纪念会，便知道诸君的前程是很远大呢？诸君今晚为什么要来纪念黄花岗的七十二烈士呢？就当时的事业说，七十二烈士所做的事，是失败的，不是成功的。十四年前的今日，是七十二烈士为国流血的一日，是革命党惨淡悲歌的一日。所以这个三月二十九日，就是七十二烈士为革命事业失败的一日。这个日期既是七十二烈士失败的一日，我们还要来纪念，所纪念的是在那一点呢？是不是要纪念他们的失败呢？失败还有什么价值可以纪念呢？我们现在所纪念之一点，不是在他们当时事业的成败，是在那一般烈士当时所立的志气。

七十二烈士在当时立了什么志气呢？我们虽然不能立刻知道他们的志气，但是他们由于失败，便断头流血，牺牲性命，由此便可以知道他们的志气，最少的限度，是不惜身家性命，不管权利幸福，要做一件失败的事。当时起义的情形，是各省革命同志约了几百人集中到广州，想用那几百人，能够攻破制台衙门和水师行台，占领广州做革命的策源地，再和满清去奋斗。至于敌人的军队，有新军，有满洲的驻防军，有提督所统带的水陆军，总

声振神州——孙中山在中山大学及前身院校的演讲

共有几万人。革命党不过是几百人,用几百人去打几万人,那般烈士知道要得什么结果呢?就当时敌我众寡过于悬殊的情形相比较,那般烈士在事前,明知道是很危险的。既是明知道那件事极危险,他们还是决心去做,可见他们的用心是很苦的,立志是很深的。他们为什么用心要这样的苦呢?因为看见了当时的四万万人处在满清专制之下,总是说满清的皇恩浩荡、深仁厚泽,毫不知道被满清征服了两百多年,做了两百多年的奴隶,人人都是醉生梦死。这些人民的前途之生存,是更危险的。因为看见了这种种族危险,所以明知结果是失败,还要去做。所存的希望是什么呢?就是以身殉国,来唤醒一般醉生梦死的人民。要四万万人由于他们的牺牲,便可以自己觉悟,大家醒起来,为自己谋幸福。所以七十二烈士为国牺牲,以死报国,所立的志气就是要死后唤醒中国全体的国民。由于他们所立的这种志气,便可以知道他们在当时想做那番事业的心思,就是要为四万万人服务。他们在专制政体之下、昏天黑地之中,存心想为四万万人服务,没有别的方法可以达到目的,想到无可如何之时,便以死来感动四万万人,为四万万人来服务。故革命事业,在七十二烈士虽然是失败,但是他们死得其所。在我们后死的人看起来,还可以说是成功。所以我们今天来纪念,就是纪念他们当时的志气,纪念他们以死唤醒国民、为国服务的志气。七十二烈士在辛亥年三月二十九日,想唤醒国民、为国服务,虽然是死了,但是由于他们死了之后,不到五个月,便发动武昌起义,推倒满清,打破专制,解除四万万人的奴隶地位。这就是七十二烈士以死唤醒国民、为国服务的志气,达到了目的。

我们今天来纪念他们,便应该学他们的志气,更加扩充,为国家、为人民、为社会、为世界来服务。诸君是学者,是有知识阶级,知道人类的道德观念,现在进步到了什么程度。古时极有聪明能干的人,多是用他的聪明能力,去欺负无聪明能力的人。

所以由此便造成专制和各种不平等的阶级。现在文明进化的人类，觉悟起来，发生一种新道德。这种新道德就是有聪明能力的人，应该要替众人来服务。这种替众人来服务的新道德，就是世界上道德的新潮流。七十二烈士有许多是有本领学问的人，他们舍身救国，视死如归，为人类来服务的那种道德观念，就是感受了这种新道德的潮流。诸君今晚来纪念七十二烈士，要知道不是空空的来纪念，要学他们的志气，尤其要学他们的道德观念。

  诸君要学他们的道德观念，是从什么地方学起呢？简直的说，是要从学问上去学起。诸君现在求学的时候，便应该从今晚学起，爱惜光阴，发奋读书，研究为人类服务的各种学问。有了学问之后，便要立志为国家服务，为社会服务。像七十二烈士一样，虽至牺牲生命亦所不惜。切不可用自己的聪明能力去欺负人类，破坏国家，像那些无道德的官僚军阀之行为。并且要步七十二烈士的后尘，竭力去铲除这些防止国家社会中新道德之进步的大障碍，才是黄花节的真纪念。并望诸君把这个纪念，记在心头，永远的勿忘。

声振神州——孙中山在中山大学及前身院校的演讲

在黄埔军官学校的告别演说

民国十三年十一月三日

诸君：

　　诸君今天在这地听讲的，有文学生，又有武学生。我今天到黄埔来讲话，是暂时和黄埔的学生辞别。辞别的原因，就是因为我要到北京去。这回北京事变没有发生以前的五六个月，便有几位同志从北京来许多信，催我先到天津去等候，说不久他们便可在北京发起中央革命。筹划这回事变的人数很少，真是本党同志的不上十个人。他们的见解，以为本党革命二十多年，总是不成功，就是辛亥年推翻清朝，成立民国，还不算是本党的主张完全成功。推究此中原因，就是由于从前革命，都是在各省，效力很小，要在首都革命，那个效力才大。所以他们在二三年前，便在北京宣传主义，布置一切。到五六个月以前，便来了一个很详细的报告，说进行的成绩很好，军人表同情的很多，应该集合各省有力的同志，在北京附近进行，只要几个月便可成功。当时各省有力的同志，都是在本省奋斗，没有人能够到北京附近去进行。而且当时北京表面很安宁，一讲到首都革命，在几个月之后便可成功，真是没有一个人敢信。就是我自己也看到很渺茫，也不敢相信。到江浙战事发生之后，他们又来催促，要我赶快放弃广东，到天津去等，说首都革命，很有把握，发动的时期，就在目前。这个时期，是千载一时的机会，万不可失。如果就广东的计划，由韶关进兵，先得江西，再取武汉，然后才想方法去定北京，那是很迂缓、很艰难的。假若放弃广东，一直到天津去发动一个中央革命,成功是很迅速、很容易的。我在当时,以为要北京有事变发生,才可以去;如果放弃广东的军队不用,先到天津去等候,恐怕空费时间,不大合算。所以约定他们,只要北京有事变发生之后,我马上便可以到北方去。并且一面把广东的军队,集合到韶关,我也亲自到韶关,督率各军前进,收复江西。我们已经有了一部分的军队,进到万安、吉安了。现在大家都知道,北京发生了事变,当这次事变最初发生的时候,很像一个中央革命。我们对于以前的情况不明瞭,现在就发生事变时候的情形而论,可以决定是我们同志的筹划。但是最近中央的大力量,不是在革党之手,还是在一般官僚军人之手。拿这次变动的结果看,毫不能算是中央革命,这次变动毫没有中央革命的希望。既是没有中央革命的希望,我何以还要到北京去呢?我因为践成约起见,所以不能不去。他们在北京奋斗,费了许多大力,才有这次的变化。变化之后,对于本党表同情的,只有几个师长、旅长,普通兵士都是莫明其妙。以少数的师长、旅长来做极重大的中央革命,一定是很难成功的。就是在事变发生之初,我便进京同他们合作,想造成一个宏大的中央革命,也不容易做到。不过经过这次事变之后,可信北京首都之地,的确是有军队来欢迎革命主义的。从今以后,只〈要〉有人在北京筹划中央革命,一定可以望天天进步。这次虽然不能造成一个中央革命,以后进步,可以望造成一个大规模的中央革命。并且知道北方的军队和人民,也有天良与爱国心。有了天良与爱国心,就可以受革命党的感化。我们从前看到北方的空气龌龊,官僚卑下,武人野蛮,人民没有知识,以为那些人用革命主义的力量,不能够感化。但是在今天看起来,从前的观察实在是错误。北京也可以做革命的策源地,造成一个革命的基础。现在的事变,虽然不是完全的革命举动,不能说将来便不能再起革命。只要此时用功去做,以后或者可以得好结果。就是能不能得好结果,此时不能预先知道,但是可以推测彻底的

声振神州——孙中山在中山大学及前身院校的演讲

革命，一定可以在北京发生。因为有这种希望，所以我为答北方同志的欢迎起见，决定去北京。我这次到北京，不但是本党同志欢迎，就是各省的反直派也是很欢迎的。我相信一定可以自由行动。将来自由行动的结果，究竟是怎么样，虽然不能逆料，但为前途发展起见，此时也不能不去。大家又不可以为我到北京之后，马上就能发起一个中央革命。不过借这个机会，可以做宣传的工夫，联络各省同志，成立一个国民党部，从党部之内，成立革命基础。能不能够达到这个目的，预先固然不能断定，但是只要有革命的方法，便可以进行。今天到此地来听讲的，有文学生，又有武学生。便可以借这个机会，研究革命的方法。我也可以借这个机会，把革命的方法拿来和诸君谈谈。诸君现在都负得有革命的责任，在外面奋斗，应该用什么方法才可以成功呢？要革命成功，中外古今在中央进行的，当然是很容易；就是在各地方进行，也有成功的。地方革命也算是一种办法。所以研究革命方法，要除去空间问题，另外从旁方面着想。

近二三十年来，革命风潮是从什么地方发生呢？是从什么地方传进中国来的呢？中国感受这种风潮，是些什么人呢？革命的这种风潮，是欧美近来传进中国来的。中国人感受这种风潮，都是爱国志士，有悲天悯人的心理，不忍国亡种灭，所以感受欧美的革命思想，要在中国来革命。但是欧美的革命思想，一传到中国来，便把中国的旧思想打破。试看近二三十年来，中国革命党在各地奋斗，成功的机会该有多少？而每次成功之后，又再失败，原因是在什么地方呢？我们的革命失败，是被什么东西打破的呢？大家知不知道呢？是不是敌人的大武力打破的呢？是不是旧官僚的阴谋打破的呢？又是不是中国的旧思想打破的呢？这都不是的。究竟是什么东西打破的呢？大家做学生的人，大概都不知道。依我看起来，就是欧美的新思想打破的。中国的革命思想，本来是由欧美的新思想发生的，为什么欧美的新思想，发生了中国的革

附录

命,又能够打破中国的革命呢?这个理由非常幽微奥妙,不是详细研究,很难得明白。欧美的革命思想是什么呢?这就是大家所知道的自由、平等。自由、平等是欧美一百多年来最大的两个革命思想。在法国革命的时候,另外加了一个口号,叫做博爱。由于自由、平等与博爱的思想,便发生法国革命。中国近来也感受了自由、平等的思想,所以也起了革命;革命成了事实之后,又被这种思想打破,故革命常常失败。我们革命之失败,并不是被官僚武人打破的,完全是被平等、自由这两个思想打破的。革命思想既是由于平等、自由才发生,何以又再被平等、自由来打破呢?这个道理,从前毫不明白,由于近十几年来所发生的事实,便可以证明。大家知道革命本是政治的变动,说到政治究竟是做些什么事呢?就"政治"两个字讲,"政"者众人之事也,"治"者管理众人之事也。管理众人的事,就是"政治"。换而言之,管理众人的事,就是管理国家的事。这个道理,许多军人多不明白。譬如这次北方发生事变,本是少数军人的举动。这种事变,本来就是革命。他们发动了革命,就是发生了政治变动,他们在事前储蓄得有这种大动力,能够发生政治变动。政治变动已经发生了,而他们通电,还是说不懂政治。这好比是一架发电机,能够发生大电力的部分就是磨打[①],如果一个大磨打能发生几万匹马力的电,用这样大的电力去行船,每小时便可走几十英里;用这样大的电力去做工,便可运动很多机器,制造很多货物;用这样大的电力去发光,便可装成无数电灯,照很大的城市。像这样磨打,如果能够知道他所发生电力的用处,又用之得当,便可以做种种有利益的事业;若是不知道他所发生电力的用处,或者是用之失当,便要杀人,到处都是很危险。现在北京有政治原动力的军人,已经发生了政治变动,尚且说不懂政治,这好比是磨打自己发生

---

① 今译"马达",下同。

声振神州——孙中山在中山大学及前身院校的演讲

了电力之后,不知道用处,当然是有极大的危险。至于有大原动力的军人,日日在政治范围中活动,而没有政治的知识,那种对于众人的危险,比较磨打,当然是更大,又更利害。大家现在如果还不明白这个道理,可以读我的《民权主义》,便能够了解。

中国革命之所以失败,是误于错解平等、自由。革命本来是政治事业。如果当军人的说不懂政治,又好比是常人说不懂食饭、穿衣、睡觉一样。食饭、穿衣、睡觉,都是做人的常事,是人人应该有的事,试问一个人可不可以不知道做人的常事呢?无论那一个人,都是应该要知道做人的常事的。大家都能够知道做人的常事,就是政治。大家能够公共团结起来做人,便是在政治上有本领的人民。有本领的人民,组织成强有力的国家,便是列强;没有本领的人民所组织成的国家,便是弱小。弱小都是被列强压迫的。无论那一个国家,不管他是不是强有力,只要号称国家,都是政治团体。有了国家,没有政治,国家便不能运用;有了政治,没有国家,政治便无从实行。政治是运用国家的;国家是实行政治的。可以说国家是体,政治是用。根据这个解释,便知道政治的道理,简而易明,并非是很奥妙的东西。大家结合起来,改革公共的事业,便是革命。所以说革命,就是政治事业。中国近来何以要革命呢?就是因为从前的政治团体不好,国家处在贫弱的地位,爱国之士,总想要改良不好的旧团体,变成富强的地位。这种改良,要在短时间或者是一朝一夕之内成功,便是革命。我们发生了革命,为什么又被平等、自由的思想打破呢?因为做人的事,在普通社会中有平等、自由,在政治团体中,便不能有平等、自由。政治团体中的分子有平等、自由,便打破政治的力量,分散了政治团体。所以民国十三年来革命不能成功,就是由于平等、自由的思想,冲破了政治团体。就政治团体的范围讲,或者是国家,或者是政党。就平等、自由的界限说,或者是本国与外国相竞争,或者是本党与他党相竞争,都应该有平等、自由。

不能说在本国之内，或者是在本党之内，人人都要有平等、自由。我们中国人讲平等、自由，恰恰是相反。无论什么人在那一种团体之中，不管团体先有没有平等、自由，总是要自己个人有平等、自由。这种念头，最初是由学生冲动，一现成事实之初，不知道拿到别的地方去用，先便拿到自己家内用，去发生家庭革命，反对父兄，脱离家庭。再拿到学校内去用，闹起学潮来。这种事实，在大家当然是见得很多，做得也很多。大家要闹学潮，或者自以为很有理由，所持的理由，总不外乎说先生管理不好，侵犯学生的平等、自由，学生要自己的平等、自由不被先生侵犯，要争回来为自己保留，所以才开会演说，通电罢课，驱逐先生。拿这个理由来闹风潮，口口声声总是说革命，实在不知道革命究竟是一回什么事，不过拿学校做自己的试验场，用先生供自己的试验品罢了。我们革命党内的情形，也是这一样。革命的始意，本来是为人民在政治上争平等、自由。殊不知所争的是团体和外界的平等、自由，不是个人自己的平等、自由。中国现在革命，都是争个人的平等、自由，不是争团体的平等、自由。所以每次革命，总是失败。中国革命风潮发生最早的地方，是在日本东京。当时都是以留学生为基础，留学生最盛的时代，有两万多人。那些留学生都是初由中国各县，到日本东京，头脑极新鲜，很容易感受革命的思想，一感受了革命思想之后，便集会结社，要争平等、自由。但是他们那种争平等、自由的目的，都不知道为团体去用，只知道为自己个人来用。所以当时结成的团体，虽然是风起云涌，有百十之多，但是不久，所有的团体，便烟消云散。团结存在最久的，不过是一两年，短时间的，都只有几个月，便无形消灭。那些团体为什么那样容易消灭呢？我以为很奇怪，便过细考查那些团体的内容，始知道那些团体，当初结合，并没有什么特别主张，只知道争个人的平等、自由，甚至于在团体之中，并没有什么详细章程，凡事都是乱杂无章，由各人自己意气用事，想要怎样做，便是怎样去做，所谓人自为战。真是强有力的人，或者能够做成一两件事。大多数都是一事无成，只开一个成立会，大家到会说些争平等、自由的空话，便已了事。因为大家都是为个人争自由、平等，不为团体去争自由、平等，只有个人的行动，没有团体的行动，所以团体便为思想所打破，不久就无形消灭。学生在求学的时代，便是这种行动。到了后来为国家做事，一切行动，不问可知。更有许多无路可走的学生，毫不知道政治社会的道理及中国的国情，又想在社会上出风头，便标奇立异，采欧美没有根据的新学说，主张革命，要无政府，自称为无政府党。殊不知道革命的目的，就是要造成一个好政府。他们这种主张，在政治原理上自相矛盾，真是可笑已极。推到无政府的学说之来源，是发生于俄国。俄国学者之所以要主张无政府，就是因为从前俄国的旧政府太专制，为万恶之源，人民痛苦难堪，所以社会上便发生无政府学说的反抗。俄国创造无政府学说的祖宗，就是大家所知道的巴枯宁。其后又有一个王子，叫做克鲁泡特金，用科学的道理，把无政府的学说，推到极端。这种无政府的学说，在俄国可算是极发达。从前俄国应用这种学说来革命，许久都不能成功。俄国发生这种革命，是继法国革命之后，有了一百多年，都不能成功。到七年之前，再发生一种革命，一经发动，便大功告成。我们中国革命，以前的不讲，只说最近的到今日也有了十三年。这十三年的革命，还是不成功。推到俄国从前一百多年的革命，不能成功。我们中国，近十三年的革命，也是不成功。俄国七年前的革命，便彻底成功，这个原因，是在什么地方呢？简而言之，俄国近来革命之所以成功的道理，就是由于打消无政府的主张，把极端平等、自由的学说完全消灭。因为俄国有这种好主张，所以他们近来革命的效力，比较美国、法国一百多年以前的革命之效力还要宏大，成绩还要圆满。他们之所以能够有这种美满成绩的原因，就是由于俄国出了一个革命圣人，这个圣人便是大家所知道的列宁，他组织了一个革命党，主张革命党要有自由，不要革命党员有自由。各位革命党员都赞成他的主张，便把各位个人的自由，都贡献到党内，绝对服从革命党的命令。革命党因为集合许多党员的力量，能够全体一致，自由行动，所以发生的效力便极大，俄国革命的成功便极快。俄国的这种革命方法，就是我们的好模范。中国革命，十三年来都是不成功。你们黄埔的武学生，都是从各省不远数百里或者是数千里而来，到这个革命学校来求学，对于革命都是有很大希望，很大抱负的；广大的文学生，今日也是不远数十里到黄埔来听革命的演说，研究革命的方法，对于革命的前途，也当然是很希望成功的。大家要希望革命成功，便先要牺牲个人的自由、个人的平等。把各人的自由、平等，都贡献到革命党内来。凡是党内的纪律，大家都要遵守；党内的命令，大家都要服从。全党运动，一致进行，只全党有自由，个人不能自由，然后我们的革命，才可以望成功。如果不然，像这次北京发生事变之后，有了好机会，当初我以为少数同志发动，便可以成功。但是他们不知道革命的道理和方法，所以虽得机会，亦恐空白错过了。假若在这次北京事变发生以前，大家早向北方去活动，或者可以做成功，到现在已经成了没有希望。以后要革命成功，还要另外研究方法。从前革命之失败，是由于各位同志讲错了平等、自由。从今而后，要革命成功，便要各位同志改正从前的错误，结成一个大团体，牺牲个人的平等、自由，才能够达到目的。现在想要造成这种团体，便要有好党员。诸位文学生同武学生，都是有知识的阶级，都应该明白这个道理。

中国把社会上的人，分作士、农、工、商四大类，商人居于最末级地位，知识极简单，他们独一无二的欲望，总是惟利是图，想组织大公司，赚多钱。但是股东一投资之后，不能就说要分红利。商人在当初组织公司，参加合股的时候，就想要分红利，要达到赚钱的目的，是决计没有的事。无论什么愚蠢的商人，先也知道要拿本钱去附股；附股之后，究竟可以赚多少钱，也不能预先决定，不过希望要将来能够赚钱，现在就不能不投资；希望要将来能够赚多钱，现在就不能不多投资。我们革命党都是有知识阶级的，都是聪明过商人，结成一个团体来革命，是不是应该先就要把本钱拿出来呢？这个道理，不必详细讲，诸君当然可以明白。商人做生意的资本是钱，我们革命的资本是什么东西呢？商人附股是拿出钱来，我们参加革命党，要贡献什么东西呢？我们参加革命党，要贡献的东西，就是自己的平等、自由。把自己所有的平等、自由，都贡献到党内，让党中有全权处理，然后全党革命，才有成功的希望。全党革命成功之后，自己便可以享自由、平等的权利。中国发大财的实业，有汉冶萍公司，有开滦公司，有招商局。他们那些公司，在组织之初，各股东都是有很大的牺牲，投了很大资本的。好像革命党要先拿出个人的平等、自由一样。假若那些资本家不先拿出多本钱，现在何以能够多分红利呢？他们因为想到了要现在多分红利，所以从前便多投资本，牺牲一切。革命的道理，不管大家知道不知道，只要能够学商人，便能够成功。商人本是多财善贾，根本上还是要有本钱才成。没有本钱，什么生意都不能做。许多革命党不肯牺牲个人的平等、自由，就是没有本钱。他们以为一参加革命，就是为争自己眼前的平等、自由。商人要分红利，必须有时间问题。以商人的思想简单，尚知道有时间问题，尚知道要等候，难道我们有知识的阶级，尚且不如商人吗？党员在党内不能任意平等、自由，好像股东在公司之内，不能任意收回本钱一样。大家要来参加革命，头一步的方法，就是要学商人拿出大本钱来。我今天到此地讲话，是要离开广东北上，临别赠言。没有别的话，就是要大家拿出本钱来，牺牲自己的平等、自由，更把自己的聪明才力，都贡献到党内来革命，来为全党奋斗。大家能够不负我的希望，革命便可以指日成功。

附录

三民主义与中国前途

（在东京《民报》创刊周年庆祝大会的演说）

光绪三十一年（一九〇六年）十二月二日

诸君：

今天诸君踊跃来此，兄弟想来，不是徒为高兴，定然有一番大用意。今天这会是祝《民报》的纪元节。《民报》所讲的是中国民族前途的问题，诸君今天到来，一定是人人把中国民族前途的问题横在心上，要趁这会子大家研究的。兄弟想《民报》发刊以来已经一年，所讲的是三大主义：第一是民族主义，第二是民权主义，第三是民生主义。

那民族主义，却不必要什么研究才会晓得的。譬如一个人，见着父母总是认得，决不会把他当做路人，也决不会把路人当做父母。民族主义也是这样，这是从种性发出来，人人都是一样的。满洲入关到如今已有二百六十多年，我们汉人就是小孩子，见着满人也是认得，总不会把来当做汉人，这就是民族主义的根本。

但是有最要紧一层不可不知：民族主义并非是遇着不同族的人便要排斥他，是不许那不同族的人来夺我民族的政权。因为我汉人有政权才是有国，假如政权被不同族的人所把持，那就虽是有国，却已经不是我汉人的国了。我们想一想，现在国在那里？政权在那里？我们已经成了亡国之民了！地球上人数不过一千几百兆，我们汉人有四百兆，占了四分之一，算得地球上最大的民族，且是地球上最老、最文明的民族；到了今天，却成为亡国之

声振神州——孙中山在中山大学及前身院校的演讲

民,这不是大可怪的吗?那非洲杜国①,不过二十万多人,英国去灭他,尚且相争至三年之久;菲律宾岛②不过数百万人,美国去灭他,尚且相持数岁。难道我们汉人就甘心于亡国?想起来我汉族亡国时代,我们祖宗是不肯服从满洲的。闭眼想想历史上我们祖宗流血成河、伏尸蔽野的光景,我们祖宗狠对得住子孙,所难过的,就是我们做子孙的人。再想想亡国以后满洲政府愚民时代,我们汉人面子上从他,心里还是不愿的,所以有几回的起义。到了今日,我们汉人民族革命的风潮,一日千丈。那满洲人也倡排汉主义,他们的口头话是说他的祖宗有团结力、有武力,故此制服汉人;他们要长保这力量,以便永居人上。他们这几句话本不是错。然而还有一个最大的原因,是汉人无团体。我们汉人有了团体,这力量定比他大几千万倍,民族革命的事不怕不成功。

惟是兄弟曾听见人说,民族革命是要尽灭满洲民族,这话大错。民族革命的原故,是不甘心满洲人灭我们的国,主我们的政,定要扑灭他的政府,光复我们民族的国家。这样看来,我们并不是恨满洲人,是恨害汉人的满洲人。假如我们实行革命的时候,那满洲人不来阻害我们,决无寻仇之理。他当初灭汉族的时候,攻城破了,还要大杀十日才肯封刀,这不是人类所为。我们决不如此。惟有他来阻害我们,那就尽力惩治,不能与他并立。照现在看起来,满洲政府要实行排汉主义,谋中央集权,拿宪法做愚民的器具。他的心事真是一天毒一天。然而他所以死命把持政权的原故,未必不是怕我汉人要剿绝他,故此骑虎难下。所以我们总要把民族革命的目的认得清楚,如果满人始终执迷,仍然要把持政权,制驭汉族,那就汉族一日不死,一日不能坐视的。想来诸君亦同此意。

---

① 即杜兰斯哇,今译"德兰士瓦"。
② 今译"菲律宾群岛"。

附录

民族革命的大要如此。

至于民权主义，就是政治革命的根本。将来民族革命实行以后，现在的恶劣政治固然可以一扫而尽，却是还有那恶劣政治的根本，不可不去。中国数千年来都是君主专制政体，这种政体，不是平等自由的国民所堪受的。要去这政体，不是专靠民族革命可以成功。试想明太祖驱除蒙古，恢复中国，民族革命已经做成，他的政治却不过依然同汉、唐、宋相近，故此三百年后复被外人侵入，这由政体不好的原故。不是政治革命，是断断不行的。研究政治革命的工夫，煞费经营。至于着手的时候，却是同民族革命并行。我们推倒满洲政府，从驱除满人那一面说是民族革命，从颠覆君主政体那一面说是政治革命，并不是把来分作两次去做。讲到那政治革命的结果，是建立民主立宪政体。照现在这样的政治论起来，就算汉人为君主，也不能不革命。佛兰西①大革命及俄罗斯革命本没有种族问题，却纯是政治问题。佛兰西民主政治已经成立，俄罗斯虚无党也终要达这目的。中国革命之后，这种政体最为相宜，这也是人人晓得的。

惟尚有一层最要紧的话，因为凡是革命的人，如果存有一些皇帝思想，就会弄到亡国。因为中国从来当国家做私人的财产，所以凡有草昧英雄崛起，一定彼此相争，争不到手，宁可各据一方，定不相下，往往弄到分裂一二百年，还没有定局。今日中国正是万国眈眈虎视的时候，如果革命家自己相争，四分五裂，岂不是自亡其国？近来志士都怕外人瓜分中国，兄弟的见解却是两样。外人断不能瓜分我中国，只怕中国人自己瓜分起来，那就不可救了！所以我们定要由平民革命，建国民政府。这不止是我们革命之目的，并且是我们革命的时候所万不可少的。

说到民生主义，因这里头千条万绪，成为一种科学，不是十

---

① 今译"法兰西"，下同。

分研究不得清楚。并且社会问题隐患在将来,不像民族、民权两问题是燃眉之急,所以少人去理会他。虽然如此。人的眼光要看得远。凡是大灾大祸没有发生的时候,要防止他是容易的;到了发生之后,要扑灭他却是极难。社会问题在欧美是积重难返,在中国却还在幼稚时代,但是将来总会发生的。到那时候收拾不来,又要弄成大革命了。革命的事情是万不得已才用,不可频频伤国民的元气。我们实行民族革命、政治革命的时候,须同时想法子改良社会经济组织,防止后来的社会革命,这真是最大的责任。

　　于今先说民生主义所以要发生的原故。这民生主义,是到十九世纪之下半期才盛行的。以前所以没有盛行民生主义的原因,总由于文明没有发达。文明越发达,社会问题越着紧。这个道理,狠觉费解,却可以拿浅近的事情来作譬喻。大凡文明进步,个人用体力的时候少,用天然力的时候多,那电力、汽力比起人的体力要快千倍。举一例来说,古代一人耕田,劳身焦思,所得谷米至多不过供数人之食。近世农学发达,一人所耕,千人食之不尽,因为他不是专用手足,是借机械的力去帮助人功,自然事半功倍。故此古代重农工,因他的生产刚够人的用度,故他不得不专注重生产。近代却是两样,农工所生产的物品,不愁不足,只愁有余,故此更重商业,要将货物输出别国,好谋利益,这是欧美各国大概一样的。照这样说来,似乎欧美各国应该家给人足,乐享幸福,古代所万不能及的。然而试看各国的现象,与刚才所说正是反比例。统计上,英国财富多于前代不止数千倍,人民的贫穷甚于前代也不止数千倍,并且富者极少,贫者极多。这是人力不能与资本力相抗的原故。古代农工诸业都是靠人力去做成,现时天然力发达,人力万万不能追及,因此农工诸业都在资本家手里。资本越大,利用天然力越厚,贫民怎能同他相争,自然弄到无立足地了。社会党所以倡民生主义,就是因贫富不均,想要设法挽救。这种人日兴月盛,遂变为一种狠繁博的科学。其中流派极多,有主张废资本家归诸国有的,有主张均分于贫民的,有主张归诸公有的。议论纷纷,凡有识见的人,皆知道社会革命,欧美是决不能免的。

这真是前车可鉴。将来中国要到这步田地,才去讲民生主义,已经迟了。这种现象,中国现在虽还没有,但我们虽或者看不见,我们子孙总看得见的。与其将来弄到无可如何,才去想大破坏,不如今日预筹个防止的法子。况且中国今日如果实行民生主义,总较欧美易得许多。因为社会问题是文明进步所致,文明程度不高,那社会问题也就不大。举一例来说,今日中国贫民,还有砍柴割禾去谋生活的,欧美却早已绝迹。因一切谋生利益尽被资本家吸收,贫民虽有力量,却无权利去做,就算得些蝇头微利,也决不能生存。故此社会党常言,文明不利于贫民,不如复古。这也是矫枉过正的话。况且文明进步是自然所致,不能逃避的。文明有善果,也有恶果,须要取那善果,避那恶果。欧美各国善果被富人享尽,贫民反食恶果,总由少数人把持文明幸福,故成此不平等的世界。我们这回革命,不但要做国民的国家,而且要做社会的国家,这决是欧美所不能及的。

欧美为甚不能解决社会问题?因为没有解决土地问题。大凡文明进步,地价日涨。譬如英国一百年前,人数已有一千余万,本地之粮供给有余;到了今日,人数不过加三倍,粮米不够二月之用,民食专靠外国之粟,故英国要注重海军,保护海权,防粮运不继。因英国富人把耕地改做牧地,或变猎场,所获较丰,且征收容易,故农业渐废,并非土地不足。贫民无田可耕,都靠做工糊口,工业却全归资本家所握,工厂偶然停歇,贫民立时饥饿。只就伦敦一城算计,每年冬间工人失业的常有六七十万人,全国更可知。英国大地主威斯敏士打公爵有封地在伦敦西偏,后来因扩张伦敦城,把那地统圈进去,他一家的地租占伦敦地租四分之一,富与国家相等。贫富不均竟到这地步,"平等"二字已成口头空话了。

　　大凡社会现象，总不能全听其自然，好像树木由他自然生长，定然支蔓，社会问题亦是如此。中国现在资本家还没有出世，所以几千年地价从来没有加增，这是与各国不同的。但是革命之后，却不能照前一样。比方现在香港、上海地价比内地高至数百倍，因为文明发达，交通便利，故此涨到这样。假如他日全国改良，那地价一定是跟着文明日日涨高的。到那时候，以前值一万银子的地，必涨至数十万、数百万。上海五十年前，黄浦滩边的地本无甚价值，近来竟加至每亩百数十万元，这就是最显明的证据了。就这样看来，将来富者日富，贫者日贫，十年之后，社会问题便一天紧似一天了。这种流弊，想也是人人知道的。不过眼前还没有这现象，所以容易忽略过去。然而眼前忽略，到日后却不可收拾。故此，今日要筹个解决的法子，这是我们同志应该留意的。

　　闻得有人说，民生主义是要杀四万万人之半，夺富人之田为己有。这是他未知其中道理，随口说去，那不必去管他。解决的法子，社会学者所见不一，兄弟所最信的是定地价的法。比方地主有地价值一千元，可定价为一千，或多至二千，就算那地将来因交通发达价涨至一万，地主应得二千，已属有益无损；赢利八千，当归国家。这于国计民生皆有大益，少数富人把持垄断的弊窦自然永绝。这是最简便易行之法。欧美各国地价已涨至极点，就算要定地价，苦于没有标准，故此难行。至于地价未涨的地方，恰好急行此法，所以德国在胶州湾、荷兰在爪哇已有实效。中国内地文明没有进步，地价没有增长，倘若仿行起来，一定容易。兄弟刚才所说社会革命，在外国难，在中国易，就是为此。行了这法之后，文明越进，国家越富，一切财政问题断不至难办。现今苛捐尽数蠲除，物价也渐便宜了，人民也渐富足了。把几千年捐输的弊政永远断绝，漫说中国从前所没有，就欧美、日本虽说富强，究竟人民负担租税未免太重。中国行了社会革命之后，私人永远不用纳税，但收地租一项，已成地球上最富的国。这社会的国家，决非他国所能及的。我们做事，要在人前，不要落人后。这社会革命的事业，定为文明各国将来所取法的了。

总之，我们革命的目的是为众生谋幸福，因不愿少数满洲人专利，故要民族革命；不愿君主一人专利，故要政治革命；不愿少数富人专利，故要社会革命。这三样有一样做不到，也不是我们的本意。达了这三样目的之后，我们中国当成为至完美的国家。

尚有一问题，我们应要研究的，就是将来中华民国的宪法。"宪法"二字，近时人人乐道，便是满洲政府也晓得派些奴才出洋考察政治，弄些预备立宪的上谕，自惊自扰。那中华民国的宪法，更是要讲求的，不用说了。兄弟历观各国的宪法，有文宪法是美国最好，无文宪法是英国最好。英是不能学的，美是不必学的。英的宪法所谓三权分立，行政权、立法权、裁判权各不相统，这是从六七百年前由渐而生，成了习惯，但界限还没有清楚。后来法国孟德斯鸠将英国制度作为根本，参合自己的理想，成为一家之学。美国宪法又将孟氏学说作为根本，把那三权界限更分得清楚，在一百年前算是最完美的了。一百二十年以来，虽数次修改，那大体仍然是未变的。但是这百余年间，美国文明日日进步，土地财产也是增加不已，当时的宪法现在已经是不适用的了。兄弟的意思，将来中华民国的宪法是要创一种新主义，叫做"五权分立"。

那五权除刚才所说三权之外，尚有两权。一是考选权。平等自由原是国民的权利，但官吏却是国民公仆。美国官吏有由选举得来的，有由委任得来的。从前本无考试的制度，所以无论是选举、是委任，皆有狠大的流弊。就选举上说，那些略有口才的人，便去巴结国民，运动选举；那些学问思想高尚的人，反都因讷于口才，没人去物色他。所以美国代表院中，往往有愚蠢无知的人夹杂在内，那历史实在可笑。就委任上说，凡是委任官都是跟着大统领进退。美国共和党、民主党向来是迭相兴废,遇着换了大统领,由内阁至邮政局长不下六七万人,同时俱换。所以美国政治腐败散漫,是各国所没有的。这样看来,都是考选制度不发达的原故。考选本是中国始创的,可惜那制度不好,却被外国学去,改良之后成了美制。英国首先仿行考选制度,美国也渐取法,大凡下级官吏必要考试合格,方得委任。自从行了此制,美国政治方有起色。但是他只能用于下级官吏,并且考选之权仍然在行政部之下,虽少有补救,也是不完全的。所以将来中华民国宪法,必要设独立机关专掌考选权。大小官吏必须考试,定了他的资格,无论那官吏是由选举的抑或由委任的,必须合格之人,方得有效。这法可以除却盲从滥举及任用私人的流弊。中国向来铨选,最重资格,这本是美意,但是在君主专制国中,黜陟人才悉凭君主一人的喜怒,所以虽讲资格,也是虚文。至于社会共和的政体,这资格的法子正是合用。因为那官吏不是君主的私人,是国民的公仆,必须十分称职,方可任用。但是这考选权如果属于行政部,那权限未免太广,流弊反多,所以必须成了独立机关才得妥当。

一为纠察权,专管监督弹劾的事。这机关是无论何国皆必有的,其理为人所易晓。但是中华民国宪法,这机关定要独立。中国从古以来,本有御史台主持风宪,然亦不过君主的奴仆,没有中用的道理。就是现在立宪各国,没有不是立法机关兼有监督的权限。那权限虽然有强有弱,总是不能独立,因此生出无数弊病。比方美国纠察权归议院掌握,往往擅用此权,挟制行政机关,使他不得不俯首总命,因此常常成为议院专制,除非有雄才大略的大总统,如林肯、麦坚尼①、罗斯威②等,才能达行政独立之目的。况且照正理上说,裁判人民的机关已经独立,裁判官吏的机关却

---

① 今译"麦金莱"。
② 今译"罗斯福"。

附录

仍在别的机关之下,这也是论理上说不去的,故此这机关也要独立。

合上四〔两〕权,共成为五权分立。这不但是各国制度上所未有,便是学说上也不多见,可谓破天荒的政体。兄弟如今发明这基础,至于那详细的条理、完全的结构,要望大众同志尽力研究,匡所不逮,以成将来中华民国的宪法。这便是民族的国家、国民的国家、社会的国家皆得完全无缺的治理,这是我汉族四万万人最大的幸福了。想诸君必肯担任,共成此举,是兄弟所最希望的。

声振神州——孙中山在中山大学及前身院校的演讲

三民主义之具体办法
（在中国国民党本部特设驻粤办事处的演说）

民国十年三月六日

列位同志：

今天是中国国民党特设办事处开成立会，兄弟先有一个感想，就是我们底中国国民党到底是个什么东西？我可说一说。回想从前我们推翻满清，建设共和，组织了一个国民党，这个国民党关系中国底前途很大。自从国民党横被解散，中国就乱，且乱过不了。可知历年底祸乱，民不聊生，都是国民党解散底反响。我们民党虽时时与那些国贼奋斗，然而北方底各省到现在还没有完全入我们范围，南方亦只有广东一片干净土成立了支部。诸君第一要明白这个中国国民党不是政党，是一种纯粹的革命党。当民国二年国民党解散，我们同志出亡海外，即由海外同志组织中华革命党继续革命。今日用的这个中国国民党，实在就是中华革命党。但是无论名目如何，实质总是一样的。

共和建设虽已十年，基础未固，不能算为成功，就是本党底责任并未终了，仍须努力奋斗的，必待共和基础十分巩固，才算成功。且我们中国国民党与其他底种种政党大不相同，就如明末清初底时候，有些明朝底遗老组织天地会，亦叫做洪门，在我们中国南部亦叫做三点会，长江一带又叫做哥老会，他的宗旨在反清复明，光复汉族，本来也是一个革命党，不过他们只主张民族的革命，所以不同。我们底革命，乃主张三民主义、五权宪法的革命党。

三民主义，什么叫三民主义呢？就是民族、民权、民生。那个时候满虏正盘踞中原，革命家只致力于民族主义，而于民权、民生二主义都未置意。五权宪法，关系开国的建设方针极大。在未光复以前，党人一般底心理，以为一经光复，就可达到国利民福底目的，于今乃知不然。这个都是当日同志仅知注重在民族主义，而轻视民权、民生二主义之过，亦即是我们本党底责任未了之处。要知道民权、民生两个主义不贯彻，民族主义虽达目的，亦不能稳固，何况今日民族主义还没有完全达目的呢？

一、民族主义　何以说民族主义还没有完全达到目的呢？自从满洲来到中国，我们汉族被他征服二百几十年之久。今天满虏虽被推翻，光复汉业，但是吾民族尚未能自由独立。这个原因，就是本党只做了消极的功夫，没做积极的功夫。自欧战告终，世界局面一变，潮流所趋，都注重到民族自决。我中国尤为世界民族中底最大问题。在东亚底国家严格讲起来，不过一个暹逻①、一个日本，可称是完全底独立国。中国幅员广大，人民众多，比较他们两国何止数十倍。但是幅员虽大，人民虽众，只可称个半独立国罢了。这是什么原故呢？就是吾党之错误。自光复之后，就有世袭底官僚、顽固底旧党、复辟底宗社党，凑合一起，叫做五族共和。岂知根本错误就在这个地方。讲到五族底人数，藏人不过四五百万，蒙古人不到百万，满人只数百万，回教虽众，大都汉人。讲到他们底形势，满洲既处日人势力之下，蒙古向为俄范围，西藏亦几成英国底囊中物，足见他们皆无自卫底能力，我们汉族应帮助他才是。汉族号称四万万，或尚不止此数，而不能真正独立组一完全汉族底国家，实是我们汉族莫大底羞耻，这就是本党底民族主义没有成功。

由此可知，本党尚须在民族主义上做功夫，务使满、蒙、回、

---

① 今译"暹罗"。

藏同化于我汉族，成一大民族主义的国家。试看彼美国在今日号称世界最强、最富底民族国家，他底民族结合，有黑种，有白种，几不下数十百种，为世界中民族最多底集合体。自美国国家成立，有英国人、荷兰人、德国人、法国人，参加入他底组织中。美国全部人口一万万，德国人种在美国的约有二千万，实占他底人口总数五分之一，其他英、荷、法各种人在美国的数亦不少。何以美国不称英、荷、法、德、美，而称美利坚呢？要知美利坚底新民族，乃合英、荷、法、德种人同化于美而成底名词，亦适成其为美利坚民族，为美利坚民族，乃有今日光华灿烂底美国。看看民族底作用伟大不伟大？美国底民族主义，乃积极底民族主义。本党应以美国为榜样。今日我们讲民族主义，不能笼统讲五族，应该讲汉族底民族主义。或有人说五族共和揭橥已久，此时单讲汉族，不虑满、蒙、回、藏不愿意吗？此层兄弟以为可以不虑，彼满洲之附日，蒙古之附俄，西藏之附英，即无自卫能力底表征。然提撕振拔他们，仍赖我们汉族。兄弟现在想得一个调和的方法，即拿汉族来做个中心，使之同化于我，并且为其他民族加入我们组织建国底机会。仿美利坚民族底规模，将汉族改为中华民族，组成一个完全底民族国家，与美国同为东西半球二大民族主义的国家。

民族主义国家，必有种种底关系因果，有历史底关系，有地理底关系。如瑞士国，他那国家已成了一个完全的民族主义的国家。瑞士位于欧洲底中部，他底国界，一面与法接壤，一面与德接壤，又一面与意大利接壤。但国土无论与何国交界，或与法国交界，或与德国交界，或与意国交界，其人民底语文、种族皆与相同，而又能组成一完全底瑞士民族的国家，是真难得。且瑞士为行使直接民权底国家，法国则为间接民权国家。全世界中行使直接底民权，以瑞士为第一，民权发达已臻极则，国内底政治及民族底结合，与美国大致相同，真是我们一极好底先例。故将来无论何种民族参加于我中国，务令同化于我汉族。本党所持底民族主义，乃积极底民族主义。诸君不要忘记。

　　我们抱三民主义的革命党，又与各国的革命党不同。各国的革命党，只有抱一个主义，或是两个主义的，向来没有抱三个主义的。有，就算我们国民党是第一了。查美国既离英国独立，完全是为民权主义，不是民族主义。法国大革命，却又是抱民权主义合民生主义的。他们两国的民权革命，业已成功。但法国的民生主义，却是失败。所以他们两国，目前完全是要讲民生主义了。美、法底民族、民权两个主义可称成功，而社会问题没有解决，亦就在此伏着个革命底导火线。回头再看我们中国底现状，又是一个什么样子？我们党人革命数十年，只可说达到半个民族主义。他人底民族、民权均达目的，我们则尚须在民族主义上做功夫，这个即是与美、法不同之点。又如俄国底劳农政府，或曰苏维埃政府，乃注重民生主义，而无民族主义的意味；至民权一层，乃其附属品而已，此亦与吾人不同。兄弟底三民主义，是集合中外底学说，应世界底潮流所得的。就是美国前总统林肯底主义，也有与兄弟底三民主义符合底地方，其原文为"The government of the people, by the people, for the people"，这话若没有适当底译文，兄弟把他译作"民有"、"民治"、"民享"。"of the people"就是民有，"by the people"就是民治，"for the people"就是民享。他这"民有"、"民治"、"民享"主义，就是兄弟底"民族"、"民权"、"民生"主义。由是可知美国有今日底富强，都是先哲底主义所赐。而兄弟底三民主义，在彼海外底伟人已有先得我心的。兄弟回想从前在海外底时候，外人不知什么叫三民主义，尝来问我的，兄弟当时苦无适当底译语回答他，只好援引林肯底主义告诉他，外人然后才了解我底主义。由此可知，兄弟底三民主义，不但是有来历，而且迎合现代底潮流。

　　二、民权主义　现在请讲民权主义。瑞士为民权最发达底国家，前已说过。现在应声明那代议制不是真正民权，直接民权才是真正民权。美、法、英虽主张民权主义，仍不是直接民权。兄弟底民权主义，系采瑞士底民权主义，即直接底民权主义。然间接民权，已非容易可得，不知流了多少碧血以作代价，始能得之。从这里看起来，直接民权，更是可贵，但是却一定要有很大的代价。直接民权，一是"选举权"。人民既得直接民权底选举权，尤必有"罢官权"。选之在民，罢之亦在民。又如立法部任立一法，人民因其不便，亦可起而废之。此种废法权，谓之"复决权"，言人民可再以公意决定之。又人民应有"创制权"，即人民可以公意创制一种法律。直接民权凡四种：一选举权，一复决权，一创制权，一罢官权。此为具体底民权，乃真正底民权主义。

三、民生主义　再讲民生主义。民生主义即时下底社会主义。诸君想想，兄弟提倡民生主义是在什么时候？今日国人才出来讲社会主义，已嫌迟了。但是社会主义底学说输入中国未久，兄弟将"社会主义"原文译为"民生主义"较为允当。然国人往往误解民生主义真谛。资本家开一工厂，佣数千工人作工，每人每日给工资几许，资本家复夸于众曰：我讲民生主义。我这是讲民生主义，诸君试想此资本家讲底民生主义，同真正底民生主义相差多远！资本家凭借他金钱魔力，牢笼工人替他个人出死力，工人出血汗赚得少许工资。这种工厂底组织，在西籍中谓之"血汗店"，真是不差。时人谈民生主义的离题尚远，不啻坠入五里雾中，此亦国人不求甚解之过。兄弟底民生主义，固有具体底办法，非彼好奇底人，徒托空谈，以快一时。办法维何？即归宿到土地和资本两样。现在留心世道底人，多说中国目下没有资本家，用不着讲社会主义，或又说待有资本家产生，再讲社会主义，此亦太不得要领。以如此底人而讲社会主义，难怪他看着社会主义，前路茫茫，正不知从那里下手。且社会主义底真旨，不是专靠几十本书，或几百本、几千本书可以看得出来的。要有机敏底会心、确实底心得。我尝说中国人读书，越读越糊涂，大约就是这种人。

三民主义底大旨已说过了，唯今日世界大势如彼，国人底需要三民主义又如此。兄弟敢断言一句，吾党同志对于三民主义，没有讨论的余地，只有实行的，故不厌重复道之。一、民族主义：自推倒满洲，民族主义已算达到一消极之目的，而向未做积极的功夫。吾人应为汉族发扬光大，令彼与我共同建国之各民族同化于我，而于东亚大陆建一中华民族底国家，使汉族威名遍扬寰宇。二、民权主义：欲达到真正民权目的，应实行四种直接民权，即（一）选举权，（二）复决权，（三）创制权，（四）罢官权。三是民生主义：关于这个主义，兄弟已定有办法，就是实行"平均地权"。从前中华民国政府在南京成立时，兄弟即倡议平均地权，试行本党底民生政策，吾同志中有不表赞同的，兄弟问他们道：君等不曾宣誓不违背党义的吗？

所谓要实行民生主义，缘因于贫富不均。何以说贫富不均？古代虽有贫富阶级之分，然无如今日之甚。今则贫富悬殊，不可方物，富者敌国，贫者无立锥。其所以养成此种贫富不均底现象，由于古今底生产力不同。如古时木王，所有器械，不过是斧、凿、锯、刀罢了。故古人言工欲善其事，必先利其器。今则工业发达，可用机器以代人力，所得结果，事半功倍。例如耘田，最初底时候仅用腕力，自用犁及牛马代手，而速率倍增，成功亦易。前之专靠手力，费数天之功耕一亩，今则日耕一亩而有余。迄欧美改用汽力、电力，日可耕千亩。此千与一之比例，岂非很惊人底成绩吗？又如运输，徒恃人力的，一人负百斤，日行百里，不可谓非苦事。自有火车、轮船以供运输，较专恃人力的，其速率何止千倍！此为生产及分配与昔不同的。大致生产不同属有限的，分配不同乃无限的。彼外国谈民生的，今日只有资本及工人两个问题。工人无工可做，即无面包可得。富的愈富，贫的愈贫，其现状又与我们不同。中国今日情形在上下交困，大家都穷，无甚差别。由此可知，外国患不均，中国患贫，此又中外不同之点。或曰中国无大资本家，此语诚然。以吾国之地大物博，资本千万之人，统计全国不及百人，尚何资本之足云？若曰中国可不讲社会主义，此语大错。须知前车之覆，后车之鉴。彼欧美今日之患不均，即予吾人良好底教训。故兄弟提倡民生主义而归宿于土地及资本两样。

  我们请先言土地。土地制度在欧美诸国都不同。英国底土地乃封建制，美国则由资本家出资所购得的。兄弟底民生主义主张"平均地权"，亦是杜渐防微底意思。况今日已见其端倪吗？就眼前而论，广州自马路开通，长堤一带及其他繁盛地方底地价，日贵一日，今已有索值数万元一亩的。此在中国内地之市场，洵属罕见之事。若在伦敦或纽约，其地价之昂，较之吾国，固不可以道里计，有数十万、数百万元一亩之地。吾国古时，尝有井田之制，与平均地权，用意正同。奉党底民生主义，以国利民福为指归，平均地权，即其最大关键。及今速图，犹未为晚。美为资本主义的国家，美之大多数人民并无幸福可享，彼享幸福的乃资本家。善观人国者不可徒观其表。美国有个哲学家名轩利佐治（Henry George），说现代文明如尖锥入社会之中，在尖锥上的社会，却升之使高，在尖锥下的社会，却压之使下。所以近代文明，有发财愈发财，贫穷愈贫穷的趋势。今国人既讲到社会问题，即要讲本党底民生主义。我们底民生主义，是有办法的。其办法为何？即定地价。按关于地价一层，前英国办此事有定地价底衙门，又有不服所定地价之控诉衙门。此为英国规定地价大体办法，中国可以不必仿行。中国人怕兴讼，怕到衙门，倘定一地价而要两度到衙门，必觉得不堪其扰，这是人人不愿意的。兄弟底办法，极简单而又极公平，即令人民自己报价，政府则律以两种条件：其一，按所报的地价照值百抽一而收税；其二，则照价收买。此可使他不敢隐瞒公家，不敢以多报少或以少报多，其法至善。何以说不敢以多报少？譬如人民将自己所有之地报价后，公家就随时可照价收买其地，想瞒税的，反要受报价的亏损；彼以少报多者以为其计甚得，设公家不收买，则又须照其所报之价纳税。报价多纳税亦重，此希冀收买而以少报多的一方面可以毋虑；但是报少价的虽可减轻税银，若果公家照值收买其地，彼必亏本，此希冀减税而以多报少的一方面可以毋虑。所以那些地主想来想去，报多报少，皆有危险，结果不如报一折中底实价为愈。如此办法，公家不甚费力可坐收税银，而在地主方面亦甚有利。法之至善，无逾于此。就广州市政言，设再筑一马路直达黄埔，假定此时购入之地价，每亩以二百元计，再加十倍之数，即可造成马路。待马路告成，地价亦必腾贵，将来恐尚不止如长堤值五万元一亩之数。土地问题既如上述，彼穷人又当如何？故求幸免于欧美贫者愈贫、富者愈富的恶例，非讲民生主义不可。讲民生主义，又非用前同盟会所定的平均地权方法不可。今日革命事业并未成功，想革命成功，当先解决土地问题。

  我们请再说资本。资本问题，是今天世界上最大的问题，也是最难解决的问题。凡是资本发达的国家，业已没有办法。中国幸而资本尚未发达，我们应该未雨绸缪，赶紧设法，免得再蹈覆辙。对于这个问题的解决，兄弟有《实业计划》一书，主张以外资从事建设生利事业，开辟市场，兴建工厂，建筑铁路，修治运河，开发矿产，举凡一切天然物产皆归公有，各种新事业之利润悉归公家。如北京借外资修筑底铁路，如京汉、京徐、津浦，都很赚钱。现在中国底铁路线，不过五六千迈[①]，核其每年收入约七八千万元，实比全国地丁尤巨。全国中底各项收入，以铁路收入为第一，如将铁路线延长至五六万迈，岂不更赚钱吗？以外资开矿，亦是很有利底事业。开矿本无蚀本之理，间有蚀本的，实办

[①] 英文 mile 的音译，即英里，下同。

声振神州——孙中山在中山大学及前身院校的演讲

理不善所致。但兄弟所谓借外资,乃借外人掌器械,从事于生利事业。又如京奉铁路筑成后,利息甚厚,外人不肯予赎,乃以其余款复筑京张,今且一直达到绥远城了。总之,外资非不可借,借外资应办生利的事,不可做消耗的事。

但是兄弟还有要说的,那英、美两国的政治虽称完善,却是他们鼓动社会革命是常常有的。这是为着什么原因呢?就是民生主义未贯彻的原故。须知社会革命的惨痛,比政治革命流血更多。吾党自排满革命后,民族主义虽告一部分成功,而民权、民生未收丝毫效果。现在不但是要实行民权、民生两个主义,并且要迎合现代底潮流。自从欧洲大战停止后,美国威尔逊总统鉴于世界潮流,大倡民族自决。这民族自决,就是本党底民族主义。到了巴黎和平会议完了,欧洲中部就成立了许多新独立底民族国家,如捷克斯拉夫等是最著名的。诸君可以见得现代底民族思潮了。

现在本党底最大目的,要把民族、民权、民生三种功夫同时做完。这就是本党底主义,这才是国利民福,人民才可享真正的幸福。实行党义,还要希望诸君努力的,更要希望诸君宣传的。我们今日要实行本党主义,固有绝好底机会,因为广东已在我们同志的手中。广东有三千万人民,必将这个主义宣传到广东全体底人民,使人人脑中了解我们底主义。我们现在若不从速宣传,或将来广西绿林有反攻底举动,我们就没有时机从事宣传底功夫了。十余年前,余草革命方略,在地方自治,主张县长民选,现在广东陈竞存总司令已决议实行县长民选,积极提倡民治。诸君试想,广东人民有没有这个程度?在兄弟看来,恐怕他们没有这个程度。既没有这个程度而又要实行,是不是要闹乱子?但是民治主义是我们党里本来底主张,当然不容怀疑的。想将来不要闹乱子,实现我们底主张,就在宣传底功夫了。

最近兄弟有一个感想,彼英、美政治虽如此发达,却是政权不在普通人民手里。究竟在什么人手里呢?老实说,就是在知识阶级的手里。这就叫做政党政治。我记得,我们这次刚回广东底时候,香港有一家报纸说我们此番回来,并不是粤人治粤,是"党人治粤"。兄弟想这句话在彼说的固别有用意,但是我们也甚愿意承认"党人治粤",因为英、美已有这个先例的。果能实行本党底主义,也是我们粤人莫大之幸。我们此刻应即下手结合团体,操练本党党员,宣传本党主义。诸君对于三民主义,倘有未明了之处,尽可随时来问兄弟,兄弟必一一详细解答。所谓先知先觉,必自觉才能觉人;未有自未觉而能觉人的。现在广州已成立中国国民党本部特设办事处,这个就是我们操练宣传底总机关。由此推行,前途无限。将来广东全省为本党实行党义底试验场、民治主义底发源地。由广东推行到全国,长江、黄河都要为本党底主义所浸润。诸君须知本党底主义,所以急于要操练、要宣传的,因为民国虽成立了十年,一般人民并未了解共和是个什么东西,他们自视也不是国民,乃是遗民,他们正待真命天子出现,预备好做太平臣子百姓哩!诸君试想这个样子,如何能够县长民选?我们要想将来不要偾事,惟有积极操练三民主义,就以"党人治粤"。凡事尚要倚赖我们党人努力去做,三民主义操练精熟。其次就要积极实行五权宪法。三民主义和五权宪法,即是本党底精神,从此由广东发扬传播到全国。

声振神州——孙中山在中山大学及前身院校的演讲

三民主义为造成新世界之工具

（在桂林军政学七十六团体欢迎会的演说）

民国十年十二月七日

桂林军政学各界诸君：

诸君今天开这个盛会来欢迎本大总统，本大总统是很感谢的！本大总统这次督师北伐，经过桂林，借这个机会，能够和诸君会面，可算是一段大姻缘。本大总统以为诸君今天的欢迎，不可单为欢迎本大总统的个人，还希望诸君欢迎本大总统的革命主义。

就中华民国的来源说，大家都晓得中国近十多年来的大变动，是从古没有的。这个大变动是什么呢？就是把中国有史以来的政治制度根本推翻，另外造成一个新组织。这个新组织简单的说，便是把数千年的专制变成了共和。共和成立以来，虽然有了十年，但是还没有真正实行，这是什么原故呢？因为共和是由革命而来的，现在全国人民大多数还不明白革命的道理是什么东西，所以还不知道把共和怎么样去实行。至于国家，表面上虽然挂了共和招牌，但是行政上依然没有进步。试看这十年以来，全国之内，建设事业有多少呢？简直一件也没有。譬如用广西一省来说，全省人民虽然知道满清已经推翻了，却又生出一个游勇出身的陆荣廷来，用一伙强盗把持政权，不但是把广西一省弄得一团糟，并且盘据广东，卖烟开赌，以至两广人民，生计日蹙，都想拦路劫抢，过眼前的日子，所以弄到两广都变成了土匪世界。现在并有许多广西人，不但不知道共和的好处，反有希望真命天子出现，或者满清复辟，把民国再变成帝国的心理。这项心理，也不但广西人是这样，就是全国大多数的普通心理，差不多都是一样。本大总统也常常听见乡下人说："国乱民穷，真命天子何时出现呢？"现在全国抱这种旧思想的人，还是很多。如果四万万人都抱这种旧思想，那么，共和的基础，怎么能够稳固呢？

诸君要晓得，共和与专制有什么分别，民国与帝国有什么不同。我们可用现在民国和从前帝国两个名词比较来说一说。从前帝国的天下，是皇帝一个人的，天下人民都是皇帝的奴隶。现在民国的天下，是人民公有的天下，国家是人民公有的国家。帝国是皇帝一个人作主的，民国是人民大家作主的。诸君今天来欢迎本大总统，绝不可抱那种旧思想。本大总统受国会的付托，总揽全国政权，虽然说是全国的行政首长，实在是全国人民的公仆。本大总统这次是来做你们奴隶的，就是其余文武百官，也都是你们的奴隶。从前帝国时代，四万万人都是奴隶，现在民国时代，大家都是主人翁。这就是民国和帝国不同的地方，这就是中国从古没有的大变动。普通人民还不知道这个变动，十年以来，一般旧官僚和军阀，又死死的压制他们，弄到人民至今还不能居于主人翁的地位。诸君要晓得，从前的人民，本是皇帝的奴隶，我们革命党用革命主义把专制皇帝推翻，才把人民由奴隶的地位超度到主人翁的地位。诸君现在都是居于主人翁的地位。今天来欢迎本大总统，本大总统更希望诸君来欢迎民国的主义、革命的道理。中国革命的道理，就是革命党平日主张的三民主义。革命党同志从前主张三民主义，从事革命，十多年才把满清推翻，创造民国。本大总统便是主张三民主义的发起人。诸君今天来欢迎本大总统，还要希望诸君来欢迎本大总统所主张的三民主义。三民主义能够实行，民国才可以建设得好。如果人民不了解三民主义，民国前途，还是毫无希望。三民主义便是民国的精神。诸君欢迎民国的精神，那才算是真正的欢迎。

三民主义就是民族主义、民权主义、民生主义。这三个主义和美国大总统林肯所说的民有、民治、民享三层意思，完全是相通的。民有的意思，就是民族主义。我们革命党为什么要提倡民族主义呢？因为满清专制二百多年，我们汉族受过亡国的痛苦，后来又受世界潮流的压迫，恐怕还要灭种，所以有少数人出来提倡鼓吹，要除去专制的异族。到后来全国觉悟，便把征服中国的满清根本推翻，把中国的统治权，收回到汉人手里，中国领土完全为汉族所有。十年前革命的成功，就是民族主义成功。所以民族主义就是和民有的意思一样。革命成功以后，中国的土地和主权，已经由满清皇帝的手里夺回到中国人民的手里来了。但是，我们人民徒有政治上主权之名，没有政治上主权之实，还是不能治国。必须把政治上的主权，实在拿到人民手里来，才可以治国，才叫做民治。这个达到民治的道理，就叫做民权主义。至于民生主义，是由人类思想觉悟出来的。因为我们既有了土地和主权，自然要想一个完全方法来享受，才能够达到生活上圆满的幸福。怎么样享受生活上幸福的道理，便叫做民生主义。所以说，民有、民治、民享，就是本大总统生平所提倡的三民主义。

　　三民主义的道理，原来是一贯的。如果要考究他们发生的次序，世界各国都是先由民族主义进到民权主义，再由民权主义进到民生主义。如果要考究他们发生的原因，这三项东西，都是从不平等里头反动生出来的。换句话说，三民主义就是平等和自由的主义。就民族的情形来说，有什么不平等呢？简单的说，就是政治上的不平等。这一国压制那一国，这种民族压制那种民族，压制愈利害，反动也愈利害。用我们中国来讲，古来华夏之界极严，自古及今，都是我们汉人自己来治中国，只有当中遭过了两次亡国之痛。一次是受蒙古的亡国，变成元朝。一次是受满清的亡国，变成清朝。革命党把二百余年的满清专制皇帝推翻，就是提倡民族主义的效果。至于欧美各国所主张的民族主义，大概也是和我们的一样的。

附录

民族主义，在人类思想上，本来发达最早。到了后来，觉得自己民族虽然不受他种民族的压制，但是在本国之内，还要受特别阶级的压制。像皇帝和贵族，高高在上，人民处在他们压力之下，动也动不得。因为受压力的痛苦，便生出反动，便提倡民权来反对君权。所以由历史上看来，民权主义常在民族主义之后。近二百多年来，民权思想极发达，君权退步，世界上的国家，许多已经变了共和，其中没有改变共和的国家，也把君主专制改为立宪，限制君主权力的范围。所以现在全世界的国家，不是共和，就是君主立宪，专制政府，差不多要绝迹了。共和国家在欧美最著名的，从前有法兰西、瑞士的共和国，现在有俄罗斯、德意志和其他战后所建设的诸共和国。在美洲之北的有美利坚的共和国，美洲之南所有的国家，没有一个不是共和国。由此便可知近年来的民权主义，是怎么样发达了。

由民权主义更进一步，便是民生主义。现在欧美两洲，像法国、美国，既没有皇帝的专制，人民很可以说是极平等自由，民权可算是极发达。但是只能说到民有、民治，还说不到民享。试看他们国内的平民，受资本家的压制，穷人受富人的压制，什么煤油大王、钢铁大王、铁路大王，一人之富可以敌国，那般平民和劳动者连面包都找不到手，这是何等不平等的景象呢？所以欧美现在便生出贫富不均的大问题来了。这项问题便是社会问题，解决这项问题的道理，就是民生主义。民生主义就是平民反对资本家，穷人反对富人的反动。欧美各国的民族和民权两个问题，可说是早已解决了，现在所受的痛苦，纯是民生问题。中国向来没有这个问题。为什么本大总统在三十年前，研究建设新中国的道理，一定要在民族、民权两个主义之外并主张民生主义呢？因为这民生主义是建设二十世纪以后新国家的完全方法。这三种主义并行，真正共和的基础才能够稳固。本大总统这种主张，可以说是取法乎上，不是因陋就简的。因为要把中国制成一个新局面，

声振神州——孙中山在中山大学及前身院校的演讲

非用新组织不可；要用新组织，非实行极完全的三民主义不成功。

欧美各国二百余年以来，只晓得解决民族、民权两件事，却忘记了最要紧的民生问题。到现在全国的权力，都操在少数资本家的手里，只有少数人享幸福，大多数人还是痛苦。因为大多数人不甘受这种痛苦，所以现在才有经济革命——社会革命——的事情时常发生。我们中华民国如果把民生主义和民族主义、民权主义同时解决，用一个一劳永逸的方法，一定可以把现在的中国变成庄严灿烂的中华民国。我们如果不把这三种问题同时解决，纵使将来国富民强，不出数十年，一定要受欧美今日这样相同的痛苦。欧美人当时以为政治平等，人民自由，工业发达，便是黄金世界，什么问题都没有了。不料到了工商业发达之后，便生出大资本家来。他们用金钱势力，操纵全国政权，遇事都是居于优胜地位，试看那一国的法律政治制度不是为资本家而设的？所以世界到了现在，经济革命的潮流便一天高过一天，这就是平民和劳动者对着富豪及资本家的反动。报纸上所载的"同盟罢工"、"破坏工厂"、"焚烧公司"种种新闻，都是穷人反对资本家的举动，弄到全国总是不安。他们所受这不安的烦恼，实在不是别的事情，纯是由于民生问题没有解决的缘故，所以才生出贫富的冲突，酿成经济革命。法国在数十年前，曾发生过一次经济革命，但是不久便失败了。俄国近来实行政治革命，同时又实行经济革命，一面把皇帝和贵族推翻，同时又把资本家推翻。现在俄国人民所受的痛苦非常的利害，结果到底如何，今天还预料不到。本大总统观察世界的大势，默想本国的情形，以为实行民族革命、民权革命，必须兼顾民生主义，才可以免将来的经济革命，这便是防患于未然。

诸君要晓得，革命是不得已而为的事，革命是破坏的事业。好比拆房子一样，我们在相同的地方，想改造一所新房子，便不得不把旧房子拆去。想建设一个新国家，便不得不把旧国家破坏，这个破坏就叫做革命。建设国家要用三十年工夫，好像造房子要用三个月工夫一样。拆房子只须一天，造房子就要三个月。人家造成一所新房子，都很想安安乐乐住过一世，不是今天造好了，明天便把他拆掉；又不是明天再造好了，后天又把他拆掉。我们革命，也是一样的道理，不是今年革命，明年又来革命。革命要用彻底的方法，才可以永久享幸福，如果不然，破坏的事业是永无穷期的。所以要解决民族问题，同时不能不解决民权问题；要解决民权问题，同时不能不解决民生问题。这三民主义，就是救种种痛苦的药方。这三个问题，如果同时解决了，我们才可以永久享幸福。如果达到了民有、民治的目的，不管民享的问题，二三十年后必定再有一种痛苦发生，现在俄国就是我们的好榜样。我们要应该注意的，不可说我们的国情和欧美各国不同，我们如果把国家建设好了，也可以像欧美那样的国富民强。我们如果把民生问题现在能够同时来解决，就可以免将来经济革命的痛苦。如果民生问题不能同时解决，将来人民富足，纯是少数人的富，不是多数人的富。那种少数人的富，是假富；多数人的富，才算是真富。所以我们要国家永远富强，是有道理的。这个道理便是三民主义。

现在再把桂林的现状来说，如果要想把桂林来改良，必需的方法，像办学校、治河道、修马路、发展农工商业，种种计划是很多的，一时也说不完。假如把这各种大计划实行出来，桂林便另外变成一个新景象。桂林本来的好处说不尽，别的不讲，单就周围的风景来说，真是山清水秀，甲于天下，好的了不得。但是因为街道太窄，汽车、马车不能通行，所以还不见十分美丽。如果开了马路，和广州一样，东西南北可以四通八达，那不是更好的景象吗？假使自今年起，改良街道，便利交通，到明年之后，一定会影响到土地问题——土地问题就是经济问题中的大要素。因为马路一开，沿马路两旁的地价便涨高起来。在马路未开之先，

声振神州——孙中山在中山大学及前身院校的演讲

一亩地价值一千元的，在马路已开之后，因为交通便利，两旁生意繁盛，人人都想要买那近边的地皮，建筑大洋楼来做生意，那亩地皮的价钱，一定可以涨到一万元或数万元不等。有这种地皮十亩或百亩的人，一到马路开辟之后，便立刻变成大富翁。那些有地皮的人，在没有开路之先，或者有反对拆旧房子来开新道的。但是马路一开之后，当时反对的人，便可以不动手、不劳心，只靠交通便利，便把他所有的地皮高抬价格。如果穷人想用低价钱来买一块地皮做住家的房子，便很不容易买到手。像广州长堤一带的地皮，从前没有马路的时候，一亩地的价钱不过数百元或一二千元，现在因为全城马路都筑好了，地价就涨得非常昂贵，每亩有值五万元或十万元不等的。在座诸君总有到过上海的，上海马路两旁的地价，现在一亩也有值十几万元的。

　　以上所举的例，影响到土地问题，都是靠着马路开辟、交通便利的原故，这不过略说一个原因罢了。如果说到别的原因，像农业改良、工业发达、矿山开采、商业繁盛之后，那更生出许多极大的资本家来了。到那个时候，大资本家还能吞并小资本家，好像大鱼吃小鱼一样，弄到结果，社会上只有大资本家和劳动者两种人。换句话说，就是工商业极发达之后，只有大富人和穷人两种。到那个时候，穷人因为生活的关系，便不得不去做富人的牛马奴隶，如果不去做他们的牛马奴隶，便没有饭吃，便不能够生活。所以富人的势力便非常的强大，穷人的劳动便非常的痛苦，这就是富人压制穷人的暴虐情形。从前的皇帝贵族压制百姓，他们有时候还负些责任，这种大资本家压制小百姓，他们是毫不负责任的呀！我们因为看到了这种弊病，要想一个方法来预防他，所以在解决政治问题的时候，同时也要解决人民生计问题。欧美从前解决的方法，还是不彻底，所以便有今天的痛苦。我们想造成一个完完全全的新世界，一定要用三民主义来做建设这个新世界的工具。大概的讲，就是要把民有、民治、民享三个主义一齐实行，人民的生计权利才有真正的自由平等，才能够免去资本家的压制，才能够享永久的幸福！民生问题不解决，社会上的贫富总是不平均。从前孟子说："不患贫而患不均。"如果有了不均，三十年之后不革命，五十年一百年之后一定是要革命的。我们要防止永远不再革命，一定要实行三民主义，那末，才可以替子子孙孙谋永久的幸福。

本大总统这次的来意，是要把中国造成一个新世界。三民主义就是本大总统拿来造新世界的工具。诸君今天欢迎本大总统，本大总统所要求诸君的，是望诸君提起精神来，一齐同心协力建设这个新世界的新中国！

后　　记

　　为纪念伟大的民主主义革命先驱者孙中山先生亲手创办的中山大学90华诞，我们编辑了这本《声振神州——孙中山在中山大学及前身院校的演讲》。本书的付梓，凝聚了很多领导和同志的心血与辛劳。

　　校党委副书记李萍教授给予了很多的关心、支持与指导。没有领导的支持与帮助，就没有本书的出版。谢谢李萍副书记！

　　校党委原书记、现任国家教育咨询委员会委员、国家教育考试指导委员会委员、教育部文化素质教育指导委员会顾问、教育部巡视工作特聘顾问李延保教授在百忙之中为本书撰写长篇序言。李延保老书记一向重视档案工作，在任校党委书记期间，他高度重视档案工作，鼎力支持、帮助档案工作。在此，我们向老书记致以崇高的敬意和由衷的感谢！

　　感谢"孙中山先生创办中山大学90周年纪念丛书"出版小组将本书列为该丛书之一。

　　感谢校党委宣传部丘国新部长、谢俊洁同志为本书的出版所做的大量沟通与联络工作。感谢校党委办公室张东蕙副主任，校长办公室王琤副主任、刘妍同志对本书的关心、支持和帮助。

　　感谢中山大学出版社领导、编辑等参与此书，编校人员牺牲个人休息时间，始终热情、高效地为本书的出版不懈努力。

　　本书入选的文献，是特定历史时期的产物，不可避免具有时代及个人认知的局限。为真实再现演说的原貌，我们尊重历史，基本未对原文进行删节；行文中的"满清"、"满清政府"、"满人"以及"的（地、得）"、"那（哪）"、"利害（厉害）"等不

后记

规范词语,这些字词仍保留当时的习惯用法,不做删改;正因为本书是演讲稿,出现许多口头语、地方话,我们尊重原文,都一概保留。望读者与时俱进,辩证地汲取中山先生自由、平等、博爱的思想精髓。

因编者学识、能力、水平所限,书中难免错漏,敬请专家、学者和广大读者不吝赐教。

编　　者

二〇一四年十一月六日